■ 浙江省哲学社会科学规划后期资助课题（课题编号"23HQZZ12YB"）

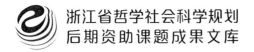浙江省哲学社会科学规划
后期资助课题成果文库

欧洲高等教育外部质量保障机构发展研究

董西露 著

ZHEJIANG UNIVERSITY PRESS
浙江大学出版社
·杭州·

图书在版编目（CIP）数据

欧洲高等教育外部质量保障机构发展研究／董西露
著. —杭州：浙江大学出版社，2024.6
ISBN 978-7-308-24735-1

Ⅰ. ①欧… Ⅱ. ①董… Ⅲ. ①高等教育－教育事业－
研究－欧洲 Ⅳ. ①G649.5

中国国家版本馆 CIP 数据核字（2024）第 055901 号

欧洲高等教育外部质量保障机构发展研究

董西露　著

责任编辑	曲　静	
责任校对	朱梦琳	
封面设计	周　灵	
出版发行	浙江大学出版社	
	（杭州市天目山路 148 号　邮政编码 310007）	
	（网址：http://www.zjupress.com）	
排　　版	杭州好友排版工作室	
印　　刷	广东虎彩云印刷有限公司绍兴分公司	
开　　本	710mm×1000mm　1/16	
印　　张	15.75	
字　　数	233 千	
版 印 次	2024 年 6 月第 1 版　2024 年 6 月第 1 次印刷	
书　　号	ISBN 978-7-308-24735-1	
定　　价	78.00 元	

概　要

　　全球各国高等教育外部质量保障机构在发展过程中无一例外地遇到了一些阻力和需要解决的问题,尤其在如何在为不断变化中的高等教育系统提供有效的外部质量保障行动的同时,不断提升自身的合法性方面。从国际比较视野来看,欧洲在这一领域的探索取得了显著成效。得益于质量审核框架《欧洲高等教育区质量保障标准和指南》(European Standards and Guidelines for Quality Assurance in European Higher Education Area,简称 ESG)和伞状组织欧洲高等教育质量保障协会(European Association for Quality Assurance in Higher Education,简称 ENQA)的制度保障,加上各国政府积极回应欧洲高等教育质量保障政策,越来越多的欧洲高等教育外部质量保障机构的发展趋于成熟。从整体上看,在欧洲—国家张力下,欧洲高等教育外部质量保障机构的有效发展处于趋同性与差异性共存的、复杂的动态变化之中。当前,我国管办评分离、深化教育评价改革系列政策和对国际高等教育质量保障的积极回应,凸显了我国高等教育外部质量保障机构建设与发展的紧迫性。本书紧跟国家政策形势,从跨学科的研究视角出发,综合运用社会学新制度主义理论、管理学、计算机科学、语言学等方法,围绕欧洲高等教育外部质量保障机构的发展展开探索性研究。

　　欧洲高等教育外部质量保障机构的发展具有有效性。一方面,欧洲高等教育外部质量保障机构的组织建设和运行机制为有效发展提供了前提条件;另一方面,ENQA 对欧洲高等教育外部质量保障机构的元评估证明了其在组织和运行上的有效性。发展的有效性离不开区域组织和国家政府的共同作用。在欧洲—国家张力下,欧洲高等教育外部质量保障机构发展出了一条有效路径:首先,各机构在国家政府的约束下建设自身并实施高等教育外部质量保障活动,凭借以此获得的国内合法性向 ENQA 申请成员资格;其次,各机构主动接受 ENQA 的元评估,凭借以此获得的国际合法性与国家政府"谈判",从而进一步改善国内制度与技术环境;最后,各机构进一步以更强的国内合法性维护其国际合法性。

欧洲高等教育外部质量保障机构的发展具有趋同性。其一,持续向 ESG 保持高度趋同。这种情况可以分为两种类型:一是与以往相比,欧洲高等教育外部质量保障机构整体符合 ESG 的程度不变,具体指标符合 ESG 的程度未发生显著变化;二是具体指标符合 ESG 的程度发生了"此升彼降"的变化,但是欧洲高等教育外部质量保障机构整体符合 ESG 的程度未发生改变。其二,符合 ESG 的程度由低升高。这种情况体现在两个维度:一是在同一种标准(即 ESG 2005 标准或 ESG 2015 标准)下,欧洲高等教育外部质量保障机构的趋同程度随着元评估的实施不断提升;二是欧洲高等教育外部质量保障机构对 ESG 2015 标准的符合程度高于 ESG 2005 标准。从指标的角度来看,欧洲高等教育外部质量保障机构在官方地位、独立性、使命宣言、资源以及周期性外部评审方面呈现出明显的趋同性。利用语料库驱动分析的方法,本书得出欧洲高等教育外部质量保障机构的趋同性来源于 4 个方面:第一,欧洲高等教育外部质量保障机构对试点项目的实践探索和经验共享;第二,欧盟(European Union,简称 EU)对欧洲高等教育外部质量保障实践的财政支持和政策引导;第三,各国政府对欧洲高等教育外部质量保障实践的角色参与和共识构建;第四,博洛尼亚进程对欧洲高等教育外部质量保障实践的使命赋予和标准制定。在产生的影响上,趋同性降低了欧洲高等教育外部质量保障机构的组织成本和运行成本,促进了欧洲高等教育外部质量保障机构间的相互认可。然而,趋同性也阻碍了欧洲高等教育外部质量保障机构的个性发展,弱化了欧洲高等教育外部质量保障机构的国别特征。

欧洲高等教育外部质量保障机构的发展具有差异性。在 ESG 2005 标准下,在第二轮评估中欧洲高等教育外部质量保障机构的差异性较第一轮有一定程度的降低;在 ESG 2015 标准下,欧洲高等教育外部质量保障机构的差异性发生了"先升后降"的变化,即差异性程度先在第二轮评估中上升,继而在第三轮评估中下降。从机构的角度来看,差异性表现为两种类型:一种是整体差异性提高,这种情况主要发生在一些面临独立性和资源等问题的欧洲高等教育外部质量保障机构上;另一种是整体差异性降低,但是局部差异性提高,这种情况主要发生在受国家立法定期修订所影响的欧洲高等教育外部质量保障机构上。从指标的角度来看,欧洲高等教育外部质量保障机构在资源、独立性、问责程序、外部质量保障活动、政策和过程、主题分析以及自身内部质量保障和专业指导方面存在一定的差异性。根据专家小组的评估报告,欧洲高等教育外部质量保障机构的差异性来源包括:第一,欧洲高等教育外部质量保障机构对 ESG 的解读存在不同程度的差异;第二,欧洲高等教育外部质量保障机构对所属国政府立法方面的回应差异;第三,欧洲高等教育外部质量保障机构对人员培养的能力差异;第四,欧洲高等教育外部质量保障机构对财力资源的依赖差异;第五,欧洲高等教育外部质量保障机构对信息公开的程度差异。在产生的影响上,差异性加强了多元利益相关者之间的对话,推动了欧洲高等教育外部质量保障机构的不断改进,提升了欧洲高等教育质量保障在全球的吸引力和示范力。然而,差异性也加大了 ENQA 对欧洲高等教育外部质量保障机构元评估的难度,给建设欧洲高等教育区带来了挑战。

在论证了我国对欧洲高等教育外部质量保障机构经验借鉴的适切性与可行性后,本书从以下方面提出借鉴。第一,发挥亚太地区质量保障网络(Asia-Pacific Quality Network,简称 APQN)这一区域性高等教育质量保障网络的规约作用,包括规范高等教育外部质量保障机构的设置、标准、运行机制以及持续改进。第二,优化政府对高等教育外部质量保障机构的资源配置,包括优化政府对高等教育外部质量保障机构的人力资源、财力资源、信息资源、时间资源的配置。第三,提升高等教育外部质量保障机构的综合能力,具体包括:

通过建立职业培训渠道,提升人员的专业能力;聘用国际知名专家,提升国际参与能力;接受元评估,提升行动实施能力;扩大信息公开范围,提升机构的影响力。第四,倡导区域网络—政府—高等教育外部质量保障机构的协同治理。其中,区域网络应充分发挥连接作用,政府应发挥引领作用,高等教育外部质量保障机构则应发挥执行作用。推进区域网络—政府—高等教育外部质量保障机构的协同治理,就是要以高等教育外部质量保障标准框架为基础营造良好的区域生态环境,以制度与经济服务为支撑拓展政府职能,以合作和创新为抓手提升高等教育外部质量保障机构的建设能力。

目　　录

图　目　录

表 目 录

1 导 论

1.1 立论依据

1.1.1 研究缘起

高等教育质量是政府、高等院校、师生、企业、行会等利益相关者密切关注的领域。最初,高等院校是对高等教育质量负责的机构。然而,随着高等院校扩招、国家之间高等教育要素的流动日益增强,仅凭高等院校自身已经难以保障高等教育质量。由于政府对高等院校问责且其对质量改进的要求不断提高,高等教育外部质量保障机构从原来的代理逐步成为当前高等教育质量保障的主体。高等教育质量保障也逐渐发展为以高等院校为实施主体的内部质量保障和以高等教育外部质量保障机构为实施主体的外部质量保障。与高等院校相比,全球范围内的高等教育外部质量保障机构普遍较为年轻。可以说,几乎所有的高等教育外部质量保障机构都处于建设、探索或者发展阶段,这对我国而言也不例外。高等教育质量保障机构的构建事关区域高等教育大开放、大交流、大融合,博洛尼亚进程的建设经验为亚洲、非洲、美洲等地高等教育区域一体化的开展提供了借鉴和创新的现实依据。2016 年,教育部印发《推进共建"一带一路"教育行动》,提出"协力推进教育共同体建设"。2020年,党的十九届五中全会召开,对"十四五"期间推动共建"一带一路"高质量发展作出重要部署。以高等教育为抓手,是推动共建"一带一路"高质量发展的重要法宝。然而,推动高等教育要素在中国和世界其他国家之间有序流动,彰显高等教育开放的先导性作用,离不开外部质量保障的健康发展。本书基于以下背景,重点研究欧洲高等教育外部质量保障机构的发展及其借鉴作用。

(1)国际:全球化要求高等教育外部质量保障机构担任质量"守门员",并要求伞状组织发挥作用

高等教育大众化极大增加了学生的入学机会,提高了公众对高等院校和学生质量的关注。然而,它也给高等教育质量保障带来了挑战。为应对这种机会和挑战,世界各国和地区纷纷建立高等教育质量保障系统,包括各类高等教育外部质量保障机构。自20世纪90年代以来,已有超过100个国家成立国家性的高等教育外部质量保障机构。其中,不少国家积极倡导第三方建立高等教育外部质量保障机构。根据国际高等教育质量保障机构网络(International Network for Quality Assurance Agencies in Higher Education,简称INQAAHE)的统计,全球各类高等教育外部质量保障机构的数量已经超过200个,大部分机构成立的初衷在于协助政府和高等院校改进或提升高等教育质量。[①] 早在20世纪70年代,一些高等院校就开启了对高等教育质量保障体系、标准和行动的探索。这一时期,联合国教科文组织(United Nations Educational, Scientific and Cultural Organization,简称UNESCO)制定了一系列高等教育资历认证公约,成为最早的高等教育质量保障实践之一,其目的是推动区域间的高等教育资历认证公约在表达上趋于一致,即通过公平与透明的途径正式认可跨境高等教育资历或证书,加强学习交流与人才流动。

在全球化背景下,各国间的高等教育学历学位互认已成为利益相关者关注的焦点。一般而言,跨境高等教育学历学位互认的实现途径有两条:一条是

---

① Hou Y C, Ince M, Tsai S, et al. Quality assurance of quality assurance agencies from an Asian perspective: Regulation, autonomy and accountability[J]. Asia Pacific Education Review, 2015, 16(1):95-106.

基于政府之间或政府和高等院校之间签订的学历学位互认协议；另一条是在高等教育外部质量保障机构层面，通过建立超国家的伞状组织如INQAAHE，寻求跨境高等教育外部质量保障机构之间的互认方式，以使经互认机构认证的高等院校颁发的文凭或者证书获得合法性。在政府、高等院校以及社会的期待下，一些高等教育外部质量保障机构，已从早期单纯地对其国内高等院校进行外部质量保障实践，拓展到提供境外服务或实施跨境联合行动。以英国高等教育质量保障局（Quality Assurance Agency for Higher Education，简称 QAA）为例，该机构除了审核海外分校以外，还为其他国家提供高等院校认证服务。

全球化不仅要求高等教育外部质量保障机构担任"守门员"，还要求国际或区域伞状组织保障这类机构本身的质量。受高等教育国际化、普及化、市场化以及数字化等影响，高等教育外部质量保障机构的角色发生了一系列转变，其中包括其与政府之间关系的变化。与此同时，高等教育外部质量保障机构在规模、性质、成熟程度、经费、方法以及对象等方面存在相当大的差异。全球化为劣质的高等院校、项目以及"文凭工厂"的出现提供了机会，同时也给为"文凭工厂"提供服务的"认证作坊"等劣质高等教育外部质量保障机构提供了可乘之机。美国联邦政府撤销"独立院校认证委员会"（Accrediting Council for Independent Colleges and Schools，简称 ACICS）的认可资历便是其中一个例子。2016 年，因 ACICS 在监督柯林斯学院（Corinthian Colleges）的过程中并未履行好"守门员"的责任，美国教育部宣布终止其对 ACICS 的认可。柯林斯学院与相关分校已于 2015 年破产，在破产前 3 年，这些院校通过 ACICS 认证获取了高达 5.7 亿美元的联邦政府补助。由此，联邦政府认为 ACICS 没有尽到监督的责任，并撤销其认证资历。[①] 这一事件对美国造成较大冲击，联

---

① Center for American Progress. Release: With U. S. Department of Education soon to decide on embattled college accreditor, new CAP report offers strong evidence for ACICS to lose recognition [EB/OL]. (2016-06-06) [2019-08-01]. https://www. americanprogress. org/press/release/2016/06/06/138628/release-with-u-s-department-of-education-soon-to-decide-on-embattled-college-accreditor-new-cap-report-offers-strong-evidence-for-acics- to-lose-recognition/.

邦政府认为,高等教育外部质量保障机构应该承担更多的社会责任和使命。总之,对高等教育外部质量保障机构本身的资历进行认可,对于鉴别"认证作坊"而言至关重要。①

各国高等教育外部质量保障机构在生存和发展的过程中,无一例外地遇到了一些阻力,尤其是如何在高等教育系统不断变化的前提下实施可靠的高等教育外部质量保障行动。基于内部质量改进与外部问责的目的,一些国家和地区已经要求高等教育外部质量保障机构接受其他组织的元评估,以便一方面确保高等教育外部质量保障机构本身的质量,另一方面让高等教育利益相关者了解其采取的高等教育外部质量保障行动符合大众的意愿,即对高等教育外部质量保障机构的问责。M. 马丁(M. Martin)和 A. 斯特拉(A. Stella)将当前各国对高等教育外部质量保障机构问责的方式划分为 4 类:第一类,内部建立自我检验机制,由不同高等教育利益相关者组成的理事会监督,定期向理事会和政府提交年报,如加拿大;第二类,由其他高等教育外部质量保障机构进行评估,如美国;第三类,采用伞状组织制定的准则进行评估,如欧洲各国;第四类,实施周期性自我评估和后续跟进,如澳大利亚。② 当前,建立超国家的对高等教育外部质量保障机构进行资历认可的伞状组织,已成为全球高等教育质量保障发展的趋势,如 ENQA、APQN、阿拉伯国家高等教育质量保障网络(Arab Network for Quality Assurance in Higher Education,简称ANQAHE)和非洲质量保障网络(African Quality Assurance Network,简称AfriQAN)等。

当前,高等教育外部质量保障机构与伞状组织的关系越来越紧密,毕竟获得伞状组织的认可就意味着这些机构本身质量的合格。伞状组织为高等教育外部质量保障机构提供服务,以便这些机构共享信息、经验以提高外部质量保障行动的能力,并为国际或区域范围内的高等教育外部质量保障机构提供明

---

① 郭丽君. 中国跨国高等教育质量保障体系研究[J]. 教育,2014(23):75.

② Martin M, Stella A. External quality assurance in higher education: Making choices[R]. Paris: UNESCO,2007.

确的准入标准。颇具影响力的伞状组织通过制度环境和技术环境影响高等教育外部质量保障机构的行动,这一背景为研究高等教育外部质量保障机构的动态变化提供了前提。

(2)欧洲:越来越多的欧洲高等教育外部质量保障机构的发展趋于成熟,并接受伞状组织的元评估

关于欧洲高等教育质量保障的远景,《博洛尼亚宣言》(Bologna Declaration)将其描述为促进欧洲在高等教育质量保障领域的合作,发展可比的标准与方法。在博洛尼亚进程中,高等教育外部质量保障机构的地位随着进程的推进逐渐凸显。尤其是各国重视高等教育外部质量保障机构在实现欧洲高等教育区内学历学位自动认可过程中的作用,以挖掘区域内学历学位自动认可的潜力。① 2010 年,欧洲 47 个国家的教育部部长联合签署《关于欧洲高等教育区的布达佩斯—维也纳宣言》(Budapest-Vienna Declaration on European Higher Education Area),这一行动宣布欧洲高等教育区的正式启动,博洛尼亚进程由此也走向了新的阶段,巩固和发展欧洲高等教育区成为欧洲各国新的使命。不仅如此,该行动也引起了世界其他国家的密切关注。为此,博洛尼亚进程持续调整自身的发展战略,从原来的建立"欧洲高等教育区"转变为建立"全球背景下的欧洲高等教育区"。当前,越来越多的欧洲高等教育外部质量保障机构的发展趋于成熟,其主要得益于以下两个层面的有利条件。

①欧洲级制度框架的建设

一是制定与完善 ESG。在 2005 年的卑尔根教育部长会议上,各国教育部部长采纳了由 ENQA 提议的 ESG。ESG 包括高等教育内部质量保障、高等教育外部质量保障以及高等教育外部质量保障机构 3 部分的标准和指南。作为规范和引导高等教育外部质量保障机构、高等院校、学生以及专家等利益相关者在欧洲实施高等教育质量保障行动的标准和指南,ESG 秉持了 2003

---

① 郝国伟,李琛.博洛尼亚进程的新进展(2010—2015):措施与成效[J].内蒙古教育,2018,754(18):42-43.

年《格拉茨宣言》(Graz Declaration)倡导的理念,即欧洲高等教育质量保障的目的是在尊重国家背景和学科多样性的前提下,促进相互信任和提高透明度。① 2009 年,博洛尼亚进程 48 个成员国中有 16 个国家的高等教育质量保障依照 ESG 运行,其影响随着 2010 年欧洲高等教育区的建立进一步向全欧洲及以外地区扩散。2012 年,布加勒斯特教育部长会议提出修订 ESG,以提高其适应性、科学性及实用性。2015 年,埃里温教育部长会议通过了修订后的 ESG。学术界通常将 2005 年和 2015 年发布的 ESG 分别称为 ESG 2005 标准和 ESG 2015 标准。

二是建立欧洲级的高等教育质量保障伞状组织。ENQA 与欧洲高等教育质量保障注册制度(European Quality Assurance Register in Higher Education,简称 EQAR)是欧洲推进高等教育质量保障行动的两个关键伞状组织。它们具有不同的职能,分别为促进高等教育外部质量保障机构的发展和承担其肩负的责任。② ENQA 成立于 2000 年,代表成员参与欧洲或国际层面高等教育质量保障的政治决策,并与相关组织建立合作。其目标是维持和提高欧洲高等教育的质量,鼓励各国高等教育外部质量保障机构加快并信任与欧洲层面的合作,通过在其成员机构中传播信息和分享经验来推动博洛尼亚进程签署国遵循 ESG。作为一种行动网络和黏合剂,ENQA 推动了欧洲高等教育外部质量保障机构的合作,为成员机构之间交流良好实践(good practice)、提升高等教育质量搭建了平台。EQAR 成立于 2008 年,是支撑欧洲高等教育区建设的重要信息工具。其注册制度为自愿加入、自筹经费、独立运行、信息开放。2007 年,在伦敦教育部长会议上,ENQA、欧洲大学协会(European University Association,简称 EUA)、欧洲高等教育机构协会(European Association of Institutions in Higher Education,简称

---

① ENQA. Standards and guidlines for quality assurance in the European higher education area [EB/OL]. [2019-10-23]. https://www.enqa.eu/files/ESG_3edition%20(2).pdf.

② 王新凤,钟秉林.欧洲高等教育区质量保障的发展趋势与经验借鉴[J].中国大学教学,2017 (12):84-90.

EURASHE)和欧洲学生联盟(European Students' Union,简称 ESU)共同提议"ENQA 与其他高等教育外部质量保障利益相关者合作,共同开发欧洲高等教育外部质量保障机构注册制度"①。该提议最早可以追溯至 2005 年卑尔根教育部长会议上各国教育部部长们的"概念性"共识。此外,EU 也表达了对这一提议的高度支持。高等教育外部质量保障机构向 EQAR 申请登记注册会员,由国家主管部门审查和许可,根据 ESG 对高等教育外部质量保障机构的评估,作为评判这些机构能否注册的核心标准。因此,从关系上看,EQAR 的成员是欧洲各国政府,而非欧洲高等教育外部质量保障机构。

②国家级多元实践的探索

一是不断发展高等教育外部质量保障系统。总的来说,在博洛尼亚进程成员国中,大多数国家开发了在各类高等院校中实施的运行有效的高等教育外部质量保障系统。一般而言,这些系统由高等院校自评、外部评估、结果公布以及后续跟进 4 个步骤组成。从法律和运行的角度来看,欧洲高等教育外部质量保障机构被强调应独立于政府和高等院校,因此大部分欧洲高等教育外部质量保障机构脱离了国家机构的直接管理。

二是学生参与高等教育外部质量保障活动。1998 年,UNESCO 发表《21 世纪高等教育宣言:展望与行动》(Higher Eductaion in the Twenty-first Century:Vision and Action),正式宣布将学生纳入高等教育最重要的利益相关者之中。《布拉格公报》(Prague Communique)和《柏林公报》(Berlin Communique)均在不同程度上提升了学生参与高等教育外部质量保障的程度。ESG 则明确指出,高等教育外部质量保障专家小组的成员至少要包括一名学生。此外,学生代表均参与了历次博洛尼亚进程教育部长会议,来自 ESU 的学生也多次被指定为会议发言人之一。从参与的内容来看,在欧洲高等教育外部质量保障行动中,学生重点参与高等教育外部质量保障机构的治理、高等教育外部质量保障的评审以及高等教育外部质量保障的咨询等工作。

① ENQA. Standards and guidlines for quality assurance in the European higher education area [EB/OL]. [2019-10-23]. https://www. enqa. eu/files/ESG_3edition％20(2). pdf.

三是高等教育外部质量保障走向国际化。从途径来看,欧洲高等教育外部质量保障的国际化主要涉及:第一,对高等教育外部质量保障机构的元评估;第二,国际专家参与高等教育外部质量保障机构的组织治理;第三,高等教育外部质量保障机构成为 ENQA 或者其他国际性质量保障网络的成员;第四,在其他国家高等教育外部质量保障专家小组中任职。大多数欧洲高等教育外部质量保障机构至少涵盖了以上一种国际化,其中使用最多的途径是吸纳国际专家成为高等教育外部质量保障专家小组成员。

尽管欧洲和国家层面为高等教育外部质量保障机构的建立和发展创造了良好的条件,但是这些机构在实施 ESG 以及持续推进国际化的进程中仍面临一系列挑战。其中,最大的一个挑战是调和区域(即欧洲)与国家之间的高等教育质量保障政策。如果说 ESG 要求高等教育外部质量保障机构适应已有的欧洲—国家张力,那么 2009 年《鲁汶公报》(Leuven Communique)提出的发展国家资历框架则意味着高等教育外部质量保障机构必须进一步发挥其调节器的功能,帮助高等院校向社会证明其学位、项目与国家资历框架之间的合法联系。另一个挑战与高等教育外部质量保障机构的自我反思和持续改进有关,具体表现为对不同高等教育外部质量保障方法的采用与整合。伴随着高等教育质量保障功能的转变,认证、评估等类似方法成为欧洲各国实施高等教育外部质量保障的主要措施。然而,受国际化导向以及以国际竞争力为目标的驱动,欧洲高等教育外部质量保障机构强化了质量提升等功能的核心地位。在面对不同的问题时,高等教育外部质量保障的具体做法也存在差异。此外,欧洲高等教育外部质量保障机构的角色和高等教育外部质量保障过程所采用的信息均有所不同。

结合上述有利条件和针对一系列挑战的分析,从整体上看,在欧洲—国家张力下,欧洲高等教育外部质量保障机构的生存与发展将持续处于复杂、动态的变化中。

（3）我国：高等教育外部质量保障机构建设具有紧迫性，且发展机遇和挑战并存

2013年，党的十八届三中全会将推进国家治理体系与治理能力现代化作为我国全面深化改革的总目标。会议提出将管办评分离作为深化高等教育改革的重要举措，建立政府主导行政管理、高等院校主导办学、第三方教育评估机构主导评价的机制。当前，在我国现代治理体系中，参与主体越来越呈现出多元化特征，其中包括作为"守门员"的高等教育外部质量保障机构。作为高等教育外部质量保障机构的其中之一，第三方教育评估机构因其具有非营利性和自治性等特征，承担着高等教育公益性服务的职能。对政府而言，第三方教育评估机构可以改变政府在教育事业上大包大揽的局面，降低高等教育治理成本；对高等院校而言，第三方教育评估机构服务的针对性和客观性强，具有创新性和灵活性等优势。此外，政府、高等院校、第三方教育评估机构3方良性互动、平等协商、相互制衡的过程本身就体现了多元共治的理念，是现代治理的基本要义。因此，建立和发展第三方教育评估机构是提升高等教育治理体系和治理能力现代化不可或缺的一部分。2015年，教育部明确提出，要加快推进高等教育质量体系和治理能力现代化，强化国家教育督导，委托社会组织开展教育评估监测。[①] 原先由政府承担的外部质量保障职能将剥离给有资历条件的高等教育外部质量保障机构承担，而政府的工作重点将转移到规范高等教育评估市场，引导、支持和鼓励高等教育外部质量保障机构参与教育事业。2020年，中共中央、国务院印发《深化新时代教育评价改革总体方案》，提出到2035年，基本形成富有时代特征、彰显中国特色、体现世界水平的教育评价体系。管办评分离、深化教育评价改革等一系列政策突出反映了我国高等教育外部质量保障机构建设的紧迫性。

此外，我国高等教育外部质量保障机构建设的紧迫性还与积极回应高等

---

① 教育部.教育部关于深入推进教育管办评分离促进政府职能转变的若干意见[EB/OL].（2015-05-04）［2019-10-20］. http://old. moe. gov. cn//publicfiles/business/htmlfiles/moe/s7049/201505/186927. html.

教育质量保障国际化息息相关。2010年颁布的《国家中长期教育改革和发展规划纲要(2010—2020年)》提出,要加强与国际组织的合作,建立国际高等教育交流合作和政策制度对话平台,积极推动研究领域与创新实践的国际交流与合作。2015年,《国务院关于印发统筹推进世界一流大学和一流学科建设总体方案的通知》提出,要加快与世界一流大学和科研机构的实质性合作,主动参与国际高等教育规则制定、国际高等教育教学评估与认证等行动,大力提高我国高等教育的国际竞争力和话语权。2016年,教育部印发《推进共建"一带一路"教育行动》的通知,倡导提升"一带一路"区域高等教育的影响力和吸引力。在区域高等教育质量保障行动方面,早在2009年,中国、韩国和日本3国高等教育外部质量保障机构共同建立了亚洲大学生集体行动交流计划(Collective Action of Mobility Program of University Students in Asia,简称CAMPUS Asia),并于2016年启动质量保障协同机制,实施联合评估。

随着我国高等教育进入"提高质量、促进公平、优化结构、改善环境"的新阶段[①],高等教育发展方式也由规模扩大和空间扩展的外延式发展转向提升质量和优化结构的内涵式发展。高等教育质量保障体系建设受到极大重视,集高等院校评估、专业认证、自我评价、国际评估和常态监测于一体的高等教育质量保障体系正在建设之中,并在运行中展现了较好的成效。理想状态下的高等教育外部质量保障活动应能触动各利益相关者的切实利益,并取得良好的运行效果。然而,在现实情况下,由政府主导的高等教育评估面临合法性危机。依据社会学新制度主义理论分析框架,当前我国高等教育外部质量保障的发展面临两大困境:一是高等教育外部质量保障主体间的利益博弈;二是高等教育外部质量保障制度的路径依赖。[②]探索这些困境就要深入了解作为主体的高等教育外部质量保障机构在建设与运行中可能存在的问题。随着本

---

① 冯惠敏,郭洪瑞,黄明东.挪威推进高等教育质量文化建设的举措及其启示[J].高等教育研究,2018,39(2):102-109.

② 王向华,张曦琳.新制度主义视角下我国高等教育第三方评估面临的困境及其对策[J].高等教育研究,2018,39(6):36-41.

科教学工作审核评估的结束,李志义等认为,新一轮本科教学评估方案应建立在对高等教育外部质量保障机构元评估的基础之上。① 此外,我国正处于加快世界一流大学和一流学科建设的新时期,政府在管办评分离政策的背景下进一步提出了加快建设高等教育外部质量保障机构的要求。

我国高等教育外部质量保障机构正积极加入区域性和国际性高等教育质量保障网络建设队伍,一些机构已成为多个区域性和国际性高等教育质量保障网络的正式成员,并主动肩负起建设和发展区域高等教育质量保障的责任。2018 年,教育部高等教育教学评估中心获得亚太地区质量保障能力建设的推动者②——APQN 理事会的一致认可,承接 2019 年至 2022 年 APQN 秘书处的日常运营、学术交流和财务管理等事务工作。 教育部高等教育教学评估中心作为 APQN 的正式成员先后参加了 8 届 APQN 高等教育质量保障大会,在宣传我国高等教育质量保障的成绩与经验、推动国家和区域间高等教育质量保障的提升方面发挥了重要作用。 教育部高等教育教学评估中心成为APQN 的成员既体现了我国在亚太地区高等教育质量保障领域中的重要地位,也为我国高等教育的发展以及与亚太地区甚至全球范围的国家在"一带一路"倡议下实现互利共赢提供了一个极有价值的平台。 正如 APQN 理事会所说的,"我们坚信,秘书处落户评估中心后,APQN 将会有更大的发展以及更美好的未来"③。尽管我国高等教育外部质量保障实践的国际化程度日渐提升,针对高等教育外部质量保障的研究与实践探索也日益增多,但是高等教育外部质量保障机构面临的生存挑战仍较为严峻。 与此同时,APQN 在我国各类高等教育外部质量保障机构中的影响力和吸引力仍不足。 总之,我国高等教育外部质量保障机构正处在一个机遇与挑战并存的时间节点。

---

① 李志义,王会来,别敦荣,等.我国新一轮本科教育评估的国际坐标[J].中国大学教学,2019(1):33-38,81.

② 方乐.亚太地区教育质量保障能力建设的推动者——亚太区教育质量保障组织(APQN)研究[J].江苏高教,2014(2):31-34.

③ 教育部高等教育教学评估中心.APQN 秘书处落户评估中心[EB/OL].(2018-09-29)[2019-10-22].http://www.pgzx.edu.cn/modules/news_detail.jsp?id=205243.

1.1.2 研究目的

第一，探索欧洲高等教育外部质量保障机构在欧洲—国家张力下如何实现动态发展，以便从宏观的角度认识高等教育外部质量保障机构的发展规律。研究欧洲高等教育外部质量保障机构的发展，有助于回答威尔斯彼得·J.(Peter J. Wells)提出的问题：不同的区域是否属于一个共享的"欧洲高等教育质量保障基因组"[①]？以往研究大多集中在欧洲高等教育外部质量保障机构与国家政府博弈下对合法性、独立性、权威性等方面的争取，本书则跳出二维主客体关系，将视线投向区域网络、国家政府以及高等教育外部质量保障机构三者之间的协同治理模式，以尝试理解欧洲高等教育外部质量保障机构在塑造自身和运行的过程中所展现的趋同性和差异性，并深入分析趋同性和差异性产生的基础以及各自的影响。

第二，挖掘欧洲经验对我国高等教育外部质量保障机构建设的可借鉴之处。随着我国高等教育体制改革的深化，政府正在转变职能，并放权给高等院校和高等教育外部质量保障机构，如何保证高等教育外部质量保障机构有效运行已成为提升我国高等教育质量的一个重要挑战。在我国高等教育质量保障领域，受历史作用的影响，高等教育外部质量保障机构的发展进程在自我强化机制与报酬递增的共同影响下难免产生路径依赖。因此，在当前政府积极推进高等教育管理体制改革的背景下，探寻改革契机、打破路径依赖，是我国高等教育外部质量保障机构实现健康发展的必经之路。尽管学术界强烈呼吁政府与高等教育外部质量保障机构之间保持"绝对距离"，但本书采用辩证的眼光看待两者之间的关系，认为政府在高等教育外部质量保障机构的建设过程中依然要担负起引领者的责任，并通过引入欧洲区域网络—政府—高等教育外部质量保障机构三者之间协同治理的新型模式，为我国高等教育外部质量保障机构的建设提供借鉴参考。

---

① 彼得·J.威尔斯，张建新.多元一体基因：高等教育质量保障的区域发展途径[J].北京大学教育评论，2014，12(4)：101-115，186.

1.1.3 研究意义

（1）理论意义

新制度主义认为，制度变迁的发生由某一核心节点上的供需失衡所导致。当供需再次失衡时，新的制度变迁将再次发生。在高等教育领域，发展中的高等教育质量需要更专业和更权威的高等教育外部质量保障机构来维护。当前，高等教育质量保障的内生需求呼唤着制度的改变。我国高等教育虽已进入大众化阶段，但仍存在一些不适切的、精英化阶段的旧制度，导致高等教育外部质量保障机构面临社会的信任危机。本书利用社会学新制度主义理论，采用动态的视角研究欧洲高等教育外部质量保障机构的有效性、趋同性与差异性，探究其如何逐步获得国内国际合法性，并不断发展自身。本书的研究既丰富了社会学新制度主义理论在高等教育领域的应用，又拓宽了高等教育外部质量保障机构的理论视野。

（2）实践意义

第一，为我国高等教育外部质量保障机构建设提供借鉴。自博洛尼亚进程以来，欧洲高等教育质量保障的发展历程充满了艰辛，超国家的、政府间的、国家的、机构的以及个体的多种政治因素与学术因素形成了一个高度复杂化的、动态化的系统。鉴于此，欧洲高等教育外部质量保障机构的行动必须一直处于改进的状态，一方面，既要防止它在寻求平衡的过程中沦为形式主义的工具；另一方面，也要让学术界保持警惕以提供更高质量的高等教育服务。[①] 欧洲在区域高等教育质量保障制度与组织构架上都取得了实质性的进展，高等教育外部质量保障机构在挑战复杂多样的环境以及动态变化的政治因素下不断发展，为我国高等教育外部质量保障机构的建设提供一定的借鉴。

第二，为政府承担高等教育外部质量保障中的职能提供启示。当前，我国相关高等院校正在完善和推进"双一流"建设，"双一流"建设是实现人力资源

---

① Harvey L，Williams J. Fifteen years of quality in higher education[J]. Quality in Higher Education，2010(1)：3-36.

强国战略的重要举措,高等教育的质量和水平是"双一流"建设的重要基础。[①]与以往重点建设项目不同的是,政府不再给予参与"双一流"建设的高等院校"定心丸",而是采用遴选机制使"双一流"建设的名单"有进有出"。这种有活力的模式对高等教育外部质量保障机构提出了新的要求,也对政府的职能提出了新的要求。如何合理且有效的干预高等教育外部质量保障机构的行动成为新的议题。研究欧洲高等教育外部质量保障机构的发展特征、原因及其影响,对于认识我国政府在与高等教育外部质量保障机构交互作用下的职能转变,更好地推进我国高等教育质量保障体系朝着科学的方向发展具有重要意义。

第三,为我国高等教育外部质量保障的区域融合提供思路。正如威尔斯所言,高等教育质量保障国际通用"基因密码"(即基本的标准)的现实价值既体现了区域高等教育质量保障的一体化以及各地区高等院校的多样性,也为跨境高等教育外部质量保障机构提供了"联姻"标准的原动力。[②]高等教育质量保障具有地缘政治意义,能够影响一个国家或区域的竞争力,尤其是其在全球知识经济体系中的话语权或地位。[③]当前,我国高等教育外部质量保障机构已经具备一定的良好区域生态环境以提高自身建设,如果说"一带一路"倡议以及一些配套政策为我国高等教育外部质量保障机构参与区域甚至国际高等教育质量保障实践提供了制度保障,那么APQN则为我国高等教育外部质量保障机构提供了技术层面的保障。因此,研究欧洲高等教育外部质量保障机构的发展,能够为我国高等教育外部质量保障的区域融合提供有力线索。

---

① 钟秉林,方芳.一流本科教育是"双一流"建设的重要内涵[J].中国大学教学,2016(4):4-8,16.

② 彼得·J.威尔斯,张建新.多元一体基因:高等教育质量保障的区域发展途径[J].北京大学教育评论,2014,12(4):101-115,186.

③ Blanco-Ramirez G. International accreditation as global position taking: An empirical exploration of U. S. accreditation in Mexico[J]. Higher Education, 2015, 69(3):361-374.

1.2　国内外有关欧洲高等教育外部质量保障机构研究的动态进展和趋势

对以往文献的详细梳理、深入分析和总结是开展一项新研究的基本工作。为确立本书的研究视角、研究方法和研究路径,在对国内外有关欧洲高等教育外部质量保障机构的文献进行仔细研究后,笔者将与本书研究密切相关的文献分为欧洲高等教育外部质量保障机构的组织研究、欧洲高等教育外部质量保障机构的标准研究、欧洲高等教育外部质量保障机构的运行研究、欧洲高等教育外部质量保障机构的职能与目标研究,以及欧洲高等教育外部质量保障机构受伞状组织作用的研究。

1.2.1　欧洲高等教育外部质量保障机构的组织研究

(1)欧洲高等教育外部质量保障机构的建立

在欧洲,随着高等教育的迅速发展,对于建立与欧洲一体化相适应的高等教育外部质量保障机构的呼声一直不断。从现有文献来看,欧洲高等教育外部质量保障机构是在欧洲一体化背景和特殊国情的双重作用下建立起来的。早在 1998 年,欧盟理事会(Council of the European Union)在关于欧洲高等教育质量保障合作与《博洛尼亚宣言》的建议报告中,就倡导各国高等教育质量保障制度透明化以及高等教育外部质量保障机构遵循共同的原则来实施任务。[1] 受经济合作与发展组织(Organization for Economic Co-operation and Development,简称 OECD)的委托,约翰·布伦南(John Brennan)和特拉·沙赫(Tarla Shah)对 14 个欧洲国家的 29 所高等院校进行了调查与分析。结果发现,1990 年仅法国、荷兰与英国在不同程度上建立了高等教育外部质量

---

① European Parliament and Council. 98/561/EC: Council recommendation of 24 September 1998 on European cooperation in quality assurance in higher education [R]. Official Journal of the European Union, 1998: 56-59.

保障机构。① 虽然欧洲各国逐步建立了高等教育外部质量保障机构,但之后的一次调查显示,在欧洲 29 个高等教育外部质量保障机构中,只有 15 个具有独立的法律地位。② 侯威介绍了北欧 5 国的高等教育外部质量保障机制,指出北欧各国高等教育外部质量保障机构均为由政府建立的独立和自治的机构。③ 范文曜等考察了 1984 年建立的法国国家评估委员会(Committee National Evaluation),该委员会对研究、文化和职业性的公立机构进行评估。④ 欧阳静文将欧洲博洛尼亚进程视为界线,该进程之前的高等教育外部质量保障机制由政府直接控制,而进程的启动给了许多国家开发高等教育外部质量保障机制的强大动力。⑤ 由此,建立作为各国政府在欧洲层面高等教育外部质量保障合作的代理——高等教育外部质量保障机构就非常必要。根据 ENQA 针对欧洲高等教育外部质量保障机构的调查报告,几乎所有机构都是由政府推动建立的,政府也因此成为其主要的经费来源。⑥ 此外,高等院校、大学协会、大学校长委员会、专项活动以及捐赠收入也是高等教育外部质量保障机构建设的实际经费来源。⑦ 李政比较了欧洲 23 个高等教育外部质量保障机构后发现,虽然这些机构建立的时间各有长短,且背景和国情各有不同,但是大多数机构都注重独立性,以保障自身的决策不受外界干扰。⑧

① 约翰·布伦南,特拉·沙赫.高等教育质量管理——一个关于高等院校和改革的国际性观点[M].陆爱华,等译.上海:华东师范大学出版社,2005:31.

② Malcolm F. Report on the modalities of external evaluation of higher education in Europe:1995—1997[J]. Higher Education in Europe, 1997, 22(3):349-401.

③ 侯威.北欧五国高等教育质量保证机制概述[J].比较教育研究,2003(8):26-30.

④ 范文曜,马陆亭,张伟.国际高等教育日趋明显的评估对拨款的影响[J].中国高等教育,2003(8):40-41.

⑤ 欧阳静文.欧盟高等教育外部质量保障机制研究[D].长沙:湖南大学,2016.

⑥ The Danish Evaluation Institute. Quality procedures in European higher education: An ENQA survey[EB/OL]. [2019-09-22]. https://enqa.eu/wp-content/uploads/procedure sl.pdf.

⑦ Costes N, Crozier F, Cullen P et al. Quality procedures in the European higher education area and beyond: Second ENQA survey[EB/OL]. [2019-02-18]. https://www.enqa.eu/publications/quality-procedures-in-the-european-higher-education-area-and-beyond-second-enqa-survey/.

⑧ 李政.欧洲高等教育区的质量保障机构体系研究[D].重庆:重庆大学,2007.

（2）欧洲高等教育外部质量保障机构的类型

国际教育规划研究所（International Institute for Educational Planning）的研究指出，"高等教育外部质量保障机构可以通过不同的方式，在具备或不具备政府或高等院校的支持下建立，其隶属情况可以分为以下 4 种：隶属于政府、隶属于半政府或半自治的公共机构、隶属于高等院校以及隶属于私立机构"①。然而，这种划分在全球化和区域化的背景下已经显得不太恰当。当前，高等教育外部质量保障机构还可以隶属于伞状组织。通过加入区域或国际高等教育质量保障伞状组织，可以在一定程度上提升高等教育外部质量保障机构的国际合法性。唐微微根据欧洲高等教育外部质量保障机构开展活动的对象，将其分为单一任务型、多任务型、国内服务型和国外服务型等。② 例如，奥地利认证理事会只对非大学的高等院校开展服务，捷克认证委员会的服务对象既包括大学又包括非大学的高等教育机构，挪威质量保障局（Norwegian Agency for Quality Assurance in Education，简称 NOKUT）不仅对国内所有高等院校实施认证或审核，还负责对国外学历学位进行认可。从所属性质来看，可以根据政府在高等教育外部质量保障中的行为以及为高等教育外部质量保障机构预留的自由裁量权大小，将欧洲高等教育外部质量保障机构分为国家机构和非国家机构两大类。③ 其中，非国家机构包括高等院校建立的机构、国际基金会建立的机构以及其他第三方机构等类型。姚成林根据高等教育外部质量保障机构与政府之间的关系，将国际高等教育外部质量保障机构划分为美国模式、英国模式和法国模式 3 种，美英两种模式凸显了机构的独立性和专业性优势，这两种模式的机构通常不隶属于政府，而是依据相关法律、法规或政策建立的具有独立地位的实体。而政府主导型的法国模式则反映了机构的权威性，使得高等教育外部质量保障机构公布的结果更具有公信力和

① IIEP. External quality assurance：Options for higher education managers-odule 3：Setting up and developing the quality assurance agency：5[EB/OL].[2019-09-22]. https://www.iiep.unesco.org/fileadmin/user_upload/Cap_Dev_Training/Training_Materials/HigherEd/EQA_HE_3.pdf.

② 唐微微.欧洲高等教育质量保障体系研究（2008—2016）[D].南宁：广西大学，2017.

③ 范维.高等教育质量保障中的政府行为研究[D].湘潭：湘潭大学，2009.

影响力。[①] 罗道全则以国家制度特征为出发点,将国际高等教育外部质量保障机构划分为美国的自由经济式、英国的政府主导式和德国的民间组织式。[②] 杨治平和黄志成对自博洛尼亚进程以来的欧洲高等教育外部质量保障机构的建设情况进行分析,并将其归纳为单主体—独立型、多主体—独立型、依存型以及尚未建立高等教育外部质量保障机构 4 种类型。[③] 李政对欧洲 10 国的高等教育外部质量保障机构进行了统计,发现各机构在合法性和官方认可方面存在不同程度的差异。例如,法国国家评估委员会享有完全的行政自主权,其评估报告直接呈送总统而非教育部,并拥有独立的预算;俄罗斯联邦国家认证署(RusAccreditation)虽然也具有官方地位,但是它没有决策权,认证结果由俄罗斯联邦教育和科学监督局(Federal Service for the Supervision of Education and Science,简称 Rosobrnadzor)发布。[④]

(3)欧洲高等教育外部质量保障机构的结构

组织结构通过组织的功能或者活动范围来反映。针对欧洲高等教育外部质量保障机构结构的研究少见于一些案例研究中,这些研究主要集中在较为成熟的高等教育外部质量保障机构。一般而言,欧洲高等教育外部质量保障机构的最高领导是董事会,负责机构的业务和战略导向。与此同时,机构聘任首席执行官和秘书监督机构的政策、战略实施情况以及财务等。董事会下设执行委员会,代表董事会全面负责行政管理工作,执行委员会由多个职能部门组成。例如,NOKUT 的职能部门分为行政部、海外教育部、评估与分析部、交流部、质量保障与法律事务部等 5 个平行部门。[⑤] 蒋家琼等分析了包括

---

① 姚成林.国外高等教育评估机构带给我们的启示与借鉴[J].劳动保障世界,2018(26):77-78.

② 罗道全.论高等教育评估机构模式的选择[J].黑龙江高教研究,2007(4):94-96.

③ 杨治平,黄志成.欧洲高等教育质量保障机构的发展与定位——博洛尼亚进程新趋势[J].比较教育研究,2013,35(1):80-83.

④ 李政.欧洲高等教育区的质量保障机构体系研究[D].重庆:重庆大学,2007.

⑤ NOKUT. Organization chart [EB/OL]. [2019-11-03]. https://www.nokut.no/en/about-nokut/organisation-chart/.

QAA 等在内的高等教育外部质量保障机构。[①] 其中,QAA 体现了一个成熟的高等教育外部质量保障机构应该充分反映不同社会团体的利益。高等教育外部质量保障机构的组织结构在一定程度上反映了该机构的独立性、专业性以及权威性。总体而言,欧洲高等教育外部质量保障机构由两大部分构成:一部分负责内部事务,另一部分负责外部事务。张志远对欧洲 16 国的高等教育外部质量保障机构进行梳理后指出,尽管这些机构的发展程度、归属性质、职能、目标、运行程序存在一定差异,但是它们的结构呈现出了一定的共性:一方面,成立委员会或理事会,其成员经推选或由教育主管部门任命;另一方面,引进国际专家参与或指导高等教育外部质量保障实践。[②] 这两个方面的特征既维护了欧洲高等教育外部质量保障机构的合法性,又提高了它们的专业性和权威性。

1.2.2　欧洲高等教育外部质量保障机构的标准研究

尽管 ENQA 要求成员机构接受高等教育外部质量保障标准(ESG 第二部分)和高等教育外部质量保障机构标准(ESG 第三部分)的评估,但是从现有文献来看,绝大多数学者对于高等教育外部质量保障标准的关注远远超过对高等教育外部质量保障机构标准的关注。极少数学者在研究 ESG 的改进与发展时提及了“机构标准”。关于 ESG,国内学者主要从两个方面进行了研究。一方面涉及标准的制定、内容、解释、适用性等。例如,陈寒详细介绍了 ESG 的 3 个组成部分——高等教育内部质量保障标准(ESG 第一部分)、高等教育外部质量保障标准(ESG 第二部分)和高等教育外部质量保障机构标准(ESG 第三部分),通过分析欧洲高等教育区质量保障标准的发展历程和理念,从尊重高等教育多样性、统筹高等教育内外部质量保障活动、保持问责与改进之间的平衡以及增强高等教育外部质量保障机构的独立性等方面,提出

---

① 蒋家琼,姚利民,游杜然.英国高等教育外部质量保障组织体系及启示[J].比较教育研究,2010,32(1):39-43.

② 张志远.欧洲十六国的高等教育评估[J].外国教育研究,1997(3):51-56.

我国高等教育质量保障工作的改进思路。[①] 另一方面涉及 ESG 的修订、变化内容和意义等。例如,张旭雯介绍了 ESG 2005 标准向 ESG 2015 标准转变的原因、变化范围和新修订标准的优势,认为 ESG 2015 标准在标准的选择和指南的定义上更为细化。[②] 虽然张旭雯描述了新旧两种欧洲高等教育质量保障标准,但是没有涉及现实中各高等教育外部质量保障机构对新旧两种标准的符合程度和适应能力。此外,尚未发现有关新旧标准的适用性对于欧洲高等教育外部质量保障机构产生的影响以及变化的研究。

1.2.3 欧洲高等教育外部质量保障机构的运行研究

(1)欧洲高等教育外部质量保障机构的运行方式

ENQA 根据开展的高等教育外部质量保障活动对机构的类型进行分类,具体由 4 种考察方法(评估、认证、审核和基准)与 4 种考察对象(高等院校、学科、专业/项目和主题)组成 16 种类型。其中,高等院校评估、专业/项目认证和高等院校审核是最常见的类型。[③] 目前,学术界普遍认同将欧洲高等教育外部质量保障机构的运行方式划分为评估、认证、审核与基准 4 种类型。[④] 李甜对这 4 种类型进行了详细介绍[⑤]:①评估的主要意图是通过高等院校评估、学科评估、专业/项目评估和主题评估等向教育主管部门反馈高等院校的优缺点,帮助其改善教学质量;②认证是欧洲高等教育外部质量保障机构最常见的运行方式,在保障学位项目和高等院校达到已经存在的一定标准的同时,积极提高高等院校、专业/项目的可靠性和公众形象;③审核的目的主要在于确认被审核对象是否达到标准以及目标是否实现,关注的是高等院校内部质量保

① 陈寒.欧洲高等教育区质量保障标准:发展与启示[J].中国高教研究,2018(6):90-97.
② 张旭雯.《欧洲高等教育区质量保障标准与指南》的改进和发展[J].世界教育信息,2018,31(5):36-42.
③ The Danish Evaluation Institute. Quality procedures in European higher education:An ENQA survey[EB/OL].[2019-09-22].https://www.enqa.eu/wp-content/uploads/procedure,pdf.
④ 李政.欧洲高等教育区的质量保障机构体系研究[D].重庆:重庆大学,2007.
⑤ 李甜.博洛尼亚进程下欧洲高等教育质量保障体系研究[D].哈尔滨:黑龙江大学,2012.

障和质量提高的过程;④基准是将高等教育外部质量保障实践中的良好实践当作基准对象,通过考察、分析、交流以及改进等流程获得高等院校持续发展的能力,其仅为荷兰职业教育大学联合会(Hoger Beroepsonderwijs,简称 HBO)和芬兰高等教育评估委员会(Finish Education Evaluation Centre,简称 FINHEEC)等少数高等教育外部质量保障机构所采用。

(2)欧洲高等教育外部质量保障机构的运行程序

海伦娜·萨卡瓦(Helena Sebkova)分析了早期欧洲高等教育质量保障,认为除英国外,其他国家的高等教育具有明显的中央集权特征。[①] 20 世纪 80 年代,受新公共管理运动的影响,欧洲的高等院校开始接受政府问责,这一时期西欧国家的高等教育外部质量保障主要采用评估体系实施以质量改进为目的的活动,几乎没有认证体系。周翠深入研究了芬兰高等教育外部质量保障机构实施审核的程序,将其归纳为高等院校申请审核、专家小组成员确定及培训、审核材料的准备及提交、实地考察、审核报告及结果、总结研讨会、高等院校反馈、后续跟进以及复审等 9 个步骤。[②] 从发达国家高等教育质量保障的经验来看,多种方式的交叉融合、综合运用,是未来高等教育质量保障发展的重要趋势。然而,不管高等教育外部质量保障机构实施方式种类的多少,它们的运行几乎遵循一般性的程序:第一阶段,组织评审专家;第二阶段,接受评估的高等院校或专业/项目等向评审专家提供自我评估报告;第三阶段,专家小组进行实地考察;第四阶段,公开评估报告。此外,健全的高等教育外部质量保障机构应具有明确的申诉机制。

(3)欧洲高等教育外部质量保障机构运行的有效性

关于欧洲高等教育外部质量保障机构运行有效性的研究较少。李·哈维(Lee Harvey)根据 1995—2009 年在《高等教育质量》(*Quality in Higher Education*)上发表的文献分析,认为高等教育外部质量保障机构在促进高等

---

① Sebkova H. Accreditation and quality assurance in Europe[J]. Higher Education in Europe, 2002, 27(3):239-247.

② 周翠.芬兰高等教育机构质量保障体系审核研究[D].重庆:四川外国语大学,2015.

教育质量的有效性方面值得商榷，尤其在以问责为导向时。其原因之一在于高等教育外部质量保障机制"摧毁了信任"[①]。乔恩·哈克斯特德（Jon Haakstad）和彼得·芬德利（Peter Findlay）则高度评价了芬兰高等教育评估委员会的运行效果，包括"秘书处工作认真有效，审核报告质量高，高等院校与评估委员会之间的反馈有效，对自身标准的评估有效"[②]等。一些学者将欧洲层面的质量保障政策视为"软法"，其涉及高等教育外部质量保障机构的能力建设、协调机制以及信息共享等。通常情况下，"软法"的落实基于规范和文化扩散机制，为获得欧洲层面的合法性和经费等资源，各高等教育外部质量保障机构不得不主动关注和适应这些"软法"[③]。但这种做法是否能够提高欧洲高等教育外部质量保障机构运行的有效性值得进一步研究。可以确定的是，权威性与专业性是欧洲高等教育外部质量保障机构有效运行的前提。余凯和杨烁从高等教育外部质量保障机构的建立和实施两个方面探究其权威性和专业性的来源及其形成。他们指出，在机构的建立方面，高等教育外部质量保障机构的权威性与专业性主要来源于完善的法律法规体系、建立主体的权威性、机构的独立地位以及多元化和高素质的队伍；在机构的实施方面，高等教育外部质量保障机构权威性与专业性的形成主要缘于全面完整的高等教育外部质量保障程序、先进的科学技术、专业的研究支撑和有效的外部监督与社会参与。[④] 李亚东和陈玉琨从政府行为的角度出发，指出法国和俄罗斯高等教育外部质量保障机构的有效运行离不开政府的主导和干预。[⑤] 张雪蕊和邱法宗

---

① Damme D V. European approaches to quality assurance：Models，characteristics and challenges[J]. South African Journal of Higher Education，2000(2)：88-95.

② Haakstad J，Findlay P. Report of the panel of the review of the Finnish Higher Education Evaluation Council [EB/OL]. [2019-10-22]. https://www.finheec.fi/files/1325/KKA_0911.pdf.

③ Ozolinša M，Stensaker B，Gaile-Sarkane E，et al. Institutional attention to European policy agendas：Exploring the relevance of instrumental and neo-institutional explanations[J]. Tertiary Education and Management，2018(24)：1-13.

④ 余凯，杨烁.第三方教育评估权威性和专业性的来源及其形成——来自美、英、法、日四国的经验[J].中国教育学刊，2017(4)：16-21.

⑤ 李亚东，陈玉琨.我国高等教育外部质量保障组织体系顶层设计[J].高等教育研究，2015，36(3)：65.

分析了芬兰、挪威、瑞典 3 国高等教育外部质量保障机构的特点,认为这些机构都具有很高的权威性和国际性,尤其在实施活动中都引入了国际专家[①],而这恰恰是我国高等教育外部质量保障机构建设的薄弱之处。陈天把 ESG、EQAR、学生参与以及国际参与 4 个参考点视为评估欧洲高等教育质量保障政策的重要指标[②],这种观点为分析欧洲高等教育外部质量保障机构运行的有效性提供了一定的视角。葛大汇提出,在管办评分离的背景下,我国应进行高等教育外部质量保障机构的改造。他认为,目前我国地方性高等教育外部质量保障机构套用了中介组织的名义,掩盖了国家与社会之间的利益差异,可以通过采取欧洲国家的"法团主义",利用原有的组织框架引入专业联盟等组织,达成教育评估分权与契约的逻辑。[③] 这种方案认可了欧洲高等教育外部质量保障机构的有效性,表达了借鉴欧洲路径解决国内问题的诉求。

1.2.4 欧洲高等教育外部质量保障机构的职能与目标研究

(1)欧洲高等教育外部质量保障机构的职能

学术界对高等教育外部质量保障机构的职能存在两种截然不同的态度:一种是消极的态度,认为它们干扰了高等院校自治、加重了行政负担以及造成了资源的浪费;另一种是积极的态度,认为它们可以倒逼高等院校进行改进,明确责任,保护学生等利益相关者的权益。[④] 2003 年,ENQA 针对欧洲 23 个国家的 34 个高等教育外部质量保障机构进行调查并发布第一次调查报告,之后于 2008 年发布第二次调查报告,第二次调查涉及 51 个高等教育外部质量保障机构。两次调查报告均对欧洲高等教育外部质量保障机构的职能(见

---

① 张雪蕊,邱法宗.借鉴北欧各国经验重塑我国高等教育评估中介机构[J].东南大学学报(哲学社会科学版),2013,15(S1):168-170.

② 陈天.欧洲高等教育质量保障政策的变化与挑战——基于博洛尼亚进程的影响[J].齐鲁师范学院学报,2013,28(5):31-34,43.

③ 葛大汇.论教育评估组织的"法团主义"改造——改革、重组教育评估机构的设计与理论[J].上海教育科研,2009(5):22-25.

④ 上海市教育评估院.区域流动:质量保障领域中的合作——亚太地区质量保障网络组织学术研讨会暨第二届年会综述[J].教育发展研究,2006(9):79-82.

表 1-1)和目标进行了详细的介绍。在第二次调查中,质量改进和质量保障仍然是欧洲高等教育外部质量保障机构的核心职能,其余职能则有了明显扩展。魏署光认为,在 2003 年的柏林教育部长会议上,教育部部长们将质量保障置于博洛尼亚进程的优先位置,这使得利益相关者对高等教育外部质量保障机构的专业化提出了更高的要求。[1] 李兵认为,高等教育外部质量保障机构的工作主要在于帮助那些高等教育者进行自我批判和反思。[2] 这种表述过于简化高等教育外部质量保障机构的职能。贾群生在探索西方高等教育外部质量保障机构的形成原因之后,从 5 个方面总结了它们的职能:一是缓冲政府和高等院校之间的矛盾;二是维护高等院校的自主权和学术自由,保障行政人员、教师和学生的权益;三是促进利益相关者广泛参与高等教育治理;四是提升政府管理高等院校以及制定政策的效率;五是实现科学管理。[3] 刘晖等从政策、研究与实践 3 个层面对欧洲高等教育质量保障行动 20 多年的发展历程进行回顾,认为欧洲高等教育质量保障模式具有质量控制取向和国家中心特征。[4] 因此,促进欧洲协调、提高区域竞争力和问责是高等教育外部质量保障机构的基本职能。

表 1-1 欧洲高等教育外部质量保障机构的职能

ENQA 调查(2003)[5]	ENQA 调查(2008)[6]
质量改进、质量保障	质量保障
传播质量保障信息和知识	质量改进
认证	对专业评估、认证的外部质量保障

---

① 魏署光.欧洲高等教育质量保障研究[D].武汉:华中科技大学,2009.

② 李兵.国际比较视野中的高等教育质量评估与保障问题研究[D].上海:华东师范大学,2004.

③ 贾群生.中介机构:新的观点[J].辽宁高等教育研究,1997(2):97-100.

④ 刘晖,孟卫青,汤晓蒙.欧洲高等教育质量保证 25 年(1990—2015):政策、研究与实践[J].教育研究,2016(7):135-148.

⑤ The Danish Evaluation Institute. Quality procedures in European higher education:An ENQA survey[EB/OL].[2019-09-22]. https://www.enqa.eu/wp-content/upoads/procedures/.pdf.

⑥ Costes N,Crozier F,Cullen P, et al. Quality procedures in the European higher education area and beyond:Second ENQA survey[EB/OL].[2019-02-18]. https://www.enqa.eu/publications/quality-procedures-in-the-european-higher-education-area-and-beyond-second-enqa-survey/.

ENQA 调查(2003)	ENQA 调查(2008)
	对院校的外部质量保障
	收集和发布院校质量信息
对院校颁发许可证	对院校认可、颁发许可证
实施学术资历框架	维持和发展资历框架
对学历学位进行认可	维持和发展学科标准
	对学历学位进行认可
	对院校拨款的决策

（2）欧洲高等教育外部质量保障机构的目标

高等教育外部质量保障机构的目标与其职能及所属国高等教育系统的特殊性密不可分。[①] 从 ENQA 的两次调查结果中可以发现,欧洲高等教育外部质量保障机构的目标也呈现出多样化的发展,并且国际化成为机构发展目标的一部分(见表 1-2)。有学者指出,欧洲高等教育外部质量保障机构的国际化既有优势也有劣势:优势在于加强了高等教育的欧洲视角,拓宽了机构的活动范围,创造了额外收入;劣势在于方法或人员不能充分适应被实施国的高等院校或专业等的特殊性。[②] 一些学者,如罗纳德·巴雷特(Ronald Barnett),将高等教育外部质量保障机构的目标划分为问责和改进两类。[③] 由于这两类目标存在一定程度上的冲突,不同的高等教育外部质量保障机构在建立时会对目标进行偏好设置,从而影响其高等教育外部质量保障体系的运作。例如,荷兰大学联合会(Association of Universities in Netherlands,简称 VSNC)强调改进的目的,A.I.韦杰斯特(A. I. Vroeijenstijin)将它称为"荷兰大学的集体财产"[①]。然而,这种简单的分类具有风险性。布伦南和沙赫指出,国际上存在一种偏

---

① 魏署光.欧洲高等教育质量保障研究[D].武汉:华中科技大学,2009.

② 唐微微.欧洲高等教育质量保障体系研究(2008—2016)[D].南宁:广西大学,2017.

③ Barnett R. Trends in higher education: The politics of quality assurance ‖ Power, enlightenment and quality evaluation[J]. European Journal of Education,1994,29(2):165-179.

① Westerheijden D F, Brennan J, Maasen P, et al. Changing contexts of quality assessment: Recent treds in west European higher education[M]. Utrecht:LeMMA,1994.

见,即改进是"好的",而问责是"坏的",这种偏离了中立的态度会阻碍人们正确认识高等教育质量保障。高等教育质量保障体系由复杂的制度环境和资源环境组成,根据高等教育外部质量保障机构采取的行动的差异,高等院校对于导入质量保障的反映也不尽相同。他们根据不同高等教育外部质量保障机构对自身目标的陈述,总结出 10 个具体目标,分别为:①问责公共资金的使用;②提高高等教育设施的质量;③告知高等院校资助的决定;④告知学生和教师;⑤激励高等院校内部和高等院校之间的竞争;⑥对新办高等院校进行质量检查;⑦确定高等院校的层次地位;⑧支持国家和高等院校间的权力转移;⑨协助学生的流动性;⑩进行国际的比较。[①] 这种细致的分类与前面的二分法相比,有助于解释国家的大小、地理、市场化程度以及政策对高等教育外部质量保障机构施加的影响。

表 1-2　欧洲高等教育外部质量保障机构的目标

ENQA 调查(2003)[②]	ENQA 调查(2008)[③]
质量改进	透明度
问责	质量改进
透明度	问责
国内可比性	认证
国际可比性	生源
大学排名	对毕业生的评价
	国际可比性
	国内可比性
	大学排名

---

① 约翰·布伦南,特拉·沙赫. 高等教育质量管理——一个关于高等院校评估和改革的国际性观点[M]. 陆爱华,等译. 上海:华东师范大学出版社,2005:37.

② The Danish Evaluation Institute. Quality procedures in European higher education:An ENQA survey[EB/OL]. [2019-09-22]. https://www.enqa.eu/up-content/uploads/procedure /.pdf.

③ Costes N, Crozier F, Cullen P, et al. Quality procedures in the European higher Education area and beyond:Second ENQA survey[EB/OL]. [2019-02-18]. https://www.enqa.eu/publications/quality-procedunes-in-the-european-education-area-and-beyond-enqa-suruey/.

1.2.5　欧洲高等教育外部质量保障机构受伞状组织作用的研究

关于欧洲高等教育外部质量保障机构与伞状组织的研究主要涉及欧洲伞状组织对高等教育外部质量保障机构的评估、认证和注册3个方面。具体来说,ENQA是伞状评估组织,负责发展高等教育外部质量保障机构;欧洲高等教育认证联盟(European Consortium for Accreditation in Higher Education,简称ECA)是伞状认证组织,致力于实现高等教育外部质量保障机构之间的相互认可;EQAR是伞状注册组织,主要目的是发挥高等教育外部质量保障机构的责任。

(1)欧洲高等教育外部质量保障机构与伞状评估组织

2000年,ENQA以质量保障网络的形式成立,随后于2004年发展成为欧洲高等教育外部质量保障机构的成员协会,负责组织事务、分享信息、传播良好实践、执行不同的研究计划等工作。[①] 作为欧洲层面的伞状组织之一,有学者将ENQA视为欧洲高等教育外部质量保障机构的"中央管理组织",以促进欧洲高等教育外部质量保障机构的合作。[②] 通过分析已有文献,我们发现ENQA对于高等教育外部质量保障机构的主要作用包括以下两个方面。一是保障高等教育外部质量保障机构的质量与合法性。哈维提出,ENQA具体通过4个方面保障成员机构的质量与合法性:第一,促进高等教育外部质量保障机构及其员工之间的专业发展;第二,作为高等教育外部质量保障机构自我评估和外部评估标准的一部分;第三,作为指导新的高等教育外部质量保障机构建设的框架;第四,帮助公众对高等教育外部质量保障机构问责。[③] 有学者从实践角度提出,ENQA分3个阶段实现价值共享:第一阶段,协助各国建立合法的高等教育外部质量保障机构;第二阶段,在成员机构中建立共识与合

---

① 蒋洪池,夏欢.欧洲高等教育区外部质量保障:标准、方式及其程序[J].高教探索,2018(1):83-87.

② 欧阳静文.欧盟高等教育外部质量保障机制研究[D].长沙:湖南大学,2016.

③ Harvey L. International network of quality assurance agencies in higher education[J]. Quality in Higher Education,2006,12(3):221-226.

作;第三阶段,制定并在成员机构中落实统一的质量保障标准。① 伯恩·斯登萨克(Bjorn Stensaker)认为,高等教育外部质量保障在方法上存在明显的、可观察的趋同要素。② 要发展合法性,高等教育外部质量保障机构有必要持续区域化和国际化,即更多地参与和适应高等教育外部质量保障的一般趋势。③ 威尔斯从区域的视角比较了欧洲、亚洲、非洲高等教育质量保障的演变过程后指出,尽管各区域的高等教育外部质量保障机构在大小、结构等方面千差万别,但它们始终保持着不变的"质量保障原始基因";同时,他认为还要用动态的眼光看待这些机构,因为确保质量本身是一个持续而非静态的目标。④ 有学者在指出欧洲高等教育外部质量保障机构与ENQA密切关联的同时,提出要谨慎推进与国际和区域性伞状组织的实质性合作。⑤ 二是制定对高等教育外部质量保障机构实施的标准。当前,高等教育外部质量保障机构面临的挑战是如何证明其自身运作的质量符合利益相关者的要求和国际标准。其中,最有效的方式是接受伞状组织制定的质量保障标准,以及这类组织提供的评估。蒂博尔·R.桑托(Tibor R. Szanto)提出了高等教育质量保障的4个层次,从第一层到第四层的实践主体分别是高等院校、高等教育外部质量保障机构、国家认证机构以及国际质量保障伞状组织。⑥ 根据这一分层,国家高等教育质量保障向区域和国际一级发展是全球化背景下的必然趋势。阿希姆·霍普巴赫(Achim Hopbach)等探讨了高等教育外部质量保障在博洛尼亚进程签

① Keçetep İ, Özkan İ. Quality assurance in the European higher education area[J]. Procedia-Social and Behavioral Sciences,2014(141):660-664.

② Stensaker B. European trends in quality assurance:New agendas beyond the search for convergence? [M]//Rosa M J, Amaral A. Quality assurance in higher education. London:Palgrave Macmillan,2004:135-148.

③ Maria J R, Alberto A. Quality assurance in higher education:Contemporary debates[M]. London:Palgrave Macmillan,2014:135-148.

④ 彼得·J.威尔斯,张建新.多元一体基因:高等教育质量保障的区域发展途径[J].北京大学教育评论,2014,12(4):101-115,186.

⑤ 李亚东,王位.高等教育质量保障:国际组织出"组合拳"[J].高教发展与评估,2014(6):1-8.

⑥ Szanto T R. Evaluations of the third kind:External evaluations of external quality assurance agencies[J]. Quality in Higher Education,2005,11(3):183-193.

署国的发展情况,即高等教育外部质量保障的设计和实施是否符合 ESG。[①]
有学者认为,ESG 可能会对欧洲高等教育外部质量保障机构造成极大影响,
因为一旦完全遵循 ESG 对本国进行质量保障实践,那么高等教育外部质量保
障机构在国内的合法性会受到一定的负面影响,从而形成高等教育质量保障
在国际区域层面和国家层面之间的张力。[②]　总的来说,对质量保障标准的符
合可以促进高等教育外部质量保障机构之间的相互认可,但是也会导致国家
高等教育质量系统之间的趋同。[③]

(2)欧洲高等教育外部质量保障机构与伞状认证组织

作为伞状认证组织,ECA 搭建了高等教育外部质量保障机构相互认可的
平台,这对于欧洲高等教育国际化而言具有重要的价值。在跨境高等教育质
量保障领域,高等院校之间、高等院校与企业之间、高等院校与政府之间的合
作必须建立在双方能够认可的质量保障的基础之上。[④]　黄丹凤等认为,当前
要提升高等教育外部质量保障机构的合法性和有效性:这类机构应关注自身
的内涵建设,实现服务质量的持续提升,从而取得内部合法性;在此基础上,积
极开展跨境质量保障交流与合作,通过获取国际或区域性伞状组织的认证,提
升机构的外部合法性,为实现跨境质量保障决策的互信互认奠定基础。[⑤]　霍
普巴赫认为,相互认可对高等教育要素的流动性以及终身学习等目标的实现
非常重要,相互认可质量保障决策是承认课程、学位或资格的先决条件和第一

①　Curaj A，Scott P，Vlasceanu L，Wilson L. European higher education at the crossroads：Between the Bologna process and national reforms[M]. Dordrecht：Springer Netherlands，2012：267-285.

②　Motova G，Pykkö R. Russian higher education and european standards of quality assurance [J]. European Journal of Education，2012，47(1)：25-36.

③　Hopbach A. The European standards and guidelines and the evaluation of agencies in Germany [J]. Quality in Higher Education，2006，12(3)：235-242.

④　Badran A，Baydoun B，Hillman J R. Major challenges facing higher education in the Arab world：Quality assurance and relevance[M]. Cham：Springer International Publishing，2019：69-70.

⑤　黄丹凤,冯晖,胡恺真."多元化"与"国际化":高等教育及其质量保障新进展——国际高等教育质量保障组织 2015 年会综述[J].高教发展与评估,2015(4):1-5.

步。[①] ECA 促进了高等教育外部质量保障机构的紧密合作,并形成了积极推进相互认可的共识。[②] 日永龙彦(Tatsuhiko Hinaga)提出了代表政府主导下的欧洲高等教育外部质量保障机构相互认可机制和代表亚太地区非政府主导下的高等教育外部质量保障机构相互认可机制。[③] 在欧洲模式中(见图 1-1),高等教育外部质量保障机构之间的强关系通过各国教育部建立,参与签署《博洛尼亚宣言》的教育部部长成为首要驱动力。在亚太地区模式中(见图 1-2),APQN 的维护和巩固主要受益于其他高等教育质量保障网络,尤其是 INQAAHE 及其成员机构,高等教育外部质量保障机构与各国政府之间在建立伞状组织上缺乏欧洲那种强有力的关联,这也导致高等教育外部质量保障机构之间较低的相互认可度。

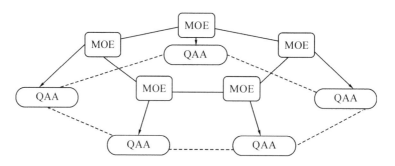

MOE:教育部

QAA:高等教育外部质量保障机构

图 1-1　欧洲高等教育外部质量保障机构相互认可机制

① Hopbach A. The European standards and guidelines and the evaluation of agencies in Germany [J]. Quality in Higher Education,2006,12(3):235-242.

② Hou Y C. Mutual recognition of quality assurance decisions on higher education institutions in three regions:A lesson for Asia[J]. Higher Education,2012,64(6):911-926.

③ Hinaga T. Networking of quality assurance agencies in the Asia-Pacific region and the role of Japan University Accreditation Association[J]. Quality in Higher Education. 2004(10):37-41.

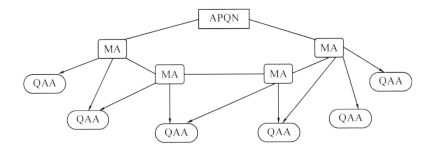

APQN:亚太地区质量保障网络

MA:国际高等教育质量保障机构网络(INQAAHE)的成员机构

QAA:高等教育外部质量保障机构

图 1-2 亚太地区高等教育外部质量保障机构相互认可机制

(3)欧洲高等教育外部质量保障机构与伞状注册组织

ESG 规定,高等教育外部质量保障机构是得到相关权威机构认可的机构。EQAR 就是对高等教育外部质量保障机构予以认可的机构。EQAR 严格遵循 ESG 对申请注册的高等教育外部质量保障机构予以审核,在其网络平台公示经审核的注册机构信息并进行管理。EQAR 通过提供清晰、客观的信息,促进高等教育外部质量保障机构间的互相信任;通过提高质量决策的标准,促进高等院校之间的互相信任,从而促进高等教育要素的国际流动以及学历学位互认。李甜分析了 EQAR 的历史、使命、原则、组织机构、批准注册条件等内容,指出尽管高等教育外部质量保障机构在注册 EQAR 时必须遵循 ESG,但它们与 EQAR 之间的关系并非母组织和子成员的关系。[①] 从目的来看,建立注册制度是为了提高欧洲高等教育区以及外界的信心,促进高等教育外部质量保障机构及其决策的相互认可,遏制"认证工厂"在欧洲的泛滥。与 ENQA 相比,EQAR 为利益相关者进一步提供清晰、客观、可靠的信息,增强了欧洲范围内高等教育质量保障的透明度,同时也加强了高等教育外部质量保障机构之间的信任。然而,对于能否将跨境评估结果视为本国高等教育外

---

① 李甜.博洛尼亚进程下欧洲高等教育质量保障体系研究[D].哈尔滨:黑龙江大学,2012.

部质量保障的组成部分,各国政府都采取了较为保守的态度。一些国家对认可非本国高等教育外部质量保障机构的评估结果持相当审慎的态度,尤其在涉及高等院校自主权或专业设置权等重要问题时。大部分国家尚未接受在EQAR 注册过的高等教育外部质量保障机构的服务。[①] 即便是愿意接受跨境评估的国家,也并非都选择 EQAR 注册机构对其高等院校进行评估,对于评估结果的认可程度也未达成一致,多数欧洲国家还是遵守本国的规定和要求。国内学者认为,EQAR 在元评估中的作用非常有限。如王新凤指出,在一些欧洲国家,只有特定类型的高等院校被允许接受跨境评估。[②] 可以说,EQAR本质上是一个"妥协性"的元评估机制。[③]

1.2.6 对已有研究的反思

纵观上述文献不难看出,国内外关于欧洲高等教育外部质量保障机构的研究正在逐渐升温。近年来,学者们对欧洲高等教育外部质量保障机构的研究已经取得了一定的成果,这些成果为本书的写作提供了有益的参考。但现有研究也存在一些不足之处,主要体现在以下几个方面。

第一,从文献收集整理的情况来看,现有研究往往停留在欧洲高等教育外部质量保障机构内部组织结构的职能介绍方面,缺乏对机构动态变化的系统分析,对揭示其内在规律的提炼也不足。当前,欧洲高等教育外部质量保障机构的建立和完善在国外有非常高的呼声。国内一些学者对于欧洲发展成熟的高等教育外部质量保障机构作了一些介绍和研究,但是大多集中在对欧洲高等教育外部质量保障机构模式和内涵的探讨,即停留在应然层面而缺乏对欧洲高等教育外部质量保障机构本身实际发展和变化的研究。例如,不少学者在研究欧洲高等教育外部质量保障机构时,主要参考 ENQA 在 2003 年和

---

① 王新凤,钟秉林.欧洲高等教育区质量保障的发展趋势与经验借鉴[J].中国大学教学,2017(12):84-90.

② 同①

③ 刘晖,孟卫青,汤晓蒙.欧洲高等教育质量保证 25 年(1990—2015):政策、研究与实践[J].教育研究,2016(7):135-148.

2008 年制定的两份报告,而 ENQA 官网上大量反映欧洲高等教育外部质量保障机构发展的公开报告却被学术界忽略。

第二,从主题研究的情况来看,对于欧洲高等教育外部质量保障的探讨远远多于对欧洲高等教育外部质量保障机构的研究,尤其是有关欧洲高等教育外部质量保障机构发展的深入分析和具体对策过少。总体而言,欧洲高等教育外部质量保障机构的类型体现了多主体向单主体发展的趋势。但是,关于欧洲高等教育外部质量保障机构的比较研究较少。此外,目前还未找到针对欧洲范围内高等教育外部质量保障机构发展趋势进行的比较研究。从研究态度来看,国内许多研究过度批判我国高等教育外部质量保障机构的独立性。事实上,即便是欧洲高等教育外部质量保障机构,其独立程度也不尽相同。现有研究从独立性的角度出发,强烈批判我国高等教育外部质量保障机构失之偏颇。

第三,现有针对欧洲高等教育外部质量保障机构的研究主要基于结构—功能主义视角。这种应然层面的研究脱离了欧洲高等教育外部质量保障机构的实际发展。例如,李政介绍了欧洲高等教育质量保障网络指导下的欧洲 10 国高等教育外部质量保障机构的特点,并以葡萄牙为例,描述了欧洲一级的质量保障网络与国家一级的高等教育外部质量保障机构如何共同建立欧洲高等教育质量保障机构体系[①],体现了 ENQA 在实践中协助成员机构进行结构、程序、标准、资源等方面的改进,但并没有涉及这些改进产生的实质性效果。与此同时,在对欧洲高等教育外部质量保障机构进行研究时缺乏对制度环境的考虑,忽略了技术环境以外的因素对机构变化的影响。

总体而言,有关欧洲高等教育外部质量保障机构的研究缺乏有效的动态分析。尽管学术界普遍认可欧洲高等教育外部质量保障机构的制度变化能够引起组织变化,但是对于具体如何变化,为什么有些高等教育外部质量保障机构能够对抗这些变化,而其他的机构却被"同化",缺乏一个清晰的、具体的解

① 李政.欧洲高等教育区的质量保障机构体系研究[D].重庆:重庆大学,2007.

释。此外，关于实施对高等教育外部质量保障机构评估的程序，即高等教育外部质量保障机构针对自身评估结果进行的改进和 ENQA 对高等教育外部质量保障机构后续跟进的研究，尚未受到学术界的关注，难以为我国高等教育外部质量保障机构的建设提供合理的借鉴。

1.3　研究思路与研究方法

1.3.1　研究思路

本书立足于社会学新制度主义理论，遵循既有文献梳理、问题调查与分析、域外经验借鉴、实践机制探究的思路开展研究（见图 1-3）。其结构框架的具体内容如下。

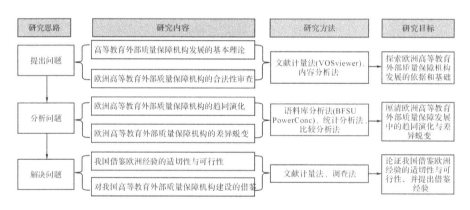

图 1-3　本书研究思路

第一，通过查阅文献，对既有文献进行系统梳理，对研究的核心概念进行厘定，阐明理论基础，并提出理论分析框架。

第二，对欧洲高等教育外部质量保障机构的发展现状和元评估内容进行分析。一方面把握欧洲高等教育外部质量保障机构的分布、属性、目的、运行等特征；另一方面把握对这些机构进行元评估的原因、目的、标准、程序、结果和后续跟进，以探索欧洲高等教育外部质量保障机构的有效性。

第三,运用语料库软件 BFSU PowerConc 1.0 等多种文本分析工具,分析欧洲高等教育外部质量保障机构的趋同性,考察这些机构的趋同性程度、趋同性基础及其产生的积极与消极影响。

第四,挖掘文本数据,对欧洲高等教育外部质量保障机构的差异性进行分析,考察这些机构的差异性程度、差异性根源及其产生的积极与消极影响。

第五,总结欧洲高等教育外部质量保障机构的发展经验,并基于我国高等教育外部质量保障机构发展的现实情况,分析我国借鉴欧洲经验的适切性与可行性。

第六,从协同治理的视角出发,探讨我国高等教育外部质量保障机构发展的新路径。

1.3.2 研究方法

本书采用理论分析和实证研究相结合的方法论原则,运用定性分析与定量分析研究欧洲高等教育外部质量保障机构的趋同性与差异性的表现、产生原因及其影响,进而为我国高等教育外部质量保障机构的建设提出具有现实意义的借鉴。具体来说,本书主要采用了文献研究法、语料库驱动分析法和统计分析法等。

(1)文献研究法

本书通过广泛收集、查阅、整理和分析与欧洲高等教育外部质量保障机构有关的中英文文献,对本书所涉及的高等教育外部质量保障、高等教育外部质量保障机构、趋同性和差异性的核心概念进行界定,并对相关概念进行辨析以进一步明确研究对象。此外,通过分析研究的问题与考察现有文献明确本书的理论基础。为使本书的研究对我国高等教育外部质量保障机构的建设起到现实的作用,本书对现有文献进行分析,研究了当前我国高等教育外部质量保障机构的现状、存在的问题以及原因。总之,文献研究为本书提供了基础的、可靠的支撑。

（2）语料库驱动分析法

为分析欧洲高等教育外部质量保障机构趋同性的基础，本书采用北京外国语大学许家金教授团队开发的语料库开放软件——BFSU PowerConc 1.0，对 128 份主题报告的内容进行了分析，这些报告的英文词汇量超过 100 万个个单词。BFSU PowerConc 1.0 既可以用于一般的关键词索引，也能使用搭配统计、主题词计算和 N-gram 提取等功能。[①] BFSU PowerConc 1.0 为本书研究的开展节省了时间，同时拓宽了分析的视角。语料库驱动分析法主张采用"词项—环境"法对文本数据进行全新的描写，即利用索引技术，依次分析与归纳词项及其前后语境。[②] 该方法为文本研究提供了一种全新的思路，以海量文本数据为研究对象，凭借实证与统计测量手段，利用软件的统计和计算功能得到数据，并以此为基础对文本数据进行深入分析，挖掘文本的真实特征和规律。[③] 将语料库驱动方法应用于欧洲高等教育外部质量保障机构发展的趋同性研究具有较强的有效性，这种有效性主要体现在 3 个方面。第一，它以大量真实的文本数据为分析对象，利用计量和统计方法，避免了研究者就有限的微观语言进行研究，或者依据少数有限的访谈进行分析，体现了研究的系统性和客观性。第二，它借助一定的计量和统计方法等技术手段提取信息、处理文本内容数据。这种方法建立在特定的参照标准之上，与简单地从频数或百分比的统计方式出发解读文本相比，更能准确和科学地把握欧洲高等教育外部质量保障机构趋同性的基础。第三，具有全面性和可操作性。它基于大量欧洲高等教育质量保障文本数据，从词汇入手，以扩展意义模式为桥梁对欧洲高等教育外部质量保障机构的趋同性进行分析，这种全路径文本数据研究的手

① 许家金，贾云龙.基于 R-gram 的语料库分析软件 PowerConc 的设计与开发[J].外语电化教学，2013(1):57-62.

② 梁茂成.语料库语言学研究的两种范式:渊源、分歧及前景[J].外语教学与研究，2012,44(3):323-335,478.

③ 曾亚敏.对外政策话语建构的语料库驱动分析方法——以美国奥巴马政府的对外政策话语为例[J].社会主义研究，2018(2):141-151.

段可以最大限度地避免文本中的歧义、变化和缺损①等情况,有利于全面解读欧洲高等教育外部质量保障机构趋同性的基础。同时,先进成熟的语料库软件为研究的可操作性提供了保证。

(3)统计分析法

本书将利用 Excel 等软件统计和分析以下数据:欧洲高等教育外部质量保障机构采用 ESG 2005 标准和 ESG 2015 标准进行评估的结果;欧洲高等教育外部质量保障机构在整体上的趋同变化;欧洲高等教育外部质量保障机构在具体指标上的趋同变化;欧洲高等教育外部质量保障机构在整体上的差异变化;欧洲高等教育外部质量保障机构在具体指标上的差异变化。这些统计分析为本书的研究提供了可靠的数据支撑。

1.4　研究重点、研究难点及研究创新点

1.4.1　研究重点

欧洲高等教育外部质量保障机构是欧洲高等教育一体化进程的枢纽,扮演着欧洲高等教育质量"守门员"的角色。基于博洛尼亚进程在欧洲高等教育质量保障领域的持续改进政策,以及各国政府积极提供配套制度环境和技术环境的努力,欧洲高等教育外部质量保障机构在相互认可与合作方面获得了实质性的进展。同时,在欧洲—国家张力下,欧洲高等教育外部质量保障机构探索出了一条微妙的发展途径:在国家政府的约束下建设自身并实施高等教育外部质量保障活动,以国内合法性为前提向 ENQA 这一欧洲伞状组织申请成员资格,进而接受其元评估,并以国际合法性为条件与国家政府"谈判",以进一步改善国内制度与技术环境,随后,再以更强的国内合法性维护国际合法性。我国高等教育外部质量保障机构要适应当前新的时代使命,就必须打破以往路径依赖的困境,借鉴国际同行的经验,积极探索出一条合作与创新的发

---

①　Sinclair J M. How to use corpora in language teaching[M]. Amsterdam: Benjamins Press, 2004: 271-299.

展道路。本书的研究重点体现在以下两个方面。

第一,基于动态发展的视角,对欧洲高等教育外部质量保障机构在元评估中符合 ESG 的程度及其变化进行分析,挖掘高等教育外部质量保障机构趋同性和差异性产生的基础,以及趋同性和差异性带来的正面与负面影响。

第二,深入分析我国高等教育外部质量保障机构的现状、存在的问题以及原因。从宏观角度出发,建立区域网络、国家政府和高等教育外部质量保障机构协同治理机制,以充分发挥区域网络的连接作用、国家政府的引领作用,并落实高等教育外部质量保障机构执行者的身份。

1.4.2 研究难点

本书研究的难点主要体现在理论基础与分析框架构建以及对数据的处理与分析方面,具体如下。

(1)理论基础与分析框架存在难点

鉴于趋同性与差异性均为动态性特征,为研究欧洲高等教育外部质量保障机构的趋同性与差异性,本书选取社会学新制度主义理论作为研究的理论基础。然而,社会学新制度主义理论存在诸多流派,且其关注重点也存在一定程度的差异,因此在定位理论基础方面存在较大难度。不仅如此,现有研究中对高等教育外部质量保障机构采用新制度主义视角进行分析的研究成果屈指可数,将该理论运用于高等教育研究且可供借鉴的案例少之又少。因此,需要突破本学科领域的限制,尝试从其他学科中获得一些启示。

(2)数据处理与分析存在难点

从数据的收集上看,文本数据的获取难度低,但需要具备较好的外语能力进行沟通和理解。从数据的处理上看,文本表现出内容繁杂、格式多元化的特征。即便是同一类型的文本(如 PDF 格式),其内容的呈现方式也存在一些差异,使得完全批量化处理数据变得不现实,增加了手动处理的工作量。尽管数据的获取难度低,但是由于数据的时间跨度有近 20 年,因此在处理方面存在语言上的难点。该难点主要体现在:一方面,词语的表达不统一,难以彻底追踪观点的连贯变化;另一方面,数据的文本性质使得处理上必须借助其他学科(如计算机科学、语言学等)的知识与工具,并且在软件的操作上存在一些异常处理(即在文本转换中不可能实现无损转换),进一步加大了本书研究的难度。

此外,由于专家小组在对欧洲高等教育外部质量保障机构进行评估时,只针对被评机构部分符合或者完全不符合 ESG 的指标进行了详细的论证,要了解欧洲高等教育外部质量保障机构趋同性的根源就需要采用新的分析方法。同时,在利用 BFSU PowerConc 1.0 进行文本分析的过程中也存在一定的困难,主要体现在对文本数据的预处理上:首先,利用 Python 将下载的文本从 PDF 格式转换成 TXT 格式;其次,使用正则表达式对 TXT 文本进行数据清洗,如处理文本内容中的正常断行;最后,将 TXT 文本改为 ANCI 编码格式。

1.4.3 研究创新点

在充分收集、整理与分析相关文献对该主题的国内外研究现状进行把握的基础上,本书的研究具有以下 3 个创新点。

(1)研究对象的选择具有创新点

国际上现有关于高等教育外部质量保障机构的研究通常出现在有关高等教育质量保障系统研究的部分内容中,很少有单独对高等教育外部质量保障机构本身进行的动态研究,少有的研究也是基于一个国家或者几个国家之间高等教育外部质量保障机构的比较分析,缺乏从区域范围内对大量高等教育外部质量保障机构进行比较的研究。本书以区域网络—国家政府—机构为研究视角,选取了所有加入 ENQA 的欧洲高等教育外部质量保障机构为研究对象,深入分析各机构对 ESG 的符合程度及其变化,探索欧洲高等教育外部质量保障机构在区域网络与国家政府张力下的发展特征与路径。同时,欧洲高等教育外部质量保障机构的官方地位具有多样性的特征,保证了数据的全面性、结果分析的有效性和借鉴的可行性。

(2)研究视角具有创新点

一方面,以往针对高等教育质量保障的研究大多基于结构—功能视角进行分析。由此,有关高等教育外部质量保障机构的研究也主要集中在其组织属性、结构、职能与目的、运行标准、相对优势与不足等描述性的静态维度。本书采用社会学新制度主义理论作为理论基础,用动态的眼光分析欧洲高等教育外部质量保障机构的趋同性与差异性,有助于客观、系统、科学地认识欧洲高等教育外部质量保障机构这一行动主体,从而为我国高等教育外部质量保障机构的建设提供具有现实意义的借鉴。另一方面,大多数学者在分析高等教育外部质量保障机构时,通常将其置于国家政府—机构的二维视角进行分析,虽然在很大程度上能够挖掘高等教育外部质量保障机构的发展困境,但是难以提出有效的破解途径。本书从区域网络—国家政府—机构的三维视角出发,为我国高等教育外部质量保障机构的建设提出了一条协同治理模式下的建设路径,即大力发挥高等教育质量保障区域网络的连接作用、国家政府的引领作用,并落实高等教育外部质量保障机构的执行者身份。

(3)研究方法具有创新点

本书涉及大量英文文本数据,并且这些数据具有复杂性和多样性等特征。对此,本书采取以下步骤对英文文本数据进行处理:第一步,使用 Python 将PDF 格式的文本转换为 TXT 格式,并统一文本的命名,以方便其他软件进行文本识别和后续处理;第二步,对文本进行内容清洗,例如,采用正则表达式处理非正常断行;第三步,利用 BFSU PowerConc 1.0 运行清洗后的数据。BFSU PowerConc 1.0 共有 5 个功能模块,分别用于微观分析和宏观分析。其中,微观分析包括根据输入内容进行检索并返回索引行的 Concordance 模块、对检索结果进行统计的 Statistics 模块和根据索引行计算搭配信息的Collocation & Colligation 模块;宏观分析包括进行词数统计、词块统计,并根据指定的数据类型和长度生成词表的 N-gram List 模块和根据参考词表计算关键词的 Keyness 模块。BFSU PowerConc 1.0 在文本分析的过程中具有突出优势,例如对文本进行词块检索后,点击检索结果中的文本名,可即时获取该单词或词组在文本中的上下文语境。此类语言学领域工具的运用极大提高了文本数据的分析能力和效率。

2 核心概念、理论基础与分析框架

核心概念和理论基础，是整个学术研究的逻辑出发点、论证前提以及关键。因此，对欧洲高等教育外部质量保障机构的相关概念进行界定，对研究的理论基础作一定的分析，以及构建理论分析框架至关重要。本章旨在通过对高等教育外部质量保障、高等教育外部质量保障机构、趋同性和差异性概念的界定，客观把握高等教育外部质量保障机构发展的特征。在此基础上，明确社会学新制度主义理论的基本思想，并试图将其纳入高等教育外部质量保障机构的发展视域。

2.1 核心概念界定

2.1.1 高等教育外部质量保障

高等教育质量本身就难以界定。相对于制造业而言，高等教育的生产功能要复杂得多，很难通过一种客观、即时且有效的方式确认其结果。戴维·伍德豪斯（David Woodhouse）认为，对于什么是高等教育质量有多种不同的理解，包括"变革""附加值""物有所值"或者"顾客的预期"等，但是"合乎目的"是学术界广泛认同的一种观点，并且能够涵盖以上各种理解。因为"合乎目的"只是一种程序性的规定，不同的高等院校可以存在不同的目的，只需努力完成各自的目的就能够达到质量的要求。① 在以多元化为主题的今天,这一界定更具有现实意义。因为高等教育质量保障领域仍处于"青少年期",其目标多样,概念混乱且多变。正如威尔斯所言,"'质量'就如'美丽'一般,存在于观察者的眼睛里"②。因此,每一个高等教育外部质量保障的利益相关者都对质量存在独特的理解,所有关于质量定义的争辩都言之有理。尽管如此,全球范围内学术界仍在试图界定高等教育质量的共同特征,并在高等教育外部质量保障主题中探寻共同的"基因组"。

一般来说,高等教育质量保障可以分为高等教育外部质量保障和高等教育内部质量保障,本书着重研究欧洲高等教育外部质量保障。高等教育外部质量保障是一个广义的概念,指高等院校之外的政府、各类团体或个体提供的与高等教育质量相关的认证、评估、审核与基准等多种形式的活动,为高等院校实现责任提供客观的外部基础。③ 根据美国高等教育认证委员会(Council for Higher Education Accreditation,简称 CHEA)的定义,认证是高等教育外部质量审查,以检验高等院校质量保障目的及其质量改进的一种过程。④ 也就是说,认证是高等院校根据其自身的使命和目标,自愿被高等教育外部质量保障机构检验的过程。⑤ 评估的重点在于由同行或者利益相关者评估高等院校的成果,并且更注重高等院校如何成功地实现其目标、宗旨和过程。⑥ 它涉及一种自我反省和改善的文化。⑦ 审核强调评估过程而非评估质量,其目的

---

① 上海市教育评估院.区域流动:质量保障领域中的合作——亚太地区质量保障网络组织学术研讨会暨第二届年会综述[J].教育发展研究,2006(9):79-82.

② 彼得·J.威尔斯,张建新.多元一体基因:高等教育质量保障的区域发展途径[J].北京大学教育评论,2014,12(4):101-115,186.

③ 欧阳静文.欧盟高等教育外部质量保障机制研究[D].长沙:湖南大学,2016.

④ Council for Higher Education Accreditation(CHEA). Quality review 2007[R]. Washington, D. C.:CHEA,2008.

⑤ WASC. Handbook of accreditation 2008[R]. Alameda:WASC,2008.

⑥ National Institution for Academic Degrees and University Evaluation(NIAD-UE). Glossary of quality assurance in Japanese higher education[R]. Tokyo:NIAD-UE,2007.

⑦ 侯永琪.品质保障机构与政府之关系及组织变革——以 INQAAHE 2016 准则与 CHEA 七大原则分析台湾品保机构的角色重塑[J].苏州大学学报(教育科学版),2018,6(2):49-59.

是确保高等院校具备有效运行的内部质量保障机制。随着高等教育质量保障系统的不断发展,有学者提出建立"风险导向"的高等教育外部质量保障模式,即除非有明确的证据显示高等院校违反一些基本的办学要求和原则,否则不需要对其进行重复审核。① 这意味着高等教育外部质量保障机构不再需要对已经发展成熟的高等院校进行周期性审核。风险导向模式可以减轻高等院校的行政负担,也有助于将高等教育质量文化渗透在具体的运行之中。

本书认为,高等教育外部质量保障是为了检验高等院校制定的相关制度以及确保这些制度得到贯彻落实的运行办法。高等教育外部质量保障是一个建立利益相关者信心的过程,能够满足高等教育质量保障利益相关者对高等教育的预期,并设立高等教育质量保障的最低要求。高等教育外部质量保障行动能够强有力地推动高等院校提升教育质量,促进高等教育要素在全球范围内的相互认可,最终实现高等教育资源的共享。

2.1.2 高等教育外部质量保障机构

国外在表述实施高等教育外部质量保障的主体机构时,通常使用"quality assurance agency"一词,以区别于实施高等教育内部质量保障的高等院校。因此,尽管"quality assurance agency"直译为质量保障机构,但其本身特指高等教育外部质量保障机构。鉴于采用"质量保障机构"一词容易引起读者对"高等教育内部质量保障机构"和"高等教育外部质量保障机构"的困惑,本书从规范的角度出发,统一采用"高等教育外部质量保障机构"这一专有名词。

尽管高等教育外部质量保障机构的类型具有多样性,但是国外学术界对这类机构已经达成了较为统一的认识。伍德豪斯将高等教育外部质量保障机构的目的概括为 18 个方面,包括帮助高等院校提高办学绩效、帮助高等院校建立内部质量保障体系、审核高等院校的目标达成度、为高等院校提供国内或

---

① 侯永琪.品质保障机构与政府之关系及组织变革——以 INQAAHE 2016 准则与 CHEA 七大原则分析台湾品保机构的角色重塑[J].苏州大学学报(教育科学版),2018,6(2):49-59.

国际基准等。① 高等教育外部质量保障机构的目的不尽相同,其主要原因是各国政府对高等教育绩效的标准不同。可以说,在高等教育质量保障领域,任何实施高等教育外部质量保障活动的机构都可以被称为高等教育外部质量保障机构,包括国家性质的机构、国际基金会成立的相关机构、行会成立的机构、高等院校之间共同设立的监督机构等。随着全球高等教育外部质量保障机构的发展日趋成熟,在实践方式和步骤、同行评审以及实地访问3个方面,各国的做法已经高度接近。从总体上看,全球高等教育外部质量保障机构呈现出以下两大发展趋势。第一,专业化。高等教育外部质量保障本身应该谨守独立的角色,保持信息公开透明,实施高等教育外部质量保障行动的专家小组必须具备学科领域的专业能力以及特定的职业能力。第二,国际化。高等教育外部质量保障机构越来越重视跨境服务能力,拓展国际高等教育外部质量保障准则,以及与他国高等教育外部质量保障机构进行合作。

在我国学术界,现有文献在高等教育外部质量保障机构的表达方式上存在混乱,涉及"民间教育评估机构""教育评价中介机构""第三方评估机构""第三方机构""教育评估机构"等诸多表达,并且在进行概念界定时,也多从独特的视角出发对特定表达进行阐述,具有明显的局限性。例如,吴娱将教育评估中介机构界定为介于政府、高校、社会三者关系之间,以提供高等教育评估服务为具体形式,坚持多元价值取向,协调政府对高等院校进行宏观管理,加强高等教育与社会联系,推动高等教育质量和办学效益不断提高的一种相对独立的专业组织②;王向华和张曦琳将高等教育第三方评估定义为,除高等院校和政府之外的具有独立法人地位的第三方,利用科学的评价方式与评价工具,对高等教育的发展作出的客观公正的评价③;杨晓江和蔡国春将第三方机构界定为通过项目委托方式能够对高等教育质量和高等院校办学能力作出影响

---

① 上海市教育评估院.区域流动:质量保障领域中的合作——亚太地区质量保障网络组织学术研讨会暨第二届年会综述[J].教育发展研究,2006(9):79-82.

② 吴娱.浅析我国高等教育评估机构与政府的博弈关系[J].大学教育,2013(11):133-135.

③ 王向华,张曦琳.新制度主义视角下我国高等教育第三方评估面临的困境及其对策[J].高等教育研究,2018,39(6):36-41.

委托单位价值判断，且具有独立地位的法人实体。① 高等教育外部质量保障机构表达方式的多样性及其对"评估"二字的强调性与我国高等教育外部质量保障方式以评估为主存在较大关系。从本质上看，这些不同表达方式下的机构都属于高等教育外部质量保障机构。

基于对国内外高等教育外部质量保障机构的研究，本书从广义的角度出发，对高等教育外部质量保障机构进行了如下定义：指除被实施各类高等教育外部质量保障活动（认证、评估、审核、基准等）的对象与服务对象（政府主管部门）之外的机构。这类机构的业务来源于政府、高等院校或其他社会组织的委托，通过对高等院校的办学能力和教育质量进行判断，为委托方提供一定的决策依据。

2.1.3 趋同性

《辞海（第七版）》将趋同解释为亲缘关系较远的异物生物，在相同的生活环境下，呈现出相似的形态特征。趋同的本义是指个体或组织之间平均或一致化的动态过程。② 从表现形式上看，趋同主要具有标准化、一致化、一体化、统一和从众等特征。寻求组织结构或发展方向上的一致的变异行动是趋同的前提，缺乏一致的变异行动就没有趋同。具体而言，趋同能够使能量高的个体的资源、行动、观念、信息以及制度等向能量低的个体转移；或者相反，即能量低的个体吸收能量高的个体的能量。从管理学上看，趋同是一种导向平均化的发展过程。在这个发展过程中，学习、模仿和交换等行为是趋同的具体路径。③ 组织趋同是一种常见的组织现象，它也是组织社会学研究自产生以来一直关注的主题。④

基于上述对趋同的逻辑解读，本书中欧洲高等教育外部质量保障机构作

---

① 杨晓江,蔡国春.新概念:教育评估中介机构[J].教育科学,1999(3):9-12.
② 米丽芳.英国高等教育发展趋同化趋势研究[D].石家庄:河北师范大学,2009.
③ 张清.我国大学趋同化发展的成因与对策研究[D].西安:陕西师范大学,2007.
④ 张欣欣.新制度主义视角下的组织文化趋同现象研究[D].西安:西北大学,2013.

为教育领域中的一个特殊团体，其趋同性就是指在博洛尼亚进程下各国高等教育外部质量保障机构在发展进程中表现出来的相互之间的一致化的动态过程，以及在标准上表现出来的越来越接近 ENQA 的入会标准——ESG 的性质。

2.1.4 差异性

《现代汉语词典（第七版）》将差异解释为差别与不相同。所谓差异，就是事物及其运动过程的不同，它是事物存在的最基本的样态或形式，构成了整个社会发展的动力机制。[①] 分离、分化、变异和突变等概念与差异相近，它们分别从不同的方面阐释事物之间或内部"差异"的内涵。[②] 从哲学的角度来看，差异性分为内在差异性和外在差异性。[③] 内在差异性是指事物之间及其内部各要素之间的差别，是此事物区别于彼事物的内在规定性；外部差异性则是指事物互不相干的、不具有同一性的差异的规定性。简而言之，差异性就是指一事物与它事物之间相区别的属性。邱耕田认为，世界差异性的存在和发展从根本上回答了有关世界"怎么样"的问题。[④]

从发展主体的角度来看，发展中的差异性主要表现在以下两个方面：第一，各主体之间的发展是不同的；第二，同一主体在不同阶段的发展也是不同的。从表现形式来看，差异性使得事物发展具有多样性、复杂性、阶段性、非同步性以及对抗性等特征。具体来说，多样性以直观的样态表达了事物发展的差异化现象，它是指行动主体及其行动目标、手段、能力以及结果等是多种多样的；复杂性从发展的结构和功能出发，深入系统地考察事物发展的差异化现象；阶段性从纵向维度考察事物发展的差异化现象，认为任何发展都处于一定的阶段，不同的发展阶段意味着不同的主要矛盾和发展使命；非同步性从横向

① 彭有怀.差异世界[M].沈阳:辽宁民族出版社,1998:481.
② 邱耕田.差异性原理与科学发展[J].中国社会科学,2013(7):4-21,204.
③ 舒代平.试论差异性在构建和谐社会中的价值[J].湖南行政学院学报,2007(6):70-71.
④ 同②.

维度分析与概括事物发展的差异化现象;对抗性则从差异带来的消极影响的角度认识事物发展的差异化现象。[①] 从价值来看,差异性具有二重性:一方面,它是积极且合理的,能够驱动交流和推动进步,是事物发展的动力;另一方面,它是消极且非合理的,可以产生离异和引发对立,是事物发展的阻力。

根据上述对差异性的解读,本书将欧洲高等教育外部质量保障机构的差异性界定为:不同高等教育外部质量保障机构之间以及同一高等教育外部质量保障机构内部在动态发展过程中所呈现的相区别的具有价值二重性的属性。

2.2 理论基础解读

通常情况下,新制度主义主要包括理性选择制度主义、历史制度主义和社会学制度主义三大流派。R. A. W. 罗德斯(R. A. W. Rhodes)将新制度主义进一步划分为理性选择制度主义、历史制度主义、建构论制度主义以及网络制度主义。[②] B. 盖伊·彼得斯(B. Guy Peters)极大地发展了社会学新制度主义理论,他根据制度的构成、形成、变迁、设计、运行、个人和制度之间的互动、解释力以及评价制度等维度,将社会学新制度主义理论划分为规范性制度主义、理性选择制度主义、历史制度主义、实证制度主义、经验制度主义、社会学制度主义、国际制度主义等 7 种派别。[③] 但是,正如保罗·J. 迪马乔(Paul J. Dimaggio)和沃尔特·W. 鲍威尔(Walter W. Powell)所界定的社会学新制度主义理论那样,"尽管有几种社会科学的学科,就有几种'新制度主义',但本书只探讨一种新制度主义,即与社会学关系最为密切的那种"[④]。同时,"尽管新

---

① 邱耕田. 差异性原理与科学发展[J]. 中国社会科学,2013(7):4-21,204.

② R. A. W. 罗德斯,马雪松. 旧制度主义:政治科学中制度研究的诸传统[J]. 上海行政学院学报,2015,16(4):105-111.

③ B. 盖伊·彼得斯. 政治科学中的制度理论:新制度主义[M]. 3 版. 王向民,段红伟,译. 上海:上海人民出版社,2016.

④ 保罗·J. 迪马乔,沃尔特·W. 鲍威尔. 组织分析的新制度主义[M]. 姚伟,译. 上海:上海人民出版社,2008:1.

制度主义和旧制度主义之间存在诸多差异,但人们很少注意到这些差异。当前者在谈到后者时,通常不会对后者进行贯彻始终的批判,而往往强调两者之间的连贯性,并忽视他们之间的诸多分歧"[①]。鉴于此,本节将从组织研究的制度视角与社会学新制度主义理论两个方面解读本书所选取的理论基础,并针对将该理论引入欧洲高等教育外部质量保障机构研究的适切性进行阐明。

2.2.1 组织研究的制度视角

组织研究是一个庞大且复杂的领域,涉及政治学、社会学、经济学、管理学、心理学以及人类学等学科知识。W. 理查德·斯科特(W. Richard. Scott)将制度定义为认知性、规范性和规制性的结构和活动,它们为社会行为提供了稳定的基础以及意义。[②] 斯科特对已有的组织研究进行分类,形成了"理性系统""自然系统"以及"开放系统"[③]3 种组织视角。与马克斯·韦伯(Max Weber)将组织视为理性实现功能的理论不同,菲利普·塞尔兹尼克(Philip Selznick)将组织视为通过行动者的特征和责任作出反应,并能够回应外部环境的有适应能力的自然系统。[④]

尽管组织研究的自然系统视角主要是为了回应理性系统视角的不足而发展起来的,但前者并不只是对后者的批判,而是在组织研究中开辟了一个新颖的视角。[⑤] 正如詹姆斯·G. 马奇(James G. March)和约翰·P. 奥尔森(John P. Olsen)所说的,"我们所观察到的和发现的,异于当代诸多理论所要求我们

① 保罗·J.迪马乔,沃尔特·W.鲍威尔.组织分析的新制度主义[M].姚伟,译.上海:上海人民出版社,2008:18.

② Scott W R. Institutions and organizations[M]. Thousand Oaks, CA: Sage Publications Inc 1995: 33.

③ W.理查德·斯科特.组织理论:理性、自然和开放系统[M].黄洋,等译.北京:华夏出版社,2002:3.

④ Selznick P. TVA and the grass roots[J]. British Journal of Sociology, 1949, 2(3):1031-1033.

⑤ W.理查德·斯科特.组织理论:理性、自然和开放系统[M].黄洋,等译.北京:华夏出版社,2002:12-52.

研究的内容"①。研究组织变迁的学者通常与理性—行为模型或功能主义的解释存在明显的对立,新旧制度主义理论着眼于揭示那些与以往理论关于组织解释和说明不一致的现实层面,强调制度在组织发展过程中发挥的重要作用。

早期的制度学派将组织的实际运行视为研究重点,他们认为组织并非封闭的系统,而是受到所处环境的影响,是一个制度化的组织。② 也就是说,制度是处于环境作用下不断变化并适应环境的自然产物,而非人为设计的结果。因此,这类学者也认为在进行组织研究时,需要反思传统的理性模式,不能单纯地将组织视为一个效率机器。③ 制度化是一个超过了组织的具体行动或技术需要的价值判断渗透组织内部的过程。④ 也就是说,当一个组织在发展过程中不断受到制度环境的影响,且这些制度环境的影响力超过了组织自身发展所需的技术性要求时,则该组织正在经历一个制度化的过程。

从社会构建程度出发,社会学关于组织研究的主张分为"现象学"思想和"实在主义"思想;而从有序化程序出发,社会学关于组织研究的主张分为"结构主义"和"个人主义"。结合社会构建程序和有序化程序,可以建立一个社会学理论图谱(见图 2-1)。根据该理论图谱,制度主义组织理论是一种具有高度构建性和高度秩序化的理论体系。⑤ 换言之,制度主义兼具现象学和结构主义的色彩,其分析逻辑并非基础单元的分解式研究,而是系统性的整合式探索。

旧制度主义起源于政治学,一直到行为主义兴起之前,政治学研究的主题主要围绕不同的立法、行政和司法等正式政治制度。从政治学成为独立学科到新制度主义出现的这一阶段,人们通常将其称为旧制度主义政治学。旧制

---

① March J G, Olsen J P. The new institutionalism: Organizational factors in political life[J]. The American Political Science Review, 1984, 78(3):734-749.

② Maurer M. TVA and the grass roots: A study of politics and organization by Philip Selznick [J]. Journal of Politics, 1986, 48(1): 210-213.

③ 周雪光. 组织社会学十讲[M]. 北京:社会科学文献出版社,2003.

④ Seeman M. Leadership in administration: A sociological interpretation by Philip Selznick[J]. American Journal of Sociology, 1958(15): 548-549.

⑤ 张秋硕. 高校内部教学质量评估组织的发展机制研究[D]. 武汉:华中师范大学,2016.

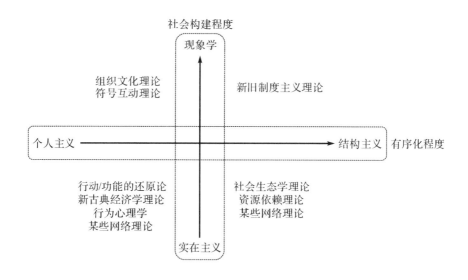

图 2-1　组织研究的社会学理论图谱①

度主义政治学聚焦于法律及其他正式制度,其表现为:一方面将政治机构视为独立变量,突显它们在解释和构建组织生活中所发挥的功能;另一方面将法律、规则和结构视为核心变量,将人性视为常量,政治制度由此成为支配和影响个体行动的决定性因素。② 总的来说,旧制度主义具有推崇法律、结构决定行为、整体主义、历史主义和规范分析等特征。③ 二战时期,旧制度主义受到了美国行为主义政治学家们的强烈批判,认为其太过于注重政治制度方面的研究,以及其价值主义特征。④

　　迪马乔和鲍威尔对新旧制度主义的详细差异作了深入的分析和对比(见

　　① 罗纳尔德·L.杰普森.制度、制度影响与制度主义[M]//保罗·J.迪马乔,沃尔特·W.鲍威尔.组织分析的新制度主义.姚伟,译.上海:上海人民出版社,2008:168.

　　② 刘欣,李永洪.新旧制度主义政治学研究范式的比较分析[J].云南行政学院学报,2009,11(6):22-24.

　　③ B.盖伊·彼得斯.政治科学中的制度理论:新制度主义[M].3版.王向民,段红伟,译.上海:上海人民出版社,2016.

　　④ 余宜斌.政治学:从旧制度主义到新制度主义[J].兰州学刊,2007(7):42-44.

表 2-1)。如果说旧制度主义强调价值[1]，那么新制度主义则更多地关注制度与它们的组织背景的关系，关注话语因素和制度中的精英人物。[2] 新制度主义兴起于对行为主义和理性选择理论的批判，后两种理论都认为人总是作为个体而自主行动。由于行为主义和理性选择理论过于关注个体，新制度主义的最初倡导者马奇和奥尔森认为，因果关系是双向的，制度与社会和经济秩序之间相互塑造，应当从集体的视角研究集体行动及其社会经济背景之间的双向关系。[3]

表 2-1　新旧制度主义在组织研究上的差异[4]

维度	旧制度主义	新制度主义
利益冲突地位	中心议题	边缘议题
制度惰性的根源	既得利益	合法性强制
结构化重点	非正式结构	正式结构的符合性作用
组织嵌入	地方社区	场域、部门、社会
嵌入的性质	合作—选择	构建
制度化焦点	组织	场域、社会
组织动力	变革	持续
功利主义批判的基础	利益聚合理论	行动理论、理性选择理论
功利主义批判的证据	意外后果	非反思性活动
制度化材料	价值观、规范、态度	分类、惯例、脚本、图示
社会心理学	社会化理论	归因理论
秩序的认知基础	承诺、义务、依附	惯习、实践行动
组织目标	替代性的	并存（模糊的）
研究议程	政策导向	学术导向

---

[1]　Greenwood R，Hinings C R. Understanding strategic change：The contribution of archetypes [J]. Academy of Management Journal，1993(5)：1052-1081.

[2]　Maguire S，Hardy C，Lawrence T B. Institutional entrepreneurship in emerging fields：HIV/AIDS treatment advocacy in Canada[J]. Academy of Management Journal，2017(5)：657-679.

[3]　March J G，Olsen J P. The new institutionalism：Organizational factors in political life[J]. American Political Science Review，1984(3)：734-749.

[4]　保罗·J.迪马乔，沃尔特·W.鲍威尔.组织分析的新制度主义[M].姚伟，译.上海：上海人民出版社，2008.

2.2.2 社会学新制度主义理论

组织研究的新制度主义理论自产生以来便处于不断发展和改进之中,在20世纪90年代甚至有学者提出"新"新制度主义。[①] 尽管新制度主义者对于组织研究存在不同的看法,但是不论强调微观的、制度的历史路径或认知层面,还是强调宏观的、制度的经验层面或规范层面,他们沿袭的理论思路和分析框架都是一脉相通的。本书的理论基础与分析框架来自以约翰·迈耶(John Meyer)为代表的社会学新制度主义理论分析和迪马乔和鲍威尔关于组织趋同的理论分析。

(1)社会学新制度主义理论的主要观点

迈耶于1977年发表的两篇奠基性论文——《教育作为一种制度的效果》与《制度化的组织:作为神话和仪式的正式结构》标志着社会学新制度主义组织理论的诞生。从最广泛的意义界定制度,是社会学新制度主义区别于其他新制度主义流派的特征之一。社会学新制度主义所界定的制度除了指正式或非正式规则以及相关程序以外,象征符号、认知与道德模块也是制度的组成部分。通过为组织提供一种内化的认知模块和行为范式,行动者朝着社会对其期待的方向变化。社会学新制度主义的代表人物鲍威尔等将制度界定为:组织结构中指导组织行动的象征系统、惯例与习俗等。[②]

作为社会学新制度主义的奠基人,迈耶的组织研究明确和完善了传统制度主义的分析。[③] 总的来说,社会学新制度主义理论的重点包括以下几个方面:第一,从大环境出发,研究和阐述组织发展,并深入理解组织现象的生成机制;第二,在进行组织研究的过程中,要同时考察技术环境和制度环境;第三,制度化的场域有利于塑造正式组织;第四,一旦组织被制度化,就会更具有合

---

① 吴重涵,汪玉珍.制度主义理论的新进展及其在教育中的应用[J].教育学术月刊,2008(2):5-11.
② Knoke D, Powell W W, Dimaggio P J. The new institutionalism in organizational analysis [J]. The American Political Science Review, 1993, 87(2):501.
③ 周雪光.组织社会学十讲[M].北京:社会科学文献出版社,2003:72.

法性,从而更有可能生存下来;第五,在高制度化场域下,所有组织通过参与具体的行动获得实际效益。①

在研究多样性的组织结构后,社会学新制度主义者发现组织在活动过程中出现了结构化的结果。此外,一旦形成组织场域,组织就会产生同质性的驱动力。制度之所以会不断扩展并导致组织形成趋同的现象,最根本的原因在于这种制度能够适应特定背景和环境,并且在这种背景和环境下适应合法性的要求。② 迈耶认为,诸如程序和技术等理性化的正式结构要素都是高度制度化的,是制约组织的强有力的制度规则,组织通过其获得合法性、稳定性和资源。③

(2)组织趋同

对组织趋同的研究可以回溯到韦伯那里,他认为,随着社会的发展,官僚制围绕着法理这一理性而呈现出趋同的发展趋势。④ 迪马乔和鲍威尔将韦伯提出的"铁笼"概念拓展到大量相关的社会过程,并指出在物质环境中,也出现了相同的制度和组织形式。⑤ 在高度结构化的组织领域中,理性的行动者在面对不确定性和制约性因素时,通常会导致组织之间总体上结构、文化和产出的趋同。从表现形式上看,当行动者试图改变他们的组织时,组织之间将变得越来越相似。此外,迪马乔和鲍威尔分析了组织趋同产生的 3 种机制,并分别从组织角度和行业角度对这 3 种趋同机制进行了阐述(见图 2-2 所示)。⑥

---

① 罗纳尔德•L.杰普森.制度、制度影响与制度主义[M]//保罗•J.迪马乔,沃尔特•W.鲍威尔.组织分析的新制度主义.姚伟,译.上海:上海人民出版社,2008:65.

② 何俊志,任军锋,朱德米.新制度主义政治学译文精选[M].天津:天津人民出版社,2007.

③ 保罗•J.迪马乔,沃尔特•W.鲍威尔.组织分析的新制度主义[M].姚伟,译.上海:上海人民出版社,2008:48.

① Franzen L. Why do private governance organizations not converge? A political-institutional analysis of transnational labor standards regulation[J]. Governance,2011,24(2):359-387.

⑤ Dimaggio P J,Powell W W. The iron cage revisited:Institutional isomorphism and collective rationality in organizational fields[J]. American Sociological Review,1983,48(2):147-160.

⑥ 同⑤

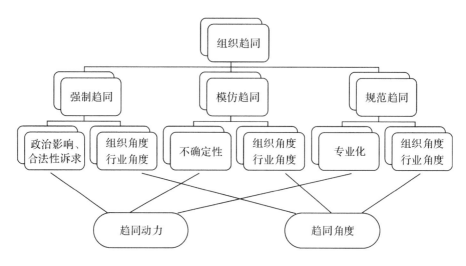

图 2-2　组织趋同的机制

第一,强制趋同。强制趋同起源于政治影响和合法性诉求,由其他组织对某一组织施加的正式或非正式压力以及组织在其中发挥作用的社会、文化期望所塑造。从组织角度来看,一个组织对另一个组织的依赖程度越高,它在结构、氛围和行为方面就会变得与该组织越相似;组织的资源供应集中化程度越高,组织趋同的程度就越大,即与它所依赖的组织越相似。从行业角度来看,组织领域对关键资源来源依赖程度越高,组织与政府部门的交易范围越大,趋同程度就越深。

第二,模仿趋同。当组织技术难以掌握、目标不明确时,或者当环境带来新的要素时,组织很有可能会模仿那些它们认为更合法或更成功的其他组织。从组织角度来看,手段和目的之间的关系越模糊,一个组织模仿它认为成功的组织的可能性就越大;一个组织的目标越不明确,则模仿它认为成功的组织的可能性就越大。从行业角度来看,一个领域中可见的可选组织模型越少,该领域的趋同速度就越快;技术不确定或目标模糊的程度越大,趋同速度就越快。

第三,规范趋同。规范趋同主要源于专业化,专业化通过两条途径产生趋同:一种是将正式教育和合法化置于由高校专家产生的认知基础之上;另一种是专业网络的发展和细化,这些网络联结多个组织,使得新模型在其中迅速传播。从组织角度来看,在选择管理人员和工作人员时,对学历的依赖程度越高,一个组织在其领域内与其他组织的相似程度就越大;组织管理者对行业和专业协会的参与程度越高,该组织就越有可能像其所在领域的其他组织一样。从行业角度来看,某一领域专业化程度越高,行业的结构化范围越广,趋同程度越大。

(3)社会学新制度主义理论述评

社会学新制度主义否认先验的、外在的理性假设,主张强调社会共享观念对组织结构与策略选择的影响及塑造功能。迈耶等使用制度环境的"合法性"机制来解释高等教育组织的制度供给,却过于强调制度环境的功能,以致后续研究者常常忽视技术环境的功能,甚至将两种环境对立起来。

技术环境从效率的角度出发,要求组织按照最大化原则进行生产活动;制度环境从合法性的角度出发,要求组织采用那些广为接受的形式与做法,而不管组织运作的效率。[①] 组织环境在很大程度上决定了其制度供给,后者涉及制度安排与制度运行两个维度:在制度安排上主要受制度环境影响,遵循合法性机制出台符合制度变迁要求的制度;在制度运行上则主要受技术环境影响,通常只积极扩散与组织目标相符的制度。当前,高等教育相关组织逐渐倾向于制定和传播那些被证明是有效率的制度,而不再是大量制定那些只有着合法性的制度。

迪马乔和鲍威尔认为,技术环境和制度环境不应该被视为是相互排斥的,尽管在某种程度上它们是负相关,但这种负相关不应该被放大。[②] 随着高等教育市场化与国际化的兴起,高等教育相关组织的竞争也越来越激烈,它们的技术环境属性也越来越强,其所面临的技术环境和制度环境常常具有一致性。因此,考察高等教育相关组织的制度变迁,必须打破以往的刻板印象,从两个

---

① 周雪光.组织社会学十讲[M].北京:社会科学文献出版社,2003:72-73.

② 保罗·J.迪马乔,沃尔特·W.鲍威尔.组织分析的新制度主义[M].姚伟,译.上海:上海人民出版社,2008.

维度出发进行分析。尤其要注意其面对的制度环境和技术环境是否一致,才能对高等教育相关组织的实际制度供给作出准确判断。①

2.2.3 社会学新制度主义理论与本书研究的适切性

所谓"适切",就是指恰当与贴切。② 尽管社会学新制度主义已经成为研究组织行动的具有较大普适性的理论,但是这一理论是否能为分析和解释欧洲高等教育外部质量保障机构发展提供清晰的思路? 这是在构建理论分析框架之前必须探讨的问题。下文将从理论的关注维度和分析维度论述社会学新制度主义理论与本书研究的适切性。

(1)关注维度适切

自博洛尼亚进程推进以来,不少欧洲国家纷纷建立了高等教育外部质量保障机构,以便更好地落实《博洛尼亚宣言》提出的倡议。相应地,在理论研究层面,关于高等教育外部质量保障体系的研究也层出不穷。其中,"结构—功能"主义理论导向的研究占据了主导地位。这一理论认为,组织是依靠理性构建而存在与发展的。在此视角下,欧洲高等教育外部质量保障机构的发展成为服务博洛尼亚进程这样的更大目标与功能建构的子系统。从这个意义上来说,针对欧洲高等教育外部质量保障机构的研究被当成了理性模型的一部分,其发展逻辑是遵照事先写好的"剧本"来进行演绎的。

然而,在社会学新制度主义者看来,组织是一个有生命的复杂有机体,而非一部制作精良的精密仪器。从研究的切入点来说,社会学新制度主义更着眼于揭示那些组织实际生存和发展背后与最初"结构—功能"设计不一致的情况、根源与机制。在欧洲各国陆续建立高等教育外部质量保障机构后,它们的发展模式并非如"结构—功能"主义所预设的那样,而是不断存在诸多始料未及的问题与发展困境,由此产生了欧洲高等教育外部质量保障机构发展研究

---

① 陈先哲.供给主导型学术制度变迁下大学组织的实际制度供给[J].江苏高教,2017(11):11-15.

② 邓治凡.汉语同韵大辞典[M].武汉:崇文书局,2010:475.

的实然视角与构建层面的偏差问题：决定欧洲高等教育外部质量保障机构发展背后的实际作用机制是什么？

从理论的关注维度来看，如果说在高等教育外部质量保障研究的初期，"结构—功能"主义为各国高等教育外部质量保障机构的建立提供了有力的理论支撑的话，那么在高等教育外部质量保障机构的发展进程中，社会学新制度主义理论对于实然层面的强调则与本书所期望探究的欧洲高等教育外部质量保障机构的实际行动策略更为契合。

（2）分析维度适切

尽管不同流派的新制度主义对于制度的观念存在不同程度的差异[1]，但新制度主义流派无不认为制度是能够提供秩序的规则体系。该规则体系一方面约束组织行动者追求最佳结果，另一方面奖励那些维护稳定性并导向趋同的组织。不同于行为主义和理性选择理论将行动者的选择偏好视作前提，并与个人主义相结合，构建具有普适性的"大理论"，社会学新制度主义通过对组织建立与发展过程的整体性研究来探究和解释组织趋同问题。

虽然相较于高等院校这类组织而言，欧洲高等教育外部质量保障机构建立的时间尚短，但在实际考察中我们可以发现，其成立明显离不开国家政府层面的立法与政策等一系列制度的约束，并且在博洛尼亚进程中，这类机构也离不开 ENQA 带来的"国际合法性危机"的压力。此外，社会学新制度主义理论区别于其他组织理论的特征之一是它具有高度的社会构建性，对于欧洲高等教育外部质量保障机构的研究显然已经不能够局限于对它们的内部环境与相关影响因素的考察，在欧洲—国家两级大环境下，欧洲高等教育外部质量保障机构之间的趋同性或者差异性尤其值得我们关注与反思（见图 2-1）。鉴于此，社会学新制度主义所采取的系统性和整体性的分析维度与欧洲高等教育外部质量保障机构的发展与变化的制度环境高度契合。

---

① B.盖伊·彼得斯.政治科学中的制度理论：新制度主义[M].3 版.王向民，段红伟，译.上海：上海人民出版社，2016.

2.3 分析框架

以上文对本书研究的核心概念的界定为基础,结合社会学新制度主义理论对本书研究的启示,笔者拟构建一个包括欧洲高等教育外部质量保障机构发展的理论构念、特征、动因、影响、可移植经验在内的理论分析框架,为后续研究提供分析基础。

2.3.1 理论构念

从上文可知,合法性机制是社会学新制度主义中最核心的机制。其中,合法性(legitimacy)是指,当社会的法律、规范、文化或某种特定的组织形式成为理所当然的社会事实之后,就成了约束人的行为的观念性力量,能够使组织主动或被动地接受与这种观念相契合的组织结构与制度。[①] 在尤尔根·哈贝马斯(Jürgen Habermas)看来,合法性标志着"某种政治秩序被认可的价值"[②]。

根据合法性机制,欧洲高等教育外部质量保障机构的发展必须适应欧洲社会大环境的要求,尤其是《博洛尼亚宣言》中具体的共享观念。也就是说,欧洲高等教育外部质量保障机构既要考虑所属国政府层面的制度约束,又要考虑欧洲层面高等教育质量保障政策的制度约束。然而,这两类制度约束有可能存在一定的差异甚至冲突。因此,欧洲各国的高等教育外部质量保障机构需要结合自身的情况构建合法性机制。例如,要获得欧洲层面的合法性,高等教育外部质量保障机构就必须加入 ENQA,并遵守其制定的高等教育外部质量保障机构标准。这些标准中的某些指标可能会与各国自身的标准存在明显差异,原本符合国家标准的高等教育外部质量保障机构可能会向欧洲标准迁移,而已经符合欧洲标准的高等教育外部质量保障机构也可能会向国家标准迁移,从而在整体上体现为趋同性和差异性的特征。

① 周雪光.组织社会学十讲[M].北京:社会科学文献出版社,2003.
② 尤尔根·哈贝马斯. 交往与社会进化[M].张博树,译.重庆:重庆出版社,1989:188-189.

　　不同的高等教育外部质量保障机构基于一定的技术环境,在寻求合法性的过程中将会采用不同的策略以回应本国和欧洲两种制度环境。可以说,欧洲高等教育外部质量保障机构的制度环境凸显了欧洲政策的国际合法性与国家政策的国内合法性之间的张力。当然,在技术环境层面,也同样涉及欧洲层面和国家层面的因素。例如,ENQA 为高等教育外部质量保障机构提供的国际专家、培训机会、学习资料等;国家政府为高等教育外部质量保障机构提供的人力资源、财力资源以及场所等。需要注意的是,制度环境的合法性机制不仅约束欧洲高等教育外部质量保障机构的运行,还可以帮助它们提高社会地位并得到社会承认,从而促进资源流通,在一定程度上有利于改善技术环境。

　　由于欧洲高等教育外部质量保障机构是在技术环境和制度环境的平衡中发展的,对两种环境的不同关注或偏重也就决定了它们的发展特征。两种环境都涉及欧洲层面和国家层面,鉴于此,欧洲高等教育外部质量保障机构存在4 种可能的发展策略(见图 2-3):策略 1,同时回应欧洲制度环境和国家制度环境;策略 2,回应欧洲技术环境和国家制度环境;策略 3,回应欧洲制度环境和

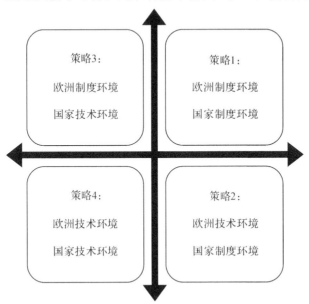

图 2-3　欧洲高等教育外部质量保障机构的发展策略

国家技术环境;策略 4,同时回应欧洲技术环境和国家技术环境。根据社会学新制度主义理论,新建的欧洲高等教育外部质量保障机构将选择策略 4,成熟的欧洲高等教育外部质量保障机构则会倾向于选择策略 1,而发展中的欧洲高等教育外部质量保障机构将根据自身的情况选择策略 2 或者策略 3。关于欧洲高等教育外部质量保障机构具体的发展策略选择,可以通过它们对 ESG中"高等教育外部质量保障机构标准"的符合程度来体现。

总之,根据社会学新制度主义理论,欧洲高等教育外部质量保障机构在发展过程中将持续在欧洲—国家张力下寻求合法性。对于一些将国际合法性置于优先位置的欧洲高等教育外部质量保障机构而言,它们将推动欧洲高等教育质量保障的趋同发展;而对于那些将国内合法性置于优先位置的欧洲高等教育外部质量保障机构而言,它们将维护欧洲高等教育外部质量保障机构的差异性特征。然而,不论强调国内合法性还是国际合法性,所有欧洲高等教育外部质量保障机构都必须具有有效性。因此,在欧洲高等教育外部质量保障机构的发展进程中,一方面我们需要对组织发展的有效性进行认识与研究;另一方面我们还必须跳出组织的物理边界,在组织发展的整个场域下,对欧洲高等教育外部质量保障机构的趋同性和差异性予以关注和分析。

2.3.2 特征、动因、影响

根据社会学新制度主义,欧洲高等教育外部质量保障机构面临两种不同的环境:技术环境和制度环境。技术环境要求欧洲高等教育外部质量保障机构有效率,即按照最大化原则组织运行。制度环境要求欧洲高等教育外部质量保障机构不断接受和采纳外界公认、赞许的标准或者良好实践。从社会学新制度主义的组织研究出发,我们将组织划分为以下 4 种理想类型(见图 2-4)。

(1)A 类组织和 D 类组织——极端型

作为组织发展的理想目标,A 类组织既重视发展效率,也重视社会形象,即能够同时很好地回应技术环境和制度环境对组织的要求。D 类组织多为规

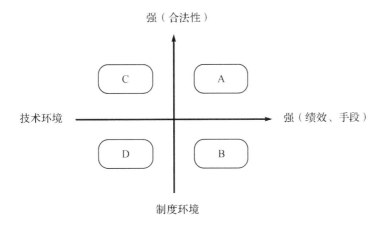

图 2-4 社会学新制度主义下组织的理想类型划分

模较小的自发性组织,这类组织若想获得发展就必须向其他类型组织转化,否则将难以生存。

(2)B 类组织——绩效导向型

B 类组织通常较为注重技术环境,将组织效率和发展目标置于优先位置。如一些企业在发展初期格外重视组织内科层管理体制的建设,关注自身的技术研发和创新,积极提高生产效率和效益,而组织文化和声誉等方面的建设却相对落后。

(3)C 类组织——责任导向型

C 类组织通常较为注重制度环境,将组织声誉和发展环境置于优先位置。与 B 类组织不同,这类组织更加关注自身的社会角色与社会责任,努力获得社会的支持与认可。尽管在组织发展过程中,这类组织能够享有相对稳定的社会合法性基础,但其低效发展最终也将不可避免地威胁自身的现实生存。

由图 2-4 可知,任何组织都无法离开技术环境而生存,欧洲高等教育外部质量保障机构也不例外。从分类上看,欧洲高等教育外部质量保障机构属于强制度环境和弱技术环境共同作用下的责任导向型组织,即 C 类组织。任何欧洲高等教育外部质量保障机构的建立与运行都需要一定的人力资源、财力资源、信息资源等可量化的技术环境。当然,这些机构与企业相比,对绩效机制主导的技术环境的要求要小得多，更多强调的是对合法性机制主导的制度环境的追寻。一方面，欧洲高等教育外部质量保障机构要履行国家政府赋予的保障国内高等院校质量的责任，提高利益相关者在内外质量保障运行中的参与度，维护高等教育各要素在跨境流动中的秩序；另一方面，欧洲高等教育外部质量保障机构要积极加入 ENQA，接受其元评估，寻求国际合法性身份，通过遵循共同的欧洲标准来保障自身的质量，从而获得国际社会的高度认可。也就是说，欧洲高等教育外部质量保障机构必须从变革自身生存的制度环境和提高自身的有效性两个方面解决其合法性危机。

合法性机制使得欧洲高等教育外部质量保障机构不得不接受在制度环境中建构起来的具有合法性的形式和做法，制度迁移的过程则是不断采纳制度环境强加于机构之上的形式和做法的过程。[①] 关于制度迁移的方向，很大程度上由欧洲高等教育外部质量保障机构所处的环境决定。如果欧洲高等教育外部质量保障机构忽视其环境要素，甚至反其道而行，就会出现"合法性"危机，从而给自身发展带来阻碍。一方面，大部分欧洲高等教育外部质量保障机构高度依赖政府提供的资源，并且国家的法律法规和政策规定通常能够影响资源的获取。一般而言，欧洲高等教育外部质量保障机构为争取更多的资源配置和生存发展空间，不得不服从这些法律法规和政策规定。因此，政府出台的制度规则无论刚性的还是柔性的，事实上都对欧洲高等教育外部质量保障机构追求制度环境"合法性"起到强制或诱导作用。另一方面，欧洲高等教育外部质量保障机构高度依赖 ENQA 提供的成员身份，并通过 ESG 这一"神话符号"对欧洲层面的制度进行响应、巩固和扩散。

如上所述，欧洲高等教育外部质量保障机构的发展是在欧洲网络和国家政府两个制度环境的影响下实现的，即这种发展并不是仅靠政府层面进行顶层制度设计便一劳永逸，还涉及欧洲层面制度约束所产生的具体影响。

---

① Meyer J W, Rowen B. Institutionalized organizations: Format structure as myth and ceremony [J]. American Journal of Sociology, 1977(83): 340-363.

2.3.3　可移植经验

在回应合法性的过程中,欧洲高等教育外部质量保障机构的发展呈现出有效性、趋同性和差异性的特征,并且都基于一定的动因而形成。每一个特征在形成的过程中都会对高等教育外部质量保障机构自身及其外部环境产生一定的影响。从有效性的角度来看,欧洲高等教育外部质量保障机构在组织和运行方面的有效性不仅能够提高自身的合法性地位,还有助于强化 ENQA 这一伞状组织对欧洲高等教育外部质量保障机构进行元评估的必要性和影响力,毕竟证明一个高等教育外部质量保障机构的发展是否有效的最佳方式就是对其进行元评估。事实上,欧洲高等教育外部质量保障机构在发展过程中更多地凸显有效性特征,就更能够维护 ENQA 在欧洲高等教育质量保障领域的影响力。从趋同性的角度来看,绝大多数欧洲高等教育外部质量保障机构在一段时期内仍然会将欧洲一级的合法性视为其发展动力之一。其原因在于,作为伞状组织,ENQA 本身就具备很强的国际合法性,它能够不断吸引欧洲高等教育外部质量保障机构加入其中,这一前提将极大地促进欧洲高等教育一体化建设。随着博洛尼亚进程的持续推进,欧洲高等教育外部质量保障机构发展的趋同性将会加速推动学历学位互认,减少高等教育各要素在欧洲流动的障碍。然而,不能忽略的是,欧洲各国不会将高等教育领域的主权彻底移交给一个超国家组织。社会学新制度主义过于强调制度环境对制度变迁的约束,容易让人误以为制度化的组织是消极的、低效率的,它忽略了组织也会塑造环境,甚至调控环境来适应其发展需要。[①] 因此,欧洲高等教育外部质量保障机构发展的差异性将始终存在。

社会学新制度主义强调制度变迁,因此欧洲高等教育外部质量保障机构在发展过程中呈现出的有效性、趋同性和差异性也将影响这些机构本身在向欧洲层面的制度或国家层面的制度变迁过程中的发展路径。

---

① 李文静.新制度主义理论在高等教育领域的理论和应用研究综述[J].传奇:传记文学选刊(理论研究),2011(9):65-66,77.

3 欧洲高等教育外部质量保障机构的合法性审查

3.1 欧洲高等教育外部质量保障机构的发展现状

20多年来,欧洲各国极为重视高等教育质量问题,在给高等院校放权的同时,也加强了对高等教育外部质量的监督与控制。各国政府在《博洛尼亚宣言》的框架下,纷纷修改或制定高等教育质量相关法律与政策,并依法设立或重组大量新的高等教育外部质量保障机构。这些机构有着明确的定位与使命,被法律授权进行高等教育质量保障活动。[①] 在欧洲,丹麦是最早成立高等教育外部质量保障机构的国家之一,1999年通过的《丹麦教育评估所法令》使得丹麦教育评估所(The Danish Evaluation Institute,简称 EVA)得以建立。法国根据《大学自由与责任法》和第450号法律,于2007年成立了法国研究与高等教育评估局(The Evaluation Agency for Research and Higher Education,简称 AERES),使得法国政府与高等院校关系的变化被立法确认。在博洛尼亚进程启动后10年左右的时间里,欧洲国家仅新建立的全国性高等教育外部质量保障机构的数量就超过20个,可以用"雨后春笋"来形容这种局

---

① 杨治平,黄志成.欧洲高等教育质量保障机构的发展与定位——博洛尼亚进程新趋势[J].比较教育研究,2013(1):82-85.

面。除了新成立的高等教育外部质量保障机构外,一些欧洲国家整合了原有的高等教育外部质量保障机构。此外,还出现了跨境整合的高等教育外部质量保障机构,如荷兰和比利时于 2004 年共同建立了荷兰—弗拉芒认证组织(Dutch Flemish Accreditation Organization,简称 DFAO),对荷兰和比利时弗拉芒语地区实施高等教育外部质量保障服务。从总体上看,加强对高等教育质量保障活动的统筹和协调,是欧洲高等教育外部质量保障机构发展的一个重要趋势。①

3.1.1 区域分布

本书研究的欧洲高等教育外部质量保障机构是那些正式加入 ENQA 的成员机构。鉴于任何一个组织的成员机构在没有符合入会标准或资格时,都可能面临被取消资格的风险,因此在不同时期分析一个组织的成员机构可能存在研究对象不同的情况。为规范研究,本书的研究对象和数据为 2019 年 10 月 24 日 ENQA 官方网站上收集到的 53 个高等教育外部质量保障机构的信息、评估报告以及相关公开文件。除俄罗斯高等教育与就业发展保障局(Agency for Quality Assurance in Higher Education and Career Development,简称 AKKORK)、比利时弗兰德高等教育委员会—质量保障部(Flemish Higher Education Council-Quality Assurance,简称 VLUHR)以及塞尔维亚国家认证与质量保障局(National Entity for Accreditation and Quality Assurance,简称 NEAQA)仍然处于待评估状态以外,其余机构均为正式成员身份。其中,NEAQA 是首次接受 ENQA 的元评估。

ENQA 的成员机构分布广泛,辐射 33 个欧洲国家,并且其数量随着博洛尼亚进程的推进而持续增加。这一点可以通过附录 1 关于 ENQA 成员机构的信息概览中获悉。其中,爱尔兰质量保障和资格认证局(Quality and Qualifications Ireland,简称 QQI)、爱沙尼亚高等和职业教育质量局

---

① 杨志平,黄志成.欧洲高等教育质量保障机构的发展与定位——博洛尼亚进程新趋势[J].比较教育研究,2013(1):82-85.

(Estonian Quality Agency for Higher and Vocational Education，简称EKKA)、奥地利质量保障和认证局（Agency for Quality Assurance and Accreditation Austria，简称AQ）等37个高等教育外部质量保障机构在博洛尼亚进程启动之后建立。除哈萨克斯坦独立教育质量保障局（Independent Agency for Quality Assurance in Education，简称IQAA）成立于该国加入博洛尼亚进程之前，其余机构均在其所属国加入博洛尼亚进程之后成立。此外，有28个机构成立于博洛尼亚进程启动至欧洲高等教育区建立（2010年）期间，表明欧洲层面的政策对各国高等教育外部质量保障机构的建立产生了推动作用，签署区域高等教育一体化政策有助于倒逼高等教育质量保障系统发展落后的国家与地区建立和发展高等教育外部质量保障机构。值得注意的是，高等教育外部质量保障机构的成立时间与加入ENQA的时间并没有形成线性相关，一些机构"早建立，晚加入"，如英国认证委员会（British Accreditation Council，简称BAC）早在1984年就已经成立，但是直到2015年才加入ENQA；另一些机构"晚成立，早加入"，如AQ成立于2012年，却在同一年就加入了ENQA。时间上的差异，在一定程度上反映了高等教育外部质量保障机构对于加入ENQA的态度随着欧洲高等教育一体化的推进而发生变化的特征。

在国别分布上，一些国家如爱沙尼亚、波兰、格鲁吉亚、立陶宛、罗马尼亚等，仅有一个高等教育外部质量保障机构加入ENQA。对于这类高等教育系统较小、国家化程度较低的国家而言，并不需要那么多高等教育外部质量保障机构实施服务。另一些国家则发展出了更为复杂的高等教育外部质量保障系统来监督高等院校的质量改进与提升。如德国和西班牙分别有7个和8个不同类型的高等教育外部质量保障机构加入ENQA；英国、荷兰、俄罗斯和法国等高等教育发展较好、国际化程度较高的国家也有2个以上的高等教育外部质量保障机构加入ENQA。绝大部分高等教育外部质量保障机构的所属国是最早一批签署《博洛尼亚宣言》的国家，即于1999年加入博洛尼亚进程。克罗地亚、塞浦路斯、俄罗斯、梵蒂冈、塞尔维亚、格鲁吉亚、亚美尼亚和哈萨克斯坦 8 个国家均在 2001 年至 2010 年加入博洛尼亚进程。

3.1.2　组织属性

高等教育外部质量保障机构的组织属性与其独立程度密不可分。鉴于独立性与外部质量保障有效性的直接关系,欧洲各国高度重视高等教育外部质量保障机构的独立性。独立性被视为高等教育外部质量保障机构成立和运行的首要原则。为保证高等教育外部质量保障机构的独立性,博洛尼亚进程制定了"不受第三方干扰"的原则。这里的"第三方",是指政府、高等院校以及其他利益相关者。

欧洲高等教育外部质量保障机构的组织属性具有多元化特征,大部分欧洲高等教育外部质量保障机构为国家机构,而非国家机构又分为高等院校成立的机构、国际基金会成立的机构、各利益共同体组织的机构、独立的行业认证机构、地区政府机构、地区政府和高等院校共同成立的机构、以及其他第三方机构(见图 3-1)。可以说,在欧洲以外的地区,任何类型的高等教育外部质量保障机构都能在欧洲找到同类。这在一定程度上反映了 ENQA 的包容性。

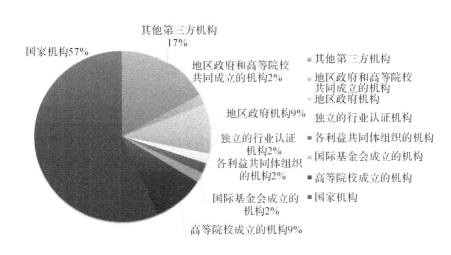

图 3-1　加入 ENQA 的欧洲高等教育外部质量保障机构的组织属性

然而,从具体的国家来看,只有比利时、德国、俄罗斯、法国、哈萨克斯坦、荷兰、西班牙和英国8个国家的一些高等教育外部质量保障机构为非国家机构。其中,哈萨克斯坦的两个机构均为独立的行业认证机构,其他国家的高等教育外部质量保障机构均为国家机构。这一特征反映了小体量的国家更容易建立国家性质的高等教育外部质量保障机构。从时间上看,国家机构中有17个于2010年及之后加入ENQA,表明政府在欧洲高等教育区建立后维护和发展这一目标的决心得到了进一步加强。而在其余非国家机构中,有13个于2010年及之前加入ENQA,反映了非国家机构在寻求国际层面的合法性方面的积极性。

各国法律赋予本国高等教育外部质量保障机构高度的自主权,使它们的独立性得到前所未有的提升。从博洛尼亚进程启动后新建的高等教育外部质量保障机构来看,大部分为独立机构。这些独立机构又可以具体分为以下几种情况:有的是独立的自治机构,如罗马尼亚高等教育质量保障局(Agency for Quality Assurance in Higher Education,简称ARACIS);有的是独立的政府机构,如NOKUT和AERES;有的是教育部直属的独立性机构,如ANECA。这些高等教育外部质量保障机构无论自治机构、政府机构,还是教育部直属机构,都具有较强的独立性。大部分博洛尼亚进程成员国的高等教育外部质量保障机构实现了机构的独立性,一些国家的高等教育外部质量保障机构虽然缺乏机构独立性,但是具备较强的专业独立性。

在欧洲高等教育质量保障发展的进程中,高等教育外部质量保障机构呈现出从多主体向单主体转移的倾向。例如,法国政府于2007年将原有的3个高等教育外部质量保障机构重组为AERES,从国家层面统筹所有高等教育外部质量保障机构行动。同时,法国政府也调整了其在高等教育领域中的角色,从直接监管者转变为战略制定者。

3.1.3　行动目的

无论高等教育外部质量保障机构提出多么具体的行动目的,总体上这些行动目的都可以归结为问责与质量改进两大类。欧洲高等教育外部质量保障机构在是以问责为行动目的还是以质量改进为行动目的方面没有形成较高的共识。根据 ENQA 的信息统计,有 20 个和 19 个高等教育外部质量保障机构分别明确以问责和质量改进为行动目的,14 个高等教育外部质量保障机构同时将问责和质量改进视为行动目的。在西班牙,除了巴斯克大学系统质量局(Agency for the Quality of the Basque University System,简称 UNIBASQ)以外,其余地区政府机构性质的高等教育外部质量保障机构均同时以质量改进和问责为行动目的。从高等教育质量保障方式来看,将质量改进和问责同时作为目的的机构大多数采用了多种实践方式。

事实上,在一个高等教育质量保障体系中,问责与质量改进一定会有重合,完全区分两者不现实。[①] 关键在于,问责与质量改进之间能否取得平衡。S. 施瓦茨(S. Schwarz)和 D. F. 韦斯特海登(D. F. Westerheijden)认为,在深入建设欧洲高等教育区的阶段,人们的注意力应该转向实质性、策略性目标的达成,而非进一步精细化高等教育质量保障体系的基础构架。[②] 斯登萨克认为,认证时代下高等教育外部质量保障机构应该将重点放在促成高等院校形成质量文化上。[③] 实践中,将会有越来越多的国家探索质量改进导向的高等教育外部质量保障模式。尽管欧洲高等教育外部质量保障机构在行动目的上没有形成较高的统一,但是各机构仍然陆续加入了 ENQA,并接受其元评估,

①　刘晖,孟卫青,汤晓蒙.欧洲高等教育质量保证 25 年(1990—2015):政策、研究与实践[J].教育研究,2016(7):135-148.

②　Schwarz S, Westerheijden D F. Accreditation in the framework of evaluation activities:A comparative study in the European higher education area[M]. Dordrecht:Kluwer Academic Publishers. 2004:32.

③　Stensaker B. Outcomes of quality assurance:A discussion of knowledge,methodology and validity[J]. Quality in Higher Education,2008(1):3-13.

表明欧洲高等教育外部质量保障机构之间在行动目的上的差异并不会形成某一机构能否加入高等教育质量保障伞状组织的障碍(见图3-2)。

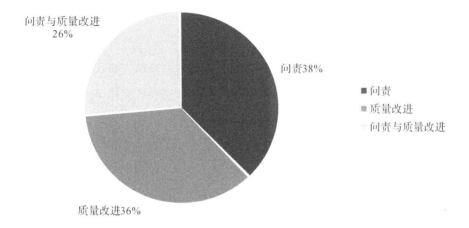

图 3-2　加入 ENQA 的欧洲高等教育外部质量保障机构的行动目的

3.1.4　运行机制

所有加入 ENQA 的欧洲高等教育外部质量保障机构都必须遵循 ESG 的标准实施高等教育外部质量保障行动,因此可以认为 ESG 为它们提供了运行机制方向的标准参照。ESG 第二部分明确列出了欧洲高等教育外部质量保障机构在实施评估、认证和审核等行动中必须采取的规范化程序。表 3-1 和表 3-2 分别为 ESG 2005 标准下与 ESG 2015 标准下欧洲高等教育外部质量保障的标准。

表 3-1　ESG 2005 标准下欧洲高等教育外部质量保障的标准

序列	指标	标准
ESG 2.1	使用内部质量保障程序	考察 ESG 第一部分关于高等院校内部质量保障程序的有效性。
ESG 2.2	开发外部质量保障过程	外部质量保障过程的目的应在过程本身制定之前由所有相关者确定,并在公开时说明将使用的程序。
ESG 2.3	决策标准	任何正式决策都应基于一致应用的、明确发布的标准。

序列	指标	标准
ESG 2.4	符合目的的过程	所有外部质量保障过程都应特别设计,以确保其适合实现为其设定的目标。
ESG 2.5	报告	报告以明确和容易为目标读者所接受的方式编写和发表,报告中所载的任何决定、表扬或建议,读者都应容易找到。
ESG 2.6	后续程序	外部质量保障过程包括后续行动计划,具有预先确定的后续程序,并始终如一地执行。
ESG 2.7	周期性评审	外部质量保障应定期进行,周期的长度和所采用的程序应事先明确规定和公布。
ESG 2.8	系统分析	外部质量保障机构应不时编制摘要报告,说明和分析其审查和评价等行动的一般结果。

表 3-2　ESG 2015 标准下欧洲高等教育外部质量保障的标准

序列	指标	标准
ESG 2.1	考察内部质量保障程序	考察 ESG 第一部分关于高等院校内部质量保障程序的有效性。
ESG 2.2	设计适应目标的方法	根据不同高等院校的特点设计外部质量保障活动;确保利益相关者参与外部质量保障活动的设计和后续完善活动。
ESG 2.3	实施过程	预先确定、公开并持续实施外部质量保障程序。
ESG 2.4	同行评议专家	由包括学生在内的专家小组实施外部质量保障活动。
ESG 2.5	结果标准	任何作为外部质量保障结论的评估决策,均应以明确公布的标准为基础,并且不管外部质量保障程序是否会引起正式决议,该标准在活动中都应该贯穿始终。
ESC 2.6	评估报告	评估报告应该公开,且内容清晰易读,易于被学术界、外部合作机构和其他感兴趣的个人获得。任何基于评估报告作出的正式决议应同评估报告一并公开出版。
ESG 2.7	申诉机制	申诉机制应明确规定为外部质量保障程序设计的一部分,并传达给院校。

从方式上看,认证是欧洲主要的高等教育外部质量保障方式。认证对象

分为高等院校认证和专业认证两大类。在所有采用认证的高等教育外部质量保障机构中,仅使用认证一种方式的机构有 14 个;采用认证和评估两种方式的机构有 24 个;采用认证、评估和审核 3 种方式的机构有 5 个;完全没有采用认证方式的机构有 8 个;采用质量评估方式的机构有 7 个。从机构性质来看,80% 的国家机构都采用了认证的方式,而对于非国家机构而言,采用认证方式的机构占比高达 91%。不论参照 ESG 2005 标准还是 ESG 2015 标准,所有机构在实施高等教育外部质量保障时普遍遵守共同的运行机制,具体包括以下 4 个方面。

第一,根据 ESG 第一部分的标准考察被评高等院校内部质量保障系统的有效性。其中,主要对高等院校的自评报告进行行政审查,以验证其是否符合审查指南。

第二,针对现有信息进行实地访问。以参观教室、访谈、与利益相关者座谈、检查文件档案、查看设备等方式进行,实地访问的目的就是评估高等院校的活动,确认自我评估报告的真实性。

第三,提交高等教育外部质量保障结论。专家小组根据自评报告和实地访问收集到的信息,采用统一的审查模板起草结论报告,结论的最终形式根据不同国家的国情而有所不同。

第四,对被评高等院校实施后续跟进,检查和督促其改进自身的不足以改进和提高质量。在后续跟进中,被评高等院校需要提交一份两年后续行动报告,该报告的目的是督促被评高等院校完善评估报告中指出的不足,落实评估报告中的建议。

3.2 欧洲高等教育外部质量保障机构的元评估实践

在判断高等教育外部质量保障机构是否具备有效性时,一条重要的途径就是对其进行元评估,即对实施高等教育外部质量保障的机构本身及其行动的质量进行评估。[①] ENQA 针对欧洲高等教育外部质量保障机构的元评估以 ESG 第二部分和 ESG 第三部分为标准参照。其中,ESG 第二部分的整体评估结论又是 ESG 第三部分的部分指标的结论。也就是说,基于 ESG 第三部分的评估结果就是 ENQA 对欧洲高等教育外部质量保障机构的元评估结果。在 ENQA 官方网站的"Agency Reviews-Review Database"专栏下载所有接受元评估的欧洲高等教育外部质量保障机构的评估报告,按照评估周期将数据分为第一轮评估(见附录 2)、第二轮评估(见附录 3)和第三轮评估(见附录4)。虽然早在 2013 年,NEAQA 就已经加入 ENQA,但是至今仍未接受正式的评估。因此,在第一轮评估中,一共有 52 个欧洲高等教育外部质量保障机构接受基于 ESG 标准的评估。由附录 2、附录 3 和附录 4 可知,自 2005 年以来,每年都有欧洲高等教育外部质量保障机构接受基于 ESG 的元评估。其中,出现了两个评估高峰,分别为 2008 年至 2009 年和 2014 年至 2015 年,在这两个阶段分别有 12 个和 14 个机构接受 ENQA 的元评估。德国的第三方机构工程、信息科学、自然科学和数学专业认证局(Accreditation Agency for Study Programmes of Engineering,Information Science,Natural Sciences and Mathematics,简称 ASIIN)最早接受了第二轮评估,突显了非国家机构对于国际合法性的重视。接受第二轮评估的机构共 35 个,其中 2019 年接受第二轮评估的高等教育外部质量保障机构达到 9 个。第三轮评估于 2016 年启动,共有 19 个机构接受评估。根据 3 轮评估的情况,大部分欧洲高等教育外部质量保障机构遵守了"每 5 年进行 1 次 ESG 评估,以审查其 ENQA 成员资格"的要求。

3.2.1 元评估的缘由

从管理的角度来看,对高等教育外部质量保障机构进行评估是一件与政府"放权"并"再掌权"密切相关的事。随着政府将权力下放至高等院校,高等

---

① 孙锐,王战军,周学军.浅议高等教育评估机构的社会职能及其实现[J].中国高教研究,2001(11):39-40.

教育外部质量保障机构成为政府远程"控制"高等院校的代理。从问责的角度来看,高等院校在本质上仍然被政府管控,只是换了一种新的形式——高等教育外部质量保障。鉴于高等教育外部质量保障机构对高等院校评估、认证或审核等行动产生的决策或多或少会影响政府在经费和自主权方面的分配,对高等教育外部质量保障机构进行元评估,以检验其自身的质量与合法性也成为应有之义。以荷兰为例,最开始荷兰的高等教育外部质量保障由高等教育视导团(Inspecteur van Het Hoger Onderwijs,简称IHO)负责,该官方机构隶属于教育、文化和科学部。然而,自20世纪90年代起,IHO便不再直接服务于高等院校,而是对其他高等教育外部质量保障机构的活动及高等院校的后续跟进进行元评估,并对整个高等教育外部质量保障体系和环节进行引导与监督。具体的高等教育外部质量保障工作则交由荷兰大学质量保障局(Quality Assurance Netherlands Universities,简称QANU)承担。

对高等教育外部质量保障机构进行评估的原因还与质量文化相关。20世纪90年代末,德克·凡·达默(Dirk van Damme)指出,在全球化背景下,降低高等院校质量不确定性的一条重要途径是建立高等教育质量保障体系的国际性监控组织,即一个全球性或区域性的高等教育外部质量保障机构的伞状组织。[1] 欧洲委员会(Council of Europe)教育与培训总指导采纳了这一建议,并一直致力于开发元认证工具。2004年,欧洲委员会指出,成员国可以接受任意经过注册的高等教育外部质量保障机构的服务。最初,建立超国家组织干预国家层面高等教育事务的建议遭到了欧洲各国政府的强烈抵制。它们坚持认为,在决定管制或开放高等教育外部质量保障服务市场方面,国家应是唯一权威。为此,ENQA在2005年提出了一个妥协性的策略:伞状注册组织列出欧洲所有经过注册的高等教育外部质量保障机构,高等院校可以自主选择接受任意一个高等教育外部质量保障机构的服务。由此,2004年提出来的倡议就变成:为了提升高等院校的国际声誉,成员国政府要大力支持本国高等

① Damme D V. Quality issues in the internationalisation of higher education[J]. Higher Education,2001,41(4):415-441.

院校参加由加入欧洲伞状注册组织的机构实施的跨境外部质量保障。然而，由于欧洲各国高等教育质量保障相关制度和技术因素限制了高等教育外部质量保障服务的开放程度，许多国家还不具备将本国高等教育外部质量保障服务面向其他国家高等教育外部质量保障机构自由开放的能力。因此，国家高等教育外部质量保障体系仍然是一个较为封闭的市场。以德国为例，高等教育外部质量保障机构的境外服务只涉及卢森堡等尚未建立高等教育质量保障体系的小国，其影响力和实际成效并不高。对于已经建立高等教育质量保障体系的高等教育系统来说，推广德国高等教育外部质量保障服务的难度更大。事实上，一些学者认为向其他国家的高等教育外部质量保障机构投入稀缺资源不太可能成为优先事项。①

可以说，欧洲的高等教育质量保障仍然属于各国主权领域。其发展为完全开放的区域性自由服务市场还存在现实的距离，欧洲层面的高等教育质量保障行动整合目标不得不向国家利益和政治因素妥协。② 在欧洲高等教育一体化进程中，要促进各国高等教育外部质量保障机构之间的相互认可，落实高等教育外部质量保障机构的跨境服务，就必须建立一个透明的、公开的、可信的元评估制度。

3.2.2　元评估的目的

为促进各国高等教育外部质量保障机构间的合作，同时避免滋生不规范甚至腐败的高等教育外部质量保障行为，欧洲高等教育质量保障利益相关者在启动博洛尼亚进程的同时便着手讨论构建一个针对高等教育外部质量保障机构的元评估机制。其主要目标是从标准规范的角度确保高等教育外部质量保障机构本身的质量，包括确保机构的独立性与合法性，通过借助充足的人力

---

① Kohoutek J, Westerheijden D F. Opening up the black box：Drivers and barriers in institutional implementation of the European standards and guidelines[M]//Eggins H. Drivers and barriers to achieving quality in higher education. Rotterdam：Sense Publishers，2014：178.

② 刘晖，孟卫青，汤晓蒙.欧洲高等教育质量保证25年（1990—2015）：政策、研究与实践[J].教育研究，2016（7）：135-148.

和财力资源,按照既定的标准与程序公开、公正、有效地实施高等教育外部质量保障工作,对结果进行详细分析,并对高等教育外部质量保障机构进行周期性外部审查,最终推进欧洲高等教育外部质量保障机构的可持续发展。随着博洛尼亚进程的持续推进,对高等教育外部质量保障机构进行元评估不仅能够提升机构的能力,还有助于维护跨境高等教育要素在欧洲及以外地区的顺畅流动。具体来说,ENQA 对高等教育外部质量保障机构进行元评估基于以下 4 个目的。

第一,ENQA 作为高等教育外部质量保障机构进入欧洲高等教育质量保障市场的"守门员",对成员机构进行元评估,以维护和提高成员机构的质量。大多数高等教育外部质量保障机构是在博洛尼亚进程启动之后成立,但即便在这之前就已经成立的机构也在质量与发展程度上存在一定的差异。因此,要监测高等教育外部质量保障机构是否适应和有助于推动欧洲高等教育一体化,就必须对这些机构进行元评估。在评估过程中,专家小组和 ENQA 董事为接受评估的高等教育外部质量保障机构进行诊断,找出明显或不明显的问题,并为其提供已有的良好实践或开发新的方案作为解决途径。总之,对欧洲高等教育外部质量保障机构进行元评估的根本目的就是保证这些机构自身的质量。

第二,ENQA 作为高等教育外部质量保障机构的伞状组织,对成员机构进行元评估,以提高成员机构的合法性。ENQA 针对高等教育外部质量保障机构进行元评估的标准——ESG,是各国教育部部长共同协商、认可并不断参与修订的结果。鉴于此,加入 ENQA 并接受其元评估,将倒逼高等教育外部质量保障机构所在政府制定和修改立法,从而赋予该机构明确的法律地位,提升其国内合法性。同时,通过元评估获得 ENQA 正式成员资格的高等教育外部质量保障机构也将提升其国际合法性,尤其是那些在接受元评估的过程中表现突出的高等教育外部质量保障机构,其经验极有可能被 ENQA 发展为良好实践案例进行推广,从而使这些机构在跨境高等教育外部质量保障服务中更具吸引力。

第三,ENQA 作为欧洲、政府、高等院校、高等教育外部质量保障机构、学生、行会等利益相关者高度认可的组织,对成员机构进行元评估,以提高成员机构的可信度。开放透明的信息是所有组织获取可信度的重要前提。随着公众对高等教育关注度的提升,高等教育领域越来越重视一切符合各方利益相关者知情权的政策或行动,质量保障便是其中的一个领域。博洛尼亚进程的目标之一是建立一个透明的欧洲高等教育系统。除了高等教育外部质量保障机构在高等院校各项活动的内容、标准和程序等方面必须公开透明以外,高等教育外部质量保障机构在证明自身能力方面也应符合透明原则。ENQA 在官方网站上公开了其对高等教育外部质量保障机构进行元评估的目的、手段、人员、标准、程序、决策、后续跟进等内容,所有利益相关者都拥有获取和阅读这些信息的机会,这种方式极大提高了被评高等教育外部质量保障机构的可信度。

第四,ENQA 作为强化高等教育外部质量保障机构遵守共同制度的管理者,对成员机构进行元评估,以加强成员机构之间的相互认可。推动欧洲高等教育要素在区域内良好流动的一个关键前提是,在本国被具有合法性的高等教育外部质量保障机构认可的高等院校、专业或项目等,同样能够被他国具有合法性的高等教育外部质量保障机构所认可。建立这种关联的最有效途径便是达成跨境高等教育外部质量保障机构之间的相互认可。ENQA 采用统一的标准框架——ESG 对所有成员机构和准成员机构进行元评估,有助于降低高等教育外部质量保障机构之间在合作与交流过程中产生的障碍,为成员机构之间相互认可建立的良好平台。

上述关于提高高等教育外部质量保障机构质量、合法性、可信度以及机构之间相互认可的 4 个目的,在本质上相辅相成、密不可分。高等教育外部质量保障机构只有具备了合格的质量才能够获得充分的合法性,进而赢得利益相关者的信任,最终达成各机构之间的相互认可。

3.2.3　元评估的标准

2005 年,ENQA 带领"E4"小组和其他利益相关者共同开发 ESG,ESG 成为欧洲高等教育外部质量保障机构加入 ENQA 的入会标准,以及指导欧洲高等教育区质量保障实施的政策依据和方法。[①] 从内容上看,ESG 包括高等院校内质量保障标准、高等教育外部质量保障标准以及高等教育外部质量保障机构标准。不同于 INQAAHE 仅为高等教育外部质量保障机构提供标准参照,ESG 既面向高等教育外部质量保障机构,也为高等院校提供了一份内部质量保障体系标准。这种方式为高等教育外部质量保障机构的行动提供了更具参考性和规范性的操作指南。2009 年,在鲁汶教育部长会议上,各方表达了 ESG 在不同国家、高等教育外部质量保障机构以及高等院校中的适用性。[②] 然而,ESG 所取得的成效并不意味着欧洲高等教育质量保障标准的完满和终结。随着高等教育外部质量保障方式的不断更新,一系列问题引发了诸多争论。例如,如何在各国高等教育外部质量保障实践中真正落实 ESG 的标准? 面对高等教育发展的新挑战和践行 ESG 过程中出现的诸多问题,欧洲委员会提议重新审议 ESG。[③] 为全面分析 ESG 各项指标的实施与修订,"E4"小组于 2010 年 10 月至 2012 年 4 月实施了针对 ESG 的监测项目,对 47 个博洛尼亚进程成员国高等教育质量保障的实施与状况进行深入调查。结果表明,虽然 ESG 极大地推动了欧洲高等教育质量保障的进程,但是仍存在需要改进之处。这种改进并非对内容的全方位修订,而是从适用性角度出发加强其与博洛尼亚进程的关联度,消除语言使用和标准本身的模糊性,并加深高等

---

① ENQA. Quality procedures in the European higher education area and beyond-internationalisation of quality assurance agencies——4th ENQA survey [EB/OL]. [2019-01-13]. https://www.enqa.eu/indirme/papers-and-reports/occasional-papers/enqa_oc_22.pdf.

② ENQA. ENQA position paper on quality assurance in the EHEA[EB/OL]. (2009-04-29) [2019-03-24]. https://media.ehea.info/file/2009_Leuven_Louvain-la-Neuve/92/7ENQA_Position_Paper_March_2009_594927.pdf.

③ Hopbach A. Mapping the implementation and application of the ESG[R]. Brussels:ENQA, 2011.

教育质量保障利益相关者对各项指标的理解。随后,新发布的 ESG 2015 标准对欧洲高等教育外部质量保障的标准作出了新的阐述[①],并强调高等教育、研究和创新对社会融合、经济发展和全球竞争力的重要性,再次倡导关注高等院校的多样性和以学生为中心的教学方法等,进一步强化了促进所有利益相关者对高等教育质量保障的共识性理解。[②]

ESG 2005 标准从外部质量保障活动、官方地位、行动、资源、使命宣言、独立性、外部质量保障标准和程序以及问责程序等 8 个指标对欧洲高等教育外部质量保障机构的标准进行了规范(见表 3-3);ESG 2015 标准从外部质量保障活动、政策和过程,官方地位、独立性、主题分析、资源、内部质量保障和专业指导以及周期性外部审查等 7 个指标对欧洲高等教育外部质量保障机构的标准进行了规范(见表 3-4)。

表 3-3 ESG 2005 标准下欧洲高等教育外部质量保障机构的标准

序列	指标	标准
ESG 3.1	外部质量保障活动	各机构的外部质量保障应考虑 ESG 第二部分所述的外部质量保障活动的存在和效力。
ESG 3.2	官方地位	各机构应得到主管部门的正式承认,应具有既定的法律基础,并遵守它们所运作的立法管辖范围内的任何要求。
ESG 3.3	行动	定期进行外部质量保障活动。
ESG 3.4	资源	拥有足够的人力和财政资源,以确保外部质量保障活动的有效组织和运作,并为其程序和发展作出适当的规定。
ESG 3.5	使命宣言	各机构应公开其行动目标。
ESG 3.6	独立性	各机构应独立,并对其行动自主负责,其报告中所作的结论和建议不应受到第三方的干扰。

① ENQA. Standards and guidelines for quality assurance in the European higher education area (ESG)[EB/OL]. [2019-01-13]. https://bologna-yerevan2015. ehea. info/files/European%20Standards% 20and% 20Guidelines% 20for% 20Quality% 20Assurance% 20in% 20the% 20EHEA% 202015_ MC. pdf.

② ENQA,et al. Standards and guidelines for quality assurance in the European higher education area(ESG)[EB/OL]. [2019-02-18]. https://www.enqa. eu/index. php/home/esg/.

续表

序列	指标	标准
ESG 3.7	外部质量保障标准和程序	外部质量保障标准和程序应预先确定并公开。这些程序通常包括自我评估、实地访问、公布结果、后续跟进。
ESG 3.8	问责程序	各机构应为其自身的责任制定适当的程序。

表 3-4 ESG 2015 标准下欧洲高等教育外部质量保障机构的标准

序列	指标	标准
ESG 3.1	外部质量保障活动、政策和过程	定期进行 ESG 中列出的关于外部质量保障的活动;具有清晰、明确且公开的目标;确保利益相关者参与管理和工作。
ESG 3.2	官方地位	有既定的法律依据,并得到相关主管部门的认可。
ESG 3.3	独立性	对自身的运作和结果负责,不受第三方的干扰。
ESG 3.4	主题分析	定期公布报告,阐述和分析外部质量保障活动的总体结论。
ESG 3.5	资源	具备足够的人力和财力资源以保障工作的开展。
ESG 3.6	内部质量保障和专业指导	有适当的内部质量保障程序,确保和提高质量及其活动的完整性。
ESG 3.7	周期性外部评审	每 5 年接受 1 次外部审查,证明其是否遵循 ESG。

由表 3-3 和表 3-4 可知,新旧版本的 ESG 均建立在独立的准入标准和行业规范基础之上,即只有先确保了机构独立性的基础,才能保证机构的专业性、可靠性和欧洲层面的互认性。[①] 有关高等教育外部质量保障机构的标准部分,ESG 提出了 3 个方面的独立。

第一,身份独立。ESG 要求,高等教育外部质量保障机构必须有政府明确文件、相关立法或高等教育主管部门批准的组织章程等,以表明其从事高等教育外部质量保障活动的资历。换句话说,高等教育外部质量保障机构应具有独立的法人地位,作为实施高等教育外部质量保障活动的主体不受高等院校、政府、企业和行会等利益相关者的干涉。之所以强调官方认可的重要性,是为了确保高等教育外部质量保障机构审核、评估或认证的结果被各利益相

---

① 陈寒.欧洲高等教育区质量保障标准:发展与启示[J].中国高教研究,2018(6):90-97.

关者所接受,尤其在以问责为导向时。

第二,运行独立。高等教育外部质量保障机构需要开展评估、审核、认证或其他类似高等教育外部质量保障活动,在具体活动的过程中,应保持独立不受干扰。由此,高等教育外部质量保障机构必须独立设置明确的目标与内部质量保障程序,不断改进自身质量,以提高运行的可靠性与完整性。与此同时,为了维护运行独立,ESG还要求高等教育外部质量保障机构公开其内部运行情况和相关政策。同时,高等教育外部质量保障机构也要保障其自身拥有足够和适当的人力与财力来支持其高效运行,以确保实质上的独立。

第三,决策独立。虽然参加活动的高等教育外部质量保障专家小组来自不同的利益相关群体,但最终的决策,应由高等教育外部质量保障机构制定并独立负责。此外,高等教育外部质量保障机构应定期发布描述与分析其活动的主题报告。考虑到其对高等教育系统的结构化分析与高等教育质量保障的反思具有重要作用,ESG还要求高等教育外部质量保障机构对这些信息进行深度分析,并对分析的结果负责。

3.2.4 元评估的程序

为评估高等教育外部质量保障机构是否具有和持续具有成员资格,ENQA每5年对高等教育外部质量保障机构进行1轮元评估。对符合标准的机构授予或重新授予成员资格,而那些未通过评估的机构,要么之后重新申请加入,要么在两年内接受整改。通常情况下,ENQA针对高等教育外部质量保障机构采取以下评估流程。

第一,ENQA董事会组建专家小组,并制定专家小组评估进程时间表。

第二,专家小组分析高等教育外部质量保障机构提供的自评报告,并列出一系列附加的需要提交的文件,以确保专家小组是基于翔实的信息进行的实地访问。

第三,专家小组分析与讨论影响或决定高等教育外部质量保障机构整体活动的因素,并规划和协调实地访问的路线。根据实地访问,专家小组提出具体的问题,并邀请高等教育外部质量保障机构人员、高等院校人员等利益相关者进行沟通,分析与讨论不符合 ESG 具体指标的原因以及拟解决方案。

第四,在全体专家小组成员一致同意的基础上完成评估报告,并提交给 ENQA 董事会。

第五,ENQA 董事会根据评估报告向被评高等教育外部质量保障机构发送是否授予其正式成员资格的决策,并就专家小组提出的问题和建议表明态度(支持或反对)。

所有评估报告由专家小组经过评估后采用英文撰写,这些专家都具备较强的专业能力。尽管评估报告由不同的专家组成员完成,在表达方式上也会存在一些差异,但是在内容上形成了统一的格式。一般而言,评估报告包含 6 个部分。第一,执行概要。执行概要涉及评估背景和专家小组对被评高等教育外部质量保障机构的评估进展,并简要归纳该机构对 ESG 每项指标的符合程度。第二,术语表。术语表包括统计报告中出现的所有主要专有名词的简称和全称,如"SER"代表"self-evaluation report"(自我评估报告)。第三,简介。简介包括评估目的介绍,高等教育外部质量保障机构如何回应 ENQA 评估,以及专家小组如何对机构实施评估等。第四,具体评估发现。具体评估发现给出高等教育外部质量保障机构对 ESG 符合程度的具体分析。专家小组分别从指标的规范性介绍、证据、具体理由、结论,以及改进意见等 5 个方面对每个指标符合 ESG 标准的程度进行描述。第五,整体评估结论。基于所有指标的评估结果,从整体上判断被评机构是否符合 ENQA 正式成员的要求,并为该机构今后的发展提供可行性建议。第六,附录。附录包含实地访问的具体行程、评估过程中涉及的相关文件等内容。所有评估报告均统一使用"完全符合"(fully compliant)、"大部分符合"(substantially compliant)、"部分符合"(partially compliant)和"完全不符合"(non compliant)4 种表述为各项指标和整体评估结论"赋值"。通常情况下,在整体上获得完全符合或大部分符合结论的高等教育外部质量保障机构,将被 ENQA 纳入或重新纳入正式成员的队伍;整体上部分符合的机构将有两年时间进行整改并再次接受审查,在后续跟进实施后,ENQA 将决定授予或取消其正式成员资格;而整体上完全不符合的机构则不被授予或取消正式成员资格。

从 ENQA 已经完成的评估来看,大多数专家小组成员就职于那些已经高度符合 ESG 的高等教育外部质量保障机构,并且这类机构已经拥有 ENQA 的成员资格,如 QAA 和 NOKUT 等。此外,一些世界一流大学的校长常常被聘为专家小组成员。在所有被评机构中,NOKUT 接受的第一轮元评估并非由 ENQA 所组织,而是挪威教育与研究部(Norwegian Ministry of Education and Research)为回应博洛尼亚进程委托北欧创新研究与教育研究中心(Nordic Institute for Studies innovation, research and education, 简称 NIFU)实施的。NIFU 组建国际专家参与评估小组,按照 ENQA 对成员机构的评估流程进行评估,并将结果同时提交给 NOKUT 和挪威教育与研究部。基于评估报告,ENQA 高度认可了挪威政府以及 NOKUT 的行动,并授予其正式成员资格。

3.2.5　元评估的结果

ENQA 对高等教育外部质量保障机构元评估的结果包含在评估报告文本中,且这些报告均能够在 ENQA 以及大部分高等教育外部质量保障机构的官方网站上下载或阅读。为动态分析欧洲高等教育外部质量保障机构的变化情况,笔者下载了所有加入 ENQA 的高等教育外部质量保障机构历次接受元评估的结论报告,并根据评审周期,将所有报告分为第一轮评估报告、第二轮评估报告和第三轮评估报告。

从标准上看,2015 年以前,ENQA 的评估依据为 ESG 2005 标准。随着 2015 年博洛尼亚进程部长级会议发布 ESG 新标准体系后,ENQA 开始采用 ESG 2015 标准对高等教育外部质量保障机构进行元评估。鉴于此,同一轮评估在不同时间进行很有可能使用不同的评估标准。为了保证数据分析的有效性,本书遵守同类标准相比较的原则,即在同一轮评估中列出两组待分析的结果,具体情况参见附录 5、附录 6、附录 7、附录 8。值得注意的是,由于德国有 4

个机构在第一轮评估中坚持采用国家标准对高等教育外部质量保障机构进行评估,因此它们的评估报告没有被纳入比较分析。此外,法国研究和高等教育评估高级委员会(High Council for the Evaluation of Research and Higher Education,简称 HCERES)的第一轮评估报告无法下载,因此本书中第一轮评估的报告文本一共有 47 份。

为简洁起见,在数据统计的过程中,本书使用"F""S""P"和"N"分别表示高等教育外部质量保障机构完全符合、大部分符合、部分符合以及完全不符合 ESG。由于大部分符合与部分符合为程度表述,难以用具体的数值表述,本书规定,大部分符合是指 50%～100% 的符合程度,而部分符合是指小于 50% 的符合程度。鉴于第三轮评估中仅 NAA 采用 ESG 2005 标准,其余机构均采用 ESG 2015 标准,为便于分析,在第三轮评估结论比较中剔除了该机构的数据。每一轮评估结果具体的统计数据见附录 5、附录 6、附录 7、附录 8 以及附录 9,这些数据清晰地展示了各机构在每一轮评估中基于 ESG 各项指标所获得的评估结论。

由于所有 ESG 指标都没有设立明确的权重,获得 4 种结论的各项指标的均值能够较好地反映高等教育外部质量保障机构对 ENQA 的趋同性和差异性。为方便研究欧洲高等教育外部质量保障机构的变化情况,本书将"完全符合"(F)与"大部分符合"(S)规定为趋同,以体现趋同性;将"部分符合"(P)与"完全不符合"(N)规定为求异,以反映差异性。由此,完全符合的均值与大部分符合的均值之和表示整体上高等教育外部质量保障机构对 ENQA 的趋同程度,部分符合的均值与完全不符合的均值之和则表示高等教育外部质量保障机构对 ENQA 的差异程度。

3.2.6 元评估的后续跟进

正如 ESG 所规定的,高等教育外部质量保障机构在对高等院校实施评估、认证或审核等行动的过程中,都要对被评高等院校进行后续跟进,以审查其是否针对专家小组提出的建议进行整改。ENQA 在对欧洲高等教育外部质量保障机构进行元评估时，也同样采取了这一措施。通常情况下，ENQA在评估实施后的两年内，对被评机构进行后续跟进。尤其是对于那些从正式成员降级为准成员的高等教育外部质量保障机构而言，后续跟进是其再次获得正式成员资格的关键步骤。以下为 ENQA 对高等教育外部质量保障机构后续跟进的具体程序。

首先，ENQA 向被评机构发出提议，或者由被评机构主动向 ENQA 董事会提交申请，如果届时高等教育外部质量保障机构无法接待专家小组的后续来访，需书面向 ENQA 董事会提交一份明确的报告以陈述原因。

其次，ENQA 成立专家小组对高等教育外部质量保障机构进行实地访问，结合先前的评估材料、结论和相关建议，审核机构的改进情况。如果该机构的改进已经在实质上符合 ESG 的标准，专家小组则向 ENQA 董事会提交后续跟进评估报告，由 ENQA 向被评机构发送结论。

最后，针对高等教育外部质量保障机构的改进尚未达到 ESG 标准的方面，专家小组与高等教育外部质量保障机构相关人员进行讨论与协商，以制定新的可行的解决方案，并撰写评估报告呈交 ENQA 董事会，ENQA 董事会将根据专家小组的报告决定是否授予被评机构正式成员资格。

此外，对于高等教育外部质量保障机构而言，后续跟进是介于两次周期性评估的"非正式"评估。因此，它在本质上也是周期性的。高等教育外部质量保障机构正确对待且积极迎接后续跟进在一定程度上有助于为下一轮评估获取良好的结论。

3.3　本章小结

本章分析了欧洲高等教育外部质量保障机构发展的有效性，具体体现在两个方面。第一，从发展现状来看，欧洲高等教育外部质量保障机构分布广泛，组织属性多样，行动目的明确，且运行机制完善，体现了内部合法性。第二，从外部监督来看，欧洲高等教育外部质量保障机构接受 ENQA 的元评估，评估内容涉及原因、目的、标准、程序、结果以及后续跟进等 6 个方面,体现了外部合法性。

上述研究表明,欧洲高等教育外部质量标准机构的发展离不开 ESG 这一欧洲"软法"。同时,ENQA 对这些机构进行元评估时也普遍遵循 ESG 提供的标准。斯登萨克认为,欧洲应将 ESG 视为欧盟治理框架的一部分。[①] 特别是在高等教育领域,由于缺乏实施具有约束力的法规的可能性,各种自愿的方法是唯一的出路。ESG 在一定程度上可以被视为无政府的一种治理形式,并且是一种通过组织措施降低风险的方式。一方面多元利益相关者都可能参与标准的制定和修订,另一方面后续跟进的实施意味着高等教育外部质量保障过程具有开放性和动态性。[②] 事实上,ESG 作为一个普适的框架,其影响力不仅涉及高等院校和高等教育外部质量保障机构,还包括国家政府部门。ESG 缺少对特定评估和评估方法的偏爱,其一方面与国际化、透明化以及欧洲高等教育区紧密结合,另一方面又兼顾高等教育的国家特征、目标和责任。[③] 这种兼容趋同性和差异性的二维特征既能使利益相关者对如何进行高等教育质量保障过程有共同的理解,同时又考虑到国家和高等教育外部质量保障机构的特殊性。

为深入分析欧洲高等教育外部质量保障机构的趋同性和差异性,有必要考察这些机构对 ESG 整体以及具体指标的符合程度的变化,以便挖掘高等教育外部质量保障机构发生变化的具体原因。在接下来的两章中,本书将分别对欧洲高等教育外部质量保障机构的趋同性和差异性进行深入分析。

① Stensaker B, et al. The impact of the European standards and guidelines in agency evaluations [J]. European Journal of Education, 2010, 45(4):577-587.

② Djelic M, Sahlin-Anderson K. Transnational governance: Institutional dynamics of regulation [M]. Cambridge: Cambridge University Press, 2006.

③ Huisman J, Currie J. Accountability in higher education: Bridge over troubled water? [J]. Higher Education, 2004, 48(4):529-551.

4 欧洲高等教育外部质量保障机构的趋同演化

4.1 欧洲高等教育外部质量保障机构的动态趋同化

4.1.1 整体层面的趋同发展

（1）第一轮评估

在第一轮评估中，ENQA 对 35 个欧洲高等教育外部质量保障机构使用了 ESG 2005 标准以评估它们的符合程度（见附录 5）。各机构较多地获得"完全符合"与"大部分符合"的结论，趋同程度较高：EKKA 和葡萄牙高等教育评估和认证局（Agency for Evaluation and Accreditation of Higher Education，简称 A3ES）对 ESG 2005 标准达到了完全遵循的程度，在评审专家小组给出的评估结果中，8 个指标的结论均为"完全符合"；克罗地亚科学和高等教育局（Agency for Science and Higher Education，简称 ASHE））等 6 个机构也高度符合 ESG 2005 标准，有 7 个指标均获得"完全符合"的结论；一些机构虽然获得的"完全符合"的指标数量小于 7，但没有任何指标被评为"部分符合"或"完全不符合"，例如保加利亚国家评估与认证局（National Evaluation and Accreditation Agency，简称 NEAA）和 ARACIS 等。

此外,ENQA 对 12 个欧洲高等教育外部质量保障机构使用了 ESG 2015 标准以评估它们的符合程度(见附录 6)。相较于 ESG 2005 标准下的评估结果,欧洲高等教育外部质量保障机构整体上向 ESG 2015 标准趋同的程度较低,各机构获得"完全符合"这一结论指标数量并不是特别突出:获得最多"完全符合"结论指标数量的机构为芬兰教育评估中心(Finnish Education Evaluation Centre,简称 FINEEC),该机构有 5 个指标完全符合 ESG 2015 标准;大部分机构的评估结果中没有"部分符合"或"完全不符合"的结论,例如瑞士认证和质量保障局(Swiss Agency of Accreditation and Quality Assurance,简称 AAQ)和拉脱维亚学术信息中心(Academic Information Centre,简称 AIC)等。

(2)第二轮评估

在第二轮评估中,ENQA 对 18 个欧洲高等教育外部质量保障机构使用了 ESG 2005 标准以评估它们的符合程度(见附录 7)。各机构较多地获得"完全符合"与"大部分符合"的结论,趋同程度较第一轮而言有所提高:将近半数的高等教育外部质量保障机构的指标高度符合 ESG 2005 标准,例如 ASIIN、QAA 和法国工程职称委员会(Commission des Titres d'Ingenieur,简称 CTI)等 8 个机构均至少有 7 个指标被专家小组评为"完全符合",并且都没有指标被评为"部分符合",其中有两个机构在所有指标上都被评为"完全符合";一些机构虽然整体符合程度不高,但没有指标被评为"部分符合"和"完全不符合",如波兰认证委员会(Polish Accreditation Committee,简称 PKA)。

此外,ENQA 对 17 个欧洲高等教育外部质量保障机构使用了 ESG 2015 标准以评估它们的符合程度(见附录 8)。所有机构在第二轮评估中采用的标准与第一轮不同,但是多数在第一轮评估中采用 ESG 2005 标准的机构在第二轮中表现出高度遵循 ESG 2015 标准。例如,比利时高等教育质量保障局(Agency for Quality Assurance in Higher Education,简称 AEQES)、ASHE 和 A3ES,它们所有的指标都"完全符合"ESG 2015 标准,EKKA 和爱尔兰质量及资历评审机构(Quality and Qualifications Ireland,简称 QQI)也获得 6

个"完全符合"与 1 个"大部分符合"的结论。

(3)第三轮评估

在第三轮评估中,仅 NAA 接受 ESG 2005 标准的评估,其整体符合程度较第二轮评估有了一定的提升。除此之外,ENQA 对 19 个欧洲高等教育外部质量保障机构使用了 ESG 2015 标准以评估其符合程度(见附录9)。与第二轮评估相比,欧洲高等教育外部质量保障机构的整体趋同程度进一步提高:一些机构高度符合了 ESG 2015 标准下的 ENQA 正式成员要求,例如 QAA和 CTI 在所有指标上都被专家小组评为"完全符合",而 ANECA 等 3 个机构也都有 6 个"完全符合"与 1 个"大部分符合"的结论;大多数机构在"完全符合"的指标方面表现一般,但是所有指标都被专家小组评为至少"大部分符合"ESG 2015 标准,例如德国国际工商管理认证基金会(Foundation for International Business Administration Accreditation,简称 FIBAA)。

总体而言,在向欧洲高等教育质量保障趋同发展的过程中,欧洲高等教育外部质量保障机构存在以下两种情况。第一,持续保持高度趋同。这种情况又可以分为两种类型:一种是,与以往相比,高等教育外部质量保障机构整体符合 ESG 的程度不变,具体指标的符合程度也没有发生显著变化,例如 QAA和 CTI;另一种是,尽管具体指标符合 ESG 的程度发生了"此升彼降"的变化,但是整体上高等教育外部质量保障机构的符合程度没有发生改变,例如荷兰和弗兰德地区鉴定组织(Accreditation Organization of the Netherlands and Flanders,简称 NVAO)和 CTI。第二,符合程度由低升高。这种情况可以通过两个维度观察:一个维度是,在同一种标准下,高等教育外部质量保障机构的趋同程度随着元评估的实施不断提升;另一个维度是,高等教育外部质量保障机构对 ESG 2015 标准的符合程度高于 ESG 2005 标准。

4.1.2 具体指标层面的趋同发展

在进一步研究欧洲高等教育外部质量保障机构趋同性产生的基础之前,我们有必要深入分析整体上这些机构对 ESG 各项指标的趋同性的变化。此分析有助于我们发现欧洲高等教育外部质量保障机构在 ESG 的哪些指标上更容易向欧洲趋同。根据数据统计结果,欧洲高等教育外部质量保障机构在指标上的趋同涉及两个维度:一个维度是单个高等教育外部质量保障机构对 ESG 指标的趋同,即局部的视角;另一个维度是所有高等教育外部质量保障机构对 ESG 指标的趋同,即整体的视角。这两个维度有助于我们系统全面地把握欧洲高等教育外部质量保障机构的趋同性。

(1)单个高等教育外部质量保障机构对 ESG 指标的趋同

比较不同评估周期下,单个高等教育外部质量保障机构对 ESG 各项指标符合程度的变化,能够把握其趋同发展情况。然而,在比较和分析数据时我们发现,第一轮评估就已经采用 ESG 2015 标准的高等教育外部质量保障机构尚未接受第二轮评估,而在第二轮评估中采用 ESG 2015 标准的机构尚未接受第三轮评估,基于同类相比的原则,本书只分析单个高等教育外部质量保障机构对 ESG 2005 标准的指标的趋同变化。

在 ESG 2005 标准下,单个高等教育外部质量保障机构对 ESG 指标的趋同情况如表 4-1 所示。其中,ARACIS 有 4 个指标从"大部分符合"提升为"完全符合"。因此,在第二轮评估中,该机构所有指标均"完全符合"ESG 2005 标准。QAA 也在第二轮评估中进一步向欧洲高等教育外部质量保障趋同,并"完全符合"ESG 2005 标准。此外,西班牙加泰罗尼亚大学质量保障局(Catalan University Quality Assurance Agency,简称 AQU)和德国卫生和社会科学专业认证局(Accreditation Agency for Study Programmes in Health and Social Sciences,简称 AHPGS)的趋同性均大幅度提升。在所有指标中,高等教育外部质量保障机构对官方地位(ESG 3.2)和使命宣言(ESG 3.5)这两个指标的符合程度整体高于其他指标,因此具备较少的趋同空间,均只有一个高等教育外部质量保障机构发生了趋同变化。此外,NAA 是唯一一个接受在第三评估中采用 ESG 2005 标准的机构。在第三轮评估中,该机构在独立性(ESG 3.6)指标上的趋同程度有一定的提升。

表 4-1　ESG 2005 标准下趋同性升高的单个高等教育外部质量保障机构

ESG 3.1	ESG 3.2	ESG 3.3	ESG 3.4	ESG 3.5	ESG 3.6	ESG 3.7	ESG 3.8
HAC、AQU、AHPGS	ZEvA	ANECA、ARACIS、AQU、CTI	ANECA、ARACIS、EVALAG、AQU	AQU	ANECA、ARACIS、QAA、ACSUG、AHPGS、NAA	ARACIS、AQU、QAA、AHPS	NVAO、PKA、AHPGS

（2）所有高等教育外部质量保障机构对 ESG 指标的趋同

分析所有高等教育外部质量保障机构对 ESG 指标的趋同,有助于我们深刻认识欧洲高等教育质量保障政策及其相关工具的实施效果。不仅能够在一定程度上预测博洛尼亚进程未来的发展方向,还能够帮助我们理解欧洲层面的政策及其相关工具向机构层面扩散的路径,以及在这一过程中产生的一些挑战。

根据表 4-2,在 ESG 2005 标准下,所有高等教育外部质量保障机构在第二轮评估中的整体趋同性较第一轮高,各指标均比较容易被欧洲高等教育外部质量保障机构遵循。尤其是独立性(ESG 3.6)指标,它是唯一一个所有高等教育外部质量保障机构都"完全符合"的 ESG 2005 标准的指标。这反映了各国政府通过立法积极推动本国高等教育外部质量保障机构建设与发展的决心和行动。与第二轮评估结果相比,第一轮评估中获得"完全符合"的机构比例更高。但是比较两轮"完全符合"与"大部分符合"的均值之和后我们发现,第二轮评估的均值更高,这表明 ESG 存在较大的解读空间,并且高等教育外部质量保障机构在遵循 ESG 时具有一定的弹性空间。

表 4-2　所有高等教育外部质量保障机构基于 ESG 2005 标准的趋同性变化

指标	评估周期			
	第一轮		第二轮	
	完全符合	大部分符合	完全符合	大部分符合
ESG 3.1	40%	57.1%	3.3%	6.6%
ESG 3.2	97.1%	0	94.4%	5.5%
ESG 3.3	80%	20%	100%	0
ESG 3.4	57.1%	28.5%	72.2%	16.6%
ESG 3.5	80%	17.1%	72.2%	27.7%
ESG 3.6	62.8%	25.7%	61.1%	27.7%
ESG 3.7	42.8%	54.2%	50%	27.7%
ESG 3.8	54.2%	2.8.5%	61.1%	33.3%

　　根据表 4-3,在 ESG 2015 标准下,所有高等教育外部质量保障机构在元评估中的整体趋同程度持续升高。有两个指标被所有高等教育外部质量保障机构完全遵循,分别为官方地位(ESG 3.2)和周期性外部评审(ESG 3.7),反映了欧洲高等教育外部质量保障机构将寻求国内国际合法性地位放在优先位置,同时也表明完全遵循这两个指标的难度较低。在第一轮评估中,外部质量保障活动、政策和过程(ESG 3.1)与主题分析(ESG 3.4)这两个指标均没有被专家小组评为"完全符合",表明在 ESG 2015 标准下,高等教育外部质量保障机构面临的最大挑战是实施高等教育外部质量保障活动以及对这些活动进行分析。两者的区别在于,外部质量保障活动、政策和过程(ESG 3.1)"完全符合"与"大部分符合"之和明显高于主题分析(ESG 3.4)的数值。其余指标获得"完全符合"的比例偏低,但是大部分符合的比例较高,如内部质量保障和专业指导(ESG 3.6)。

表 4-3　所有高等教育外部质量保障机构基于 ESG 2015 标准的趋同性变化

指标	评估周期					
	第一轮		第二轮		第三轮	
	完全符合	大部分符合	完全符合	大部分符合	完全符合	大部分符合
ESG 3.1	0	91.6%	47%	29.4%	38.8%	55.5%
ESG 3.2	100%	0	100%	0	1000%	0
ESG 3.3	41.6%	50%	76.4%	23.5%	77.7%	22.2%
ESG 3.4	0	58.3%	29.4%	44.1%	38.8%	38.8%
ESG 3.5	58.3%	41.6%	52.9%	47%	50%	44.4%
ESG 3.6	33.3%	66.6%	47%	41.1%	38.8%	50%
ESG 3.7	100%	0	100%	0	100%	0

4.2　基于语料库分析的趋同性基础

从评估报告的内容来看,专家小组将重点放在了对高等教育外部质量保障机构"部分符合"或"完全不符合"ESG 具体指标的原因分析与对策之上;对于"大部分符合"或"完全符合"ESG 指标的情况,专家小组仅围绕不同方面论证其符合程度,即未涉及产生趋同性基础的分析。可以说,ENQA 对高等教育外部质量保障机构的元评估是一种诊断性质的评估,促进高等教育外部质量保障机构向 ESG 的趋同是元评估的关键目标。鉴于本书在推进中存在一定的现实难度,尤其是对 ENQA 以及欧洲各国高等教育外部质量保障机构的人员进行访谈等质性研究的可操作性不强,为探究高等教育外部质量保障机构的趋同性基础,本书采用语料库软件对大量相关文本进行语料库驱动分析。语料库驱动分析是结合定量和定性分析的研究方法,主要涉及以下步骤:①选取特定的节点词(即文本的关键主题词①),并对它们进行语义分析;②提取每

---

①　关键主题词,是指在多篇相关主题文本中以主题词形式重复出现的词,复现次数越多,关键性越强。参见:曾亚敏.对外政策话语建构的语料库驱动分析方法——以美国奥巴马政府的对外政策话语为例[J].社会主义研究,2018(2):141-151.

一类节点词的显著搭配词,分别挖掘其典型搭配模式;③分析节点词的显著搭配词的语义特征,以识别和归纳其语义表达趋向;④结合搭配词计算与索引行分析,解读扩展意义单位表达的涵义和观点。

具体的文本数据分析过程如下。首先,下载 ENQA 官方网站上的公开出版物,以及欧洲高等教育区与博洛尼亚进程官方网站上与高等教育质量保障相关的报告,获得 128 份文本作为语料库分析的数据,删去不必要的信息,自建欧洲高等教育外部质量保障机构语料库。其次,对文本数据进行预处理:①利用 Python 将下载的文本由 PDF 格式转换成 TXT 格式;②使用正则表达式对 TXT 文本进行数据清洗,如处理文本内容中的正常断行;③将 TXT 文本改为 ANCI 编码格式。再次,利用 BFSU Powerconc 1.0 对文本数据进行分析。该软件具有三大优势。第一,能够在海量中英文文本数据中提取一个及以上的关键词组,为进一步分析提供基础。第二,能够自动分析某关键词组左右两侧的高频度和高关联度的搭配词,从而突出文本的内容重点。鉴于语料库软件无法过滤所有偶然搭配词,笔者在提取显著搭配词时手动删除了不具有实际意义的功能词。第三,索引行分析展示了相当直观的上下文语境和具体的语言例证,使得研究者能够定性地分类概括搭配词的语义特征,把握其语义趋向,全面客观地掌握语义韵。

通过 BFSU Powerconc 1.0 分析发现,欧洲高等教育外部质量保障机构趋同性的基础主要包括以下 4 个方面:第一,欧洲高等教育外部质量保障机构对多个试点项目的探索,以及推广试点项目中的良好经验;第二,欧盟为欧洲高等教育质量保障趋同发展提供财政支持和政策引导;第三,各国政府在欧洲高等教育质量保障进程中的角色参与和共识构建;第四,博洛尼亚进程对欧洲高等教育外部质量保障机构的使命赋予和标准制定。下文分别对以上 4 个方面进行具体分析。

4.2.1 欧洲高等教育外部质量保障机构自身的实践探索和经验共享

20 世纪 80 年代以前,欧洲各国对于高等教育外部质量保障的关注较为欠缺。最初,政府以筛选不合格的高等院校、专业或项目为目标,提出一系列认证计划。其后,随着高等教育扩张以及公共支出紧缩的双重影响,20 世纪 80—90 年代,多数欧洲国家逐渐引入不同的高等教育外部质量保障政策,对高等院校实施绩效问责以及质量管控,问责成为高等教育外部教育质量保障的核心。这一时期,高等教育外部质量保障的做法基本上由各国政府或相关机构主导进行,跨国的高等教育外部质量保障合作偶有发生。

欧洲的高等教育外部质量保障在相当长的一段时间内一直处于不断变化的状态。已知的一个重要起点是,欧洲的高等教育外部质量保障最初是在一些先锋国家(英国、法国、荷兰和丹麦)的国家层面建立的,随后于 20 世纪 90 年代中期开始在欧洲层面进行各类高等教育外部质量保障试点。[①] 大多数欧洲国家的高等教育外部质量保障机构是在 20 世纪 80 年代末或 20 世纪 90 年代初建立的,这些机构有兴趣与其他同行建立联系,通过比较彼此的活动方式来交换信息和良好实践。[②] 试点期间的基本目标是推动各国高等教育外部质量保障机构之间的政策交流、学习与借鉴,尤其是关于高等教育外部质量保障的方法及其跨地理边界的应用。

可以说,博洛尼亚进程正是吸收了持续进行的高等教育外部质量保障活动的经验,来实现提高学位、学生流动性以及相互认可的目标。在试点项目探索期间,高等教育外部质量保障机构对于欧盟理事会的参与并没有产生很高的热情。随着欧盟理事会资助了一些针对评估方法的研究并尝试在一些学科

---

① Vught F A V, Westerheijden D F. Towards a general model of quality assessment in higher education[J]. Higher Education, 1994, 28(3): 355-371.

② Ala-Vahala T, Saarinen T. Building European—level quality assurance structures: Views from within ENQA[J]. Quality in Higher Education, 2009, 15(2):89-103.

建立共同评估的试点项目后,各高等教育外部质量保障机构之间为强化关联,在经费上对欧盟理事会的需求明显提升。由于欧盟理事会和各国高等教育外部质量保障机构都致力于通过加强欧洲合作提升高等教育质量,高等教育外部质量保障机构和后来成立的欧洲高等教育质量保障网络之间实施了共同的活动。但是从目标上看,欧盟理事会与各国高等教育外部质量保障机构分别从事着两个平行的进程:欧盟理事会的目标是为各类试点评估制定共同的、普遍使用的"行动大纲",而高等教育外部质量保障机构的合作动机则来源于互相学习。

从 ENQA 的角度来看,欧盟理事会将各国高等教育外部质量保障机构凝聚在一起。[1] 在博洛尼亚进程正式推进以前,欧盟理事会与其他区域性和国际性组织在促进欧洲高等教育外部质量保障机构的发展上起到了重要作用,并且通过一些试点项目促使各种高等教育外部质量保障手段在不同国家的实现与发展,最终产生欧洲高等教育外部质量保障机构及其运行程序相比于其他区域、国家高等教育外部质量保障机构及其运行程序更为复杂的局面。

欧洲高等教育外部质量保障机构的生存压力解释了为什么它们试图通过加入 ENQA 来加强其合法性的原因。各机构之间相互认可对欧洲高等教育要素的流动以及终身学习等目标的实现十分重要,相互承认高等教育外部质量保障实践是相互承认学位、学历和课程等的先决条件。为维持欧洲高等教育区教育水准的一致性,同时回应本土现实特征,高等教育外部质量保障机构成为欧洲高等教育一体化进程的关键节点,而连接这些关键节点的则是 ESG。积极参与高等教育质量保障程序,特别是高等教育外部质量保障程序,可以提升欧洲高等教育系统的质量,并增加其透明度,从而有助于建立和增进相互信任。当前,受新公共管理主义的影响,在国际交流合作增进的促进下,高等教育外部质量保障的市场管理角色日益凸显。因此,面对博洛尼亚进程中提升国际化和竞争力的诉求,欧洲高等教育外部质量保障机构如何以不同

---

[1]　Ala-Vahala T, Saarinen T. Building European-level quality assurance structures: Views from within ENQA[J]. Quality in Higher Education,2009,15(2):89-103.

的行动达成目标并整合不同的行动，是所有机构需要解决的一个挑战，而解决这一挑战需要这些机构持续探索实践，并共享彼此的经验。

4.2.2 欧盟的财政支持和政策引导

欧洲层面存在的多个政治力量对欧洲高等教育质量保障产生不同程度的影响。影响力较弱的政治力量可以追溯到 20 世纪 50 年代，当时欧洲煤钢共同体(European Coal and Steel Community)就已萌生合作建立"欧洲大学"的主张，之后在建立欧洲一体化市场的过程中，各国即加强高等教育方向的交流合作。① 在所有同类型超国家组织中，对欧洲高等教育质量保障的探索与发展产生最大影响的政治力量非欧盟莫属。它对 ENQA 实施的一系列积极干预成为欧洲高等教育外部质量保障机构呈现趋同性的一个基础。

传统上，欧洲高等教育领域的发展和政策制定均是各个国家的使命。欧盟成立之初，《欧盟联盟条约》和《欧盟宪法条约草案》规定将高等教育领域的统一与合作事宜继续保留给各成员国②，而欧盟在该领域仅具有有限的法律基础与财政资源。然而，1992 年颁布的马斯特里赫特条约(Treaty of Maastricht)加强了欧盟参与高等教育事宜的合法性。2005 年，在卑尔根举行的教育部长会议上，确定了欧盟委员会在打造欧洲高等教育区进程中的中心地位。瑞秋·基林(Rachel Keeling)指出，许多与博洛尼亚进程倡议相关的主流解决方案首先是由欧盟委员会制定的。③ 随着博洛尼亚进程的不断推进，欧盟急需在其成员国间构建一个兼容和透明的高等教育质量保障系统。换句话说，虽然欧盟对成员国的高等教育政策没有直接的发言权，但具体政策可能

---

① 陈天. 欧洲高等教育质量保障政策的变化与挑战——基于博洛尼亚进程的影响[J]. 齐鲁师范学院学报，2013,28(5):37-40,49.

② European Parliament. Treaty of Amsterdam amending the treaty on European Union, the treaties establishing the European Communities and certain related acts. [EB/OL]. [2019-08-18]. http://www.europarl.europa.eu/topics/treaty/pdf/amst-en.pdf.

③ Keeling R. The Bologna process and the Lisbon research agenda: The European Commission's expanding role in higher education discourse[J]. European Journal of Education, 2006, 41(2):203-223.

在欧盟委员会的支持下,通过博洛尼亚进程间接启动。

最初,ENQA 是一项由欧盟苏格拉底项目(Socrates Program)资助的计划。当时,它被称为欧洲高等教育质量保障网络(European Network for Quality Assurance in Higher Education),这是其首字母缩写词的来源。1998年 9 月,欧盟理事会在"98/561/EC"(Council Recommendation of 24 September 1998 on European Cooperation in Quality Assurance in Highter Education)报告中就高等教育质量保障方面的欧洲合作提出了初步构想,建议理事会成员国支持或构建"兼容且透明的高等教育质量保障系统",并设想了高等教育质量保障体系的一些共同特征。与此同时,欧盟理事会还提出在高等教育外部质量保障机构之间建立合作和关联的目标,具体包括:①鼓励和加强信息与经验的交流,尤其是对良好实践的传播;②重视权威人士的专业意见和建议;③对期望实施跨境高等教育质量保障合作的高等院校给予支持;④加强与国际专家的直接联系。

蒂莫·阿拉瓦哈拉(Timo Ala-Vahala)和塔伊纳·沙里宁(Taina Saarinen)认为,ENQA 在短期内由高等教育外部质量保障机构的政策舞台演变为欧洲高等教育质量保障和博洛尼亚进程的政策参与者并非不言而喻的,它的竞争获胜离不开欧盟理事会提供的人力、财力支持,欧盟理事会在欧洲质量保障体系内及其作用的发展中一直并将继续发挥相当强大的作用。[①] 事实上,ENQA 并不是在欧洲高等教育外部质量保障中发挥作用的唯一竞争者。例如,EUA 在高等教育质量保障方面具有长期经验,并且在该领域也有自己的利益,与 ENQA 之间存在一定的竞争关系,而 ENQA 之所以能够发展为当前欧洲高等教育质量保障政策的制定者,很大程度上是欧盟大力推动欧洲层面合作以及透明政策的结果。

高等教育外部质量保障机构的联网和欧洲超国家政府的推动,为 2000 年在欧盟理事会主持的一次会议上建立 ENQA 提供了强大的动力。随后,欧盟

---

① Ala-Vahala T, Saarinen T. Building European-level quality assurance structures: Views from within ENQA[J]. Quality in Higher Education, 2009, 15(2):89-103.

基于一定的假设提出"知识经济"(knowledge-based economy)这一概念。该假设认为,通过对彼此独立的社会子系统的统筹,在经济发展与高等教育改革之间建立特定的关联,由此产生强大的协同效应,最终使欧盟在全球经济竞争中居于领先地位。因此,提升欧洲竞争力成为欧洲高等教育外部质量保障行动的重要诉求之一。在全球化背景下,高等教育要素的跨境流动日益频繁,愈来愈多的高等院校希望在国际市场上塑造良好的形象,这就促使它们接受各种高等教育外部质量保障服务,向外界展示自身的地位与声誉,以便在全球高等教育市场中实现更多资源的有效流动。

欧盟理事会对高等教育外部质量保障机构的干预加速了 ENQA 的形成与规范。随着欧盟理事会不断地为有关欧洲高等教育质量保障的各类实践探索注入资金,高等教育外部质量保障机构之间的合作变得越来越具有组织性。渐渐地,高等教育外部质量保障机构共同体的准入标准也变得更加严格,因此 ENQA 从最初的开放网络转变成相对排外的协会。不仅如此,作为博洛尼亚后续小组的正式成员,欧盟理事会还为之后 EQAR 的建立提供了启动资金,并成为这一项目中唯一的非国家成员。

4.2.3　国家政府的角色参与和共识构建

进入 20 世纪以后,欧洲高等教育的中心位置、竞争力与国际声誉逐渐被美国取代,甚至被澳大利亚和加拿大等国家超越。面对危机,欧洲各国政府意识到必须加强区域内的协作,整合欧洲高等教育资源,积极回应欧洲高等教育改革,以此改变被其他区域超越的状态,并重塑欧洲高等教育往日的辉煌。就高等教育外部质量保障而言,正如 2002 年欧洲理事会在巴塞罗那号召的那样,"要让欧洲成为全球高等教育质量的基准"①。

---

① European Parliament and Council. Recommendation of the European Paliament and of the Council of 15 February 2006 on further European cooperation in quality assurance in higher education (2006/143/EC)[EB/OL]. [2019-12-22]. https://eur-lex. europa. eu/LexUriServ/LexUrisev. do? uri =OJ:L:2006:064:0060:0062:EN:PDF.

从治理形式的角度来看,博洛尼亚进程并非直接的欧盟行动,而是政府间的发展成果,高等教育外部质量保障的"欧洲趋同"在博洛尼亚进程启动的前15 年是难以想象的。[①] 作为欧洲高等教育外部质量保障行动的重要诉求之一,问责制度是新自由主义政府治理模式中的一个"政治策略",该策略的核心在于通过制定一系列的价值和准则,使得高等教育外部质量保障机构能够对高等院校的行为和能力进行一定的合法干预,从而使政府达到既能够"放松规制"(de-regulation)又能够"重新规制"(re-regulation)的远距离控制高等院校的模式。[②] 以问责为导向的高等教育改革很快赢得了广泛的社会支持,为引入高等教育外部质量保障机制提供了一定的合法性,并激发了各种高等教育外部质量保障手段的产生。[③] 而高等教育外部质量保障机构则成为欧洲各国试图控制高等教育、确保其趋同化的一个政治工具。早在 20 世纪 80 年代,一些欧洲国家政府就意识到,整个欧洲已经在进行高等教育外部质量保障机构间的合作,共同发展这种行动将是有益且必要的,从而为欧洲高等教育领域的改革奠定了基础,使得这种合作能够更容易的进行。因此,一些国家决定采取共同行动,并自愿开启了这一制度趋同进程。1998 年,在伊拉斯谟计划(Erasmus Programme)启动 11 年后,法国、意大利、德国和英国的教育部部长们在索邦大学签署了第一份联合声明——《索邦宣言》(Sorbonne Declaration)。这种以政府间协议为基础、由政府推动的趋同进程,很容易与以高等教育外部质量保障机构间的交流为基础、由欧盟推动的合作活动重叠,并在很大程度上有助于推进这些活动。

自《博洛尼亚宣言》签署后,高等教育外部质量保障作为欧洲高等教育区的基石越来越被各国政府所认可,这可以通过加入博洛尼亚进程的成员国数

① Huisman J, vander Wende M. The EU and Bologna: Are supra-and international initiatives threatening domestic agendas? [J]. European Journal of Education, 2004(3):349-357.

② Wright S S. Audit culture and anthropology: Neo-liberalism in British higher education[J]. Journal of the Royal Anthropological Institute, 1999, 5(4):557-575.

③ Blanco-Ramirez G. International accreditation as global position taking: An empirical exploration of U. S. accreditation in Mexico[J]. Higher Education, 2015, 69(3):361-374.

量的增加来反映。虽然 ESG 是以 ENQA 为主导的"E4"组织在欧洲一级制定，并在博洛尼亚进程框架内通过的，但高等教育外部质量保障的责任始终由各个国家承担。ESG 对欧洲从事高等教育外部质量保障领域的所有机构而言，既是机遇，也是挑战。一方面，这些高等教育外部质量保障机构第一次能够以明确定义的欧洲层面的标准（即 ESG）为自己的基准。另一方面，ESG 也向各高等教育外部质量保障机构提出了一项挑战，即如何与它们的欧洲邻国合作。ESG 本身就为各国解释高等教育外部质量保障预留了大量空间，各国根据自身的情况解释和执行这些标准。具有较强弹性的解释权为加强各国政府参与 ENQA 提供了大量机会和必要性。各国教育部部长们通过参加两年一轮的部长级会议以及其他与博洛尼亚进程相关的会议与 ENQA 建立紧密关联，加深了各国对彼此质量观念和行动的理解。同时，各国政府还制定了一系列具体的法律与政策，并使其成为高等教育外部质量保障机构向欧洲趋同的重要基础之一。

（1）通过立法建立高等教育外部质量保障机构

各国政府与 ENQA 建立紧密关联的基本途径是在本国成立具有合法性的高等教育外部质量保障机构。在《博洛尼亚宣言》的引导下，各国政府纷纷制定或修改本国法律，并根据新的法律设立或重组大批新的高等教育外部质量保障机构。这些机构一旦申请通过 ENQA 的成员资格，就能够为本国高等教育外部质量保障带来诸多好处，而 ENQA 作为这类机构的"中央管理组织"，其影响范围也将随着成员机构数量的不断增多而扩大。随着高等教育的加速发展，高等教育外部质量保障体系的功能不断加强，欧洲高等教育外部质量保障机构的数量显著增加。最初签署《博洛尼亚宣言》的国家仅有少数拥有高等教育外部质量保障体系，而拥有高等教育外部质量保障机构的更是屈指可数。然而，截至 2019 年底，欧洲高等教育区至少有 33 个国家建立了高等教育外部质量保障机构。[①]

---

① ENQA. Members' interactive map[EB/OL]. [2019-10-26]. https://enqa.eu/index.php/members-area/members-interactive-map/.

（2）督促高等教育外部质量保障机构接受元评估

从目的上来说，一些政府最初建立高等教育外部质量保障机构是保证国家内部高等教育质量改革的顺利推进。例如，挪威在博洛尼亚进程发起之前就已经启动了本国广泛而深入的高等教育外部质量改革。在挪威教育部部长签署《博洛尼亚宣言》之后，挪威政府顺势引入了欧洲层面的高等教育外部质量保障政策。最初，挪威政府建立 NOKUT 的目的主要是解决国内高等院校身份认证等问题，而提高高等教育国际化或加强学生流动性并不是挪威高等教育外部质量保障的主要目的。受国家内部教育体量限制，早在 20 世纪 50年代，挪威已经有 50% 的学生通过海外留学来接受高等教育。[①] 可以说，挪威高等教育质量的国际化程度早已不是高等教育改革的核心任务。然而，随着欧洲高等教育外部质量保障的发展以及 ESG 的制定，挪威教育与研究部要求NOKUT 接受基于 ESG 的元评估，这一任务于 2008 年被委托给 NIFU。随后，NIFU 邀请了 5 名国内和国际专家对 NOKUT 进行元评估，最终制定了两份报告，并提交给 ENQA 理事会，ENQA 理事会通过两份报告重新确定了NOKUT 的正式成员资格。从内容的全面性来看，挪威教育与研究部委托NIFU 制定的这两份评估报告比 ENQA 考察高等教育外部质量保障机构成员资格所作的元评估更为详尽，反映了挪威政府在建立本国高等教育外部质量保障机构与 ENQA 之间互动的推动作用，也反映了挪威政府对于 ENQA这一欧洲层面的超国家组织的高度重视。

ENQA 的一个关键目标就是促进所有利益相关者对高等教育外部质量保障的共同理解。博洛尼亚进程基于自我承诺的原则，使得 ESG 的实施在高等教育政策中处于国家政策措施的首位。从社会学新制度主义理论的视角来看，实现高等教育外部质量保障决策相互认可的可能性以及学生在欧洲境内流动的愿景，将迫使各签署国在其国家体系内实施 ESG，而这种压力将进一

① Gornitzka A. What is the use of bologna in national reform? The case of the norwegian quality reform in higher education [M]//Tomusk V. Creating the European area of higher education. Dordrecht：Springer，2006：19-42.

步转移到各国高等教育外部质量保障机构的行动中。

4.2.4 博洛尼亚进程的使命赋予和标准制定

从 1999 年的 29 个签署国,到 2015 年白俄罗斯的加入,博洛尼亚进程已有 48 个成员国①,席卷整个欧洲。由于博洛尼亚进程的终极目标是提高和巩固欧洲高等教育的全球吸引力和竞争力,实施高等教育外部质量保障措施是欧洲高等教育一体化进程中的应有之举。然而,作为博洛尼亚进程中一项关键的政治承诺,欧洲层面高等教育外部质量保障并不具有法律约束力,顶多称得上"软法",需要在国家层面得到执行。为推动各国高等教育改革,博洛尼亚进程建立了欧洲层面的监督机构和机制,通过设立博洛尼亚进程后续小组对以往教育部长会议所达成的公约进行绩效评估,使各签署国的进展透明化。其中,通过绩效评估等监督机制考察高等教育外部质量保障机构是否遵循ESG 已成为一种无形的约束力,同时也成为评估各国落实博洛尼亚进程的要点。② 《博洛尼亚宣言》和后来的一系列政策均在不同程度上促进了欧洲高等教育外部质量保障体系的发展,图 4-1 反映了欧洲高等教育外部质量保障的区域整合由理念转变为政策、从宏观逐步深入中观和微观层面的持续变化过程。

作为高等教育外部质量保障机构趋同性的重要基础之一,博洛尼亚进程主要在两个方面起作用。第一,推动欧洲跨国力量的展现与规范。博洛尼亚进程中各国政府间的对话和所有超国家的政策形成一股强大的外力,对各国高等教育外部质量保障政策形成不同程度的影响。特别是具有规范作用的ESG 的制定,使得各国的高等教育外部质量保障政策须遵循这些标准和指南来实施。此外,EQAR 给高等教育外部质量保障机构的运作施加了进一步的约束作用,它们需要证明其自身建设以及运行符合区域规范,才能注册在案。

---

① University of Oslo. Bologna beyond 2020: From structural changes to common fundamental values [EB/OL]. [2019-12-22]. https://www.uio.no/om/aktuelt/rektorbloggen/2019/bologna-beyond-2020-from-structural-changes-to-com.html.

② 陈天. 欧洲高等教育外部质量保障政策的变化与挑战——基于博洛尼亚进程的影响[J]. 齐鲁师范学院学报,2013,28(5):37-40,49.

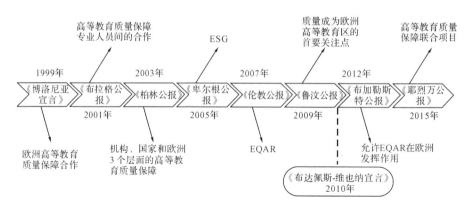

图 4-1　欧洲层面主要的高等教育质量保障政策

第二,变更欧洲高等教育外部质量保障机构的功能。对于参与博洛尼亚进程的国家而言,高等教育外部质量保障机构问责与改进的功能依然受到高度关注,而为了让高等教育外部质量保障机构的决策具有可比性和透明性,国际化也随着国际交流而日益受到重视。此外,欧洲高等院校也在持续提升其教学、研究和服务的质量,而不仅限于达到欧洲的基本水平,高等教育外部质量保障的目的也由监控转变为学生学习效果的提升。一旦博洛尼亚进程将"国际化""学习效果"这类理念传播给欧洲高等教育外部质量保障机构,它们在实施过程中也会相应地改变具体的方式。这些可见的行动相比观念而言更容易被学习和效仿,从而引发高等教育外部质量保障机构的趋同。

　　总而言之,欧洲高等教育外部质量保障机构的趋同发展离不开机构自身的实践探索、欧盟的支持和驱动、政府的参与和引导以及博洛尼亚进程的一系列政策与行动的作用。此外,这 4 个方面相互关联,产生了一个具有明显趋同性的、复杂的欧洲高等教育外部质量保障系统。博洛尼亚进程有力地推动了欧洲高等教育一体化,各国积极参与欧洲高等教育区建设,在高等教育外部质量保障方面与其保持高度一致。① 在很大程度上,高等教育的国际化导致了

---

　　① Perellon J F. Analysing quality assurance in higher education: Proposals for a conceptual framework and methodological implications[M]// Westerheijden D F, Stensaker B, Rosa M J. Quality assurance in higher education. Dordrech:Springer,2007.

高等教育外部质量保障历史模式的过时。毕竟,那些模式是为了适应各国高等教育体系而制定的,难以很好地契合高等教育全球化发展的需求。从这个角度来看,ENQA 在将规范的高等教育质量保障模式推广到整个欧洲的过程中发挥了根本性的作用。然而,在遴选高等教育质量保障标准和指南的核心角色时,代表高等教育外部质量保障机构的 ENQA 并不是唯一的候选组织。与此同时,代表高等院校的 EUA 也在积极争取成为对欧洲各国高等教育质量保障实施 ESG 的负责机构。选择 ENQA 担任这一角色,一方面是因为各国教育部部长更熟悉 ENQA,并且 ENQA 与各国高等教育外部质量保障机构之间的关联也比 EUA 与这类机构之间的关联更强。另一方面则是因为 ENQA 与欧盟之间建立了密切的联系,并不断从后者获得经费支持。博洛尼亚进程从一开始就设立了一个协调机构——博洛尼亚后续小组,以便每两年组织进一步的教育部长会议,以此协调部长们之间的活动。后续小组邀请参与国的代表作为正式成员,同时邀请一些国际组织和高等教育主要利益相关者的代表作为协商成员加入教育部长会议,以扩大博洛尼亚进程的范围。此外,欧盟理事会最初以咨询者的身份加入后续小组,但不久就成为正式成员,在欧洲教育方案方面提供了宝贵的经验,并资助了该进程内的若干活动。

4.3 趋同演化的回报与风险

从欧洲高等教育外部质量保障机构的动态发展来看,这些机构向欧洲层面的趋同将会持续生效,并且随着欧洲高等教育区的不断建设,将会有更多已建立的或者新建的高等教育外部质量保障机构参与塑造"趋同"特征。尽管,从博洛尼亚进程的角度来看,高等教育外部质量保障机构的趋同发展对于推进欧洲高等教育一体化产生了广泛的影响,但是对于机构自身而言,趋同性对它们产生的影响要复杂得多。

4.3.1 降低欧洲高等教育外部质量保障机构的建设成本

趋同发展带来的首要影响是,有助于降低高等教育外部质量保障机构的建设成本。任何一个组织的建立与发展都要考虑投入产出比,即用较小的成本获取最大的收益。[1] 根据爱德华·A.斯内德(Edward A. Snyder)的交易经济学观点,对各种机构安排的选择始于对每项机构活动的成本的比较。[2] 在成本管理原则的指导下,建设高等教育外部质量保障机构,就是要使机构在成本管理与控制方面得到立法保证、组织保证、人员保证、财力保证、信息保证、技术保证、方法保证以及活动保证等(见图4-2),并尽可能降低这些因素的成本。总体而言,高等教育外部质量保障机构既要降低构建正式结构框架所需要的组织成本,也要降低组织的运行成本。本书认为,欧洲高等教育外部质量保障机构向 ESG 的趋同,有助于在不同程度上降低其组织成本和运行成本。

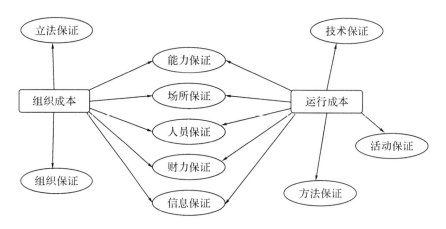

图 4-2　高等教育外部质量保障机构的组织成本和运行成本

(1)降低欧洲高等教育外部质量保障机构的组织成本

第一,考虑到 ESG 对高等教育外部质量保障机构的独立性提出了明确要求,因此向欧洲趋同意味着各国政府必须积极地为这些机构提供立法上的支撑,以保证其合法性。这使得高等教育外部质量保障机构降低了与政府在自

---

① 陈舒曙.组织工作须增强成本意识[J].领导科学,2018(6):47.

② Snyder E A. The costs of organization[J]. Journal of Law Economics & Organization, 1991, 7(1):1-25.

主权方面博弈的时间成本，与此同时，也为其申请成为 ENQA 的正式成员提供了前提条件。第二，高等教育外部质量保障机构的欧洲趋同降低了机构在组织结构、章程、使命和目的等组织保证方面的设计成本。第三，高等教育外部质量保障机构的欧洲趋同为其自我改进与反思提供了具有警示性的反面教材和可借鉴的良好实践，有助于降低机构的能力建设成本。第四，高等教育外部质量保障机构的欧洲趋同推动了它们之间的对话与合作，有助于降低工作场所的使用成本。第五，高等教育外部质量保障机构的欧洲趋同降低了内部员工培训和组建机构理事会的成本。第六，高等教育外部质量保障机构的欧洲趋同减少了探索自身建设所需的经费投入。第七，高等教育外部质量保障机构的欧洲趋同加强了机构与机构之间、机构与伞状组织之间以及机构与政府主管部门之间的对话，减少了所需要的信息成本。

（2）降低欧洲高等教育外部质量保障机构的运行成本

第一，趋同发展为高等教育外部质量保障机构在数据处理与分析等方面提供了参考价值，降低了其运行的技术成本。第二，高等教育外部质量保障机构在实施具体的活动过程中，形成了一套具有共识的程序，即自我评估—实地访问—评估结果—后续跟进"四步曲"，因此趋同发展有助于缩减高等教育外部质量保障活动的成本。第三，ESG 广泛适用于所有类型的高等教育外部质量保障行动，不论采取认证、评估、审核还是基准中的任意一种或多种方法，高等教育外部质量保障机构都可以参考 ESG 的标准，以减少开发高等教育外部质量保障方法所需的成本。第四，成熟的高等教育外部质量保障机构更具备生成良好实践的能力，从而为其他机构的能力建设节省一定的成本。第五，高等教育外部质量保障机构的欧洲趋同意味着这些机构在实地访问和后续跟进方面，可以参考其他成熟的机构的做法，避免对被评高等院校进行过度干扰，从而降低运行过程中的场所使用成本。第六，高等教育外部质量保障机构的欧洲趋同为开发国际专家数据库以及培养学生专家提供了政策、遴选以及参与效果等方面的参考价值，有助于降低运行过程中的专家人员安排成本。第七，趋同发展减少了高等教育外部质量保障机构运行过程中所需的经费投入，例如避免无效或者低效行动所产生的费用。第八,在倡导跨境高等教育外部质量保障服务的欧洲,趋同发展提高了某一高等教育外部质量保障机构为高等院校实施各类行动所产生的结论的可信度,减少了其他高等教育外部质量保障机构(境内或境外)再次实施具体行动时所需的信息成本。

4.3.2　促进欧洲高等教育外部质量保障机构的相互认可

在欧洲一体化的背景下,高等教育外部质量保障既是国家性的,也是区域性的。为满足欧洲高等教育快速发展和人才跨国流动的需求,各国有必要开展广泛的合作与交流,建立欧洲认可的、可比较的高等教育外部质量保障体系,以促进学位标准、学分互换和转移、职业认证以及信息共享的相互认可。2005 年,《卑尔根公报》提出了一项关键的建议,即凸显各国高等教育外部质量保障机构之间对话与合作的意义,以促进高等教育外部质量保障决策的相互认可。欧洲高等教育外部质量保障机构之间的合作和相互理解有助于确保跨境项目与合作办学的质量,并能够尊重任意东道国的高等教育外部质量保障系统。母国与东道国的高等教育外部质量保障机构就各自的质量保障系统和跨境办学的主办方提供信息,以促进相互了解和建立互信。

胡安·F. 佩雷利翁(Juan F. Perellon)把欧洲高等教育质量保障作为一项政策来对待。根据他的观点,这项政策包括两个不同但相辅相成的方面。一是关于政策应如何组织的观念方面——通过不断缩小高等教育外部质量保障机构之间的差异性,使得其产生的趋同程度足以促进欧洲高等教育区内的相互信任和认可。而这正是 ENQA 成为博洛尼亚进程基石的关键原因。[①] 二是物质方面——由那些将政策观念转化为具体行动的工具组成。[②] 这种促进欧洲高等教育外部质量保障机构趋同发展的具体工具就是 ESG。斯登萨克

---

① Westerheijden D F. Ex oriente lux ?: National and multiple accreditation in Europe after the fall of the wall and after Bologna[J]. Quality in Higher Education,2010,7(1):65-75.

② Perellon J F. Analysing quality assurance in higher education: Proposals for a conceptual framework and methodological implications[M]// Westerheijden D F, Stensaker B, Rosa M J. Quality assurance in higher education. Dordrech: Springer, 2007.

等认为,作为组织实体的 ENQA、促进欧洲一体化的政策观念以及作为政策工具的 ESG 共同组成了欧洲层面高等教育外部质量保障机制的核心部分。[①] ESG 在欧洲高等教育外部质量保障机构的发展中发挥了重要作用,并且这种作用将持续生效。参与高等教育质量保障程序,尤其是外部程序,可以提高欧洲高等教育系统的质量以及增加其透明度,从而有助于高等院校建立相互信任和更好地承认双方的资历。各签署国都认可,加入博洛尼亚进程这个俱乐部的高等教育机构,已经成为 2010 年后评估博洛尼亚进程的重要试金石。[②]

　　一般而言,发展程度相当的国家之间更容易建立高等教育外部质量保障机构相互认可制度,而在高等教育制度差异较大的多边环境中达成相互认可协定的挑战较强。此外,经费的缺少也在一定程度上限制了相互认可推进的程度。道格拉斯·布莱克摩尔(Douglas Blackmur)认为,通过发展国际上可信的高等教育质量保障标准框架,将有助于解决这些问题。[③] 鉴于各国在高等教育质量保障体系的目标、问题和解决方案上存在着不同程度的、明显的差异,高等教育外部质量保障机构就行动决策的相互认可进行讨论时,不可避免地会遇到一些挑战。[④] 例如,不同高等教育外部质量保障机构成立的目标取向存在差异,导致这些机构在实施同一种活动时可能会基于不同的视角、程序得出不同的结果或决策。随着欧洲高等教育一体化的持续推进,减少高等教育外部质量保障机构在对话与合作中的障碍,已经成为欧洲伞状组织、各国政府主管部门以及机构自身日益关注的问题。在探索解决对话与合作的现实障碍过程中,各方利益相关者普遍接受遵循共同的标准框架行事的原则,即使用

　　① Stensaker B, Langfeldt L, Harvey L, et al. An in-depth study on the impact of external quality assurance[J]. Assessment & Evaluation in Higher Education, 2011, 36(4):465-478.

　　② Hopbach A. The European standards and guidelines and the evaluation of agencies in Germany[J]. Quality in Higher Education, 2006, 12(3): 235-242.

　　③ Blackmur, D. Issues in higher education quality assurance[J]. Australian Journal of Public Administration, 2004, 63(2): 105-116.

　　④ Lin M Q, Chang K, Gong L. The operation mechanisms of external quality assurance frameworks of foreign higher education and implications for graduate education[J]. Chinese Education & Society, 2016(49): 72-85.

ESG 这一范式来推进欧洲高等教育外部质量保障机构的趋同发展,以实现各机构之间的相互认可。

4.3.3 阻碍欧洲高等教育外部质量保障机构的个性发展

根据新制度主义,组织趋同的机制包括强制性趋同、模仿性趋同和规范性趋同 3 类。基于前文对欧洲高等教育外部质量保障机构趋同发展的基础分析,这 3 种趋同机制均有发生。首先,高等教育外部质量保障机构必须遵守政府制定的法律法规,否则会受到相应"惩罚"。其次,高等教育外部质量保障机构模仿其他成熟机构的行为和做法。尤其对于新建的高等教育外部质量保障机构而言,在无法判断什么是最佳方案的情况下,通过模仿其他已经发展成熟的机构,可以降低不确定性带来的成本与风险。其中,模仿又可以分为两类:一是竞争性模仿;二是制度性模仿。前者主要发生在跨境高等教育外部质量保障服务市场中,例如当一些国家认可已经通过 EQAR 注册的其他国家的高等教育外部质量保障机构在本国实施活动时,竞争性模仿便有可能发生。后者指模仿被行业领域高度且普遍认可的合情合理的做法,例如 ENQA 向成员机构共享良好实践案例,为高等教育外部质量保障机构提供模仿的对象。最后,高等教育外部质量保障机构还必须遵循 ENQA 的标准以及其他带有"软法"性质的政策。接受这些共享知识,能够帮助高等教育外部质量保障机构取得国际合法性和行业认可,否则将无法获取其申请的 ENQA 正式成员资格,或者已经取得的正式成员资格将被取消。

不论哪种趋同机制发生作用,组织趋同都可以划分为两种表现形式。一种是所有机构向一种结构、方向、特征、模式等发展,形成一种具有高辨识度的标准或运行范式;另一种是模仿行业领域内成功的组织,并努力创造被模仿的可能性。从组织发展的角度来看,这两种形式的组织趋同都在一定程度上对高等教育外部质量保障机构的个性发展造成了损害。尽管趋同带来了高等教育外部质量保障机构的建设优势,减少了其建设成本,但同时也限制了该机构实现特色发展的空间和动力。尤其是那些丝毫不经过论证的"拿来主义",一旦高等教育外部质量保障机构直接套用现成的 ESG 来安排组织结构、标准、程序和运作等，那么它们极有可能会失去发展自身特色的机会。同时，对于一些已经发展得十分成熟的高等教育外部质量保障机构，尤其是 QAA 和 CTI 等机构，高度符合 ESG 的结果可能会带来一种假象，即它们本身具有被其他较低程度符合 ESG 的高等教育外部质量保障机构模仿的资格和必要性，却忽视了在一些情况下，符合度较低并不意味着该机构本身的质量低。由此，高等教育外部质量保障机构之间的太多共识就存在严重损害创新的风险。

欧洲高等教育质量保障的一个趋势是，通过寻找节约成本的方法，使高等教育外部质量保障系统与具体流程更为精简。鉴于欧洲高等教育外部质量保障机构的目的是通过标准化进程创造秩序、制度和信任，这类机构看上去似乎是为对抗高等院校、专业和项目等高等教育领域的创造性和活力而设计的。为了进一步的发展，欧洲高等教育外部质量保障机构需要在标准化和创新之间找到微妙的平衡，一方面它们必须保持对高等教育外部质量保障领域的专业化和标准的推动，另一方面它们又必须对如何进行高等教育外部质量保障的更多试验持开放态度。

4.3.4　弱化欧洲高等教育外部质量保障机构的国别特征

欧洲高等教育质量保障的需求促生了一系列高等教育外部质量保障机构，一旦形成供需关系，就会出现一个围绕高等教育质量保障服务的供需市场，而提供这类服务的机构的数量也随之急剧增长。最开始，欧洲高等教育外部质量保障机构之间存在较大差异，其中很大程度上与其高等教育系统的政府控监管制度密切相关。在不同的欧洲国家中，高等教育外部质量保障机构的性质与服务方式存在差异，包括政府对其法律地位、高等教育外部质量保障过程与结果的干预强度以及手段等。一些国家，如德国和西班牙开发了较为自由的模式，政府将高等教育外部质量保障服务委托给独立的第三方机构。德国是少有的建立认证服务自由竞争体系的国家，所有认证机构均为专业性的非营利性组织，法律明确赋予这些机构较高程度的自主权。然而，它们必须在政府主管部门的监管下才能与境内外高等院校签订服务合同。另一些国家,如法国和俄罗斯制定了政府监管模式,由教育部等部级单位直接负责与控制认证的决策权。一般而言,这类高等教育外部质量保障机构与政府主管部门之间存在较强的关联。在一定程度上,高等教育外部质量保障机构的目的取决于政府对高等院校进行新型控制的目的。当政府侧重于问责高等院校时,高等教育外部质量保障机构的目的往往也以问责为取向;对于质量改进的目的,也同样如此。

如果说,趋同性对于作为组织的高等教育外部质量保障机构而言,会阻碍该机构的个性发展,那么作为高等教育系统的一部分而言,趋同性将会弱化高等教育外部质量保障机构所代表的国家的民族特征。从动力上看,促进欧洲协调是欧洲高等教育外部质量保障行动的一个强大的意识形态性的改革前提。[①] 这一诉求是欧洲针对各领域全球化挑战的回应,也是对欧洲在 20 世纪反复出现的危机的反思。高等教育外部质量保障行动的欧洲协调功能依靠两个方面来实现:一方面,就高等教育系统内部而言,高等教育外部质量保障可以提高各国复杂多样的学位制度的透明程度,促进高等教育在国家层面和高等院校层面的相互合作与相互认可,发展相对稳定和统一的欧洲高等教育服务市场;另一方面,就高等教育与其他社会领域的关系而言,高等教育外部质量保障给高等教育外部质量保障机构介入高等教育提供了合法途径。然而,面对欧洲协调这一强烈的政治诉求,欧洲高等教育的整合目标和各个国家的高等教育主权之间一直存在着难以调和的矛盾,不仅直接影响了高等教育欧洲一体化目标的实现,还引发了国家高等教育体系的民族特征被弱化的风险。这种风险从高等教育外部质量保障机构的角度来看则表现为,欧洲高等教育外部质量保障机构的趋同发展削弱了其原本的国别特征。因为在 ENQA、政府主管部门和高等教育外部质量保障机构三者互动的过程中,ENQA 作为伞状组织向高等教育外部质量保障机构提出具有趋同性特征的改进意见,政府

---

① 刘晖,孟卫青,汤晓蒙.欧洲高等教育质量保证 25 年(1990—2015):政策、研究与实践[J].教育研究,2016(7):135-148.

主管部门为了回应这些挑战,不得不采取妥协的策略调整与高等教育外部质量保障机构之间的关系,或者为高等教育外部质量保障机构提供更加符合欧洲标准的改进条件。其原因在于,要想持续享有博洛尼亚进程带来的一系列"红利",就必须遵守欧洲层面的政策法规,即维护代表欧洲层面高等教育质量保障"软法"的 ESG 对高等教育外部质量保障机构的影响力。

从具体的指标来看,ENQA 对高等教育外部质量保障机构进行元评估的一个维度是,考察其机构独立性的程度,并通过评估报告以及后续跟进报告,为高等教育外部质量保障机构提供向政府主管部门争取更多自由裁量权的空间。在签署《博洛尼亚宣言》后,各国教育部部长被要求维护欧洲高等外部教育质量保障的融合与协调,以便为欧洲高等教育一体化的推进创造有利条件。一旦本国高等教育外部质量保障机构在接受 ENQA 的评估时获得了不够理想的结论,政府层面就有义务针对具体问题协助高等教育外部质量保障机构进行改进。例如通过立法,确定机构在接受财政预算时的合法性地位;通过修改法律,明确机构的独立性地位;通过放权,将认证、评估或审核等决策权"归还"给高等教育外部质量保障机构等。

4.4　本章小结

本章系统地分析了欧洲高等教育外部质量保障机构发展的趋同性。首先,基于元评估结果,对欧洲高等教育外部质量保障机构在整体上的趋同和指标上的趋同进行了动态分析。其次,利用语料库驱动分析的方法,对 ENQA 和博洛尼亚进程官网上的相关报告进行关键词、搭配词以及索引行分析,挖掘欧洲高等教育外部质量保障机构趋同性产生的基础,得出欧洲高等教育外部质量保障机构趋同性来源的 4 个方面:第一,欧洲高等教育外部质量保障机构对试点项目的实践探索和经验共享;第二,欧盟对欧洲高等教育外部质量保障实践的财政支持和政策引导;第三,各国政府对欧洲高等教育外部质量保障行动的角色参与和共识构建;第四,博洛尼亚进程对欧洲高等教育外部质量保障的使命赋予和标准制定。最后,本章分析了欧洲高等教育外部质量保障机构趋同性带来的积极影响与消极影响。积极影响是,它降低了欧洲高等教育外部质量保障机构的组织成本和运行成本,并促进了欧洲高等教育外部质量保障机构的相互认可。消极影响是,从机构的角度来看,它阻碍了欧洲高等教育外部质量保障机构的个性发展;从高等教育系统的角度来看,它弱化了欧洲高等教育外部质量保障机构的国别特征。

政治性因素是导致欧洲高等教育外部质量保障机构趋同发展的一个中心因素,其体现在来自欧洲政治经济探究的高等教育外部质量保障议题的兴盛。此外,欧洲高等教育外部质量保障系统在建立与发展的过程中也受到了多主体、多维度的政治因素的制约与影响,国家的、政府间的与超国家层面的政治力量与行动纲领构成了一个相互约束的"政治角力系统"①,共同塑造了欧洲高等教育外部质量保障机构的行动框架。多元因素的存在使得欧洲高等教育外部质量保障机构不可能完全遵循 ESG 的标准建设自身并实施具体的行动,这意味着欧洲高等教育外部质量保障机构的发展是趋同性和差异性的统一。下一章将对欧洲高等教育外部质量保障机构发展的差异性进行深入分析。

---

① 刘晖,孟卫青,汤晓蒙.欧洲高等教育质量保证 25 年(1990—2015):政策、研究与实践[J].教育研究,2016(7):135-148.

5 欧洲高等教育外部质量保障机构的差异蜕变

5.1 欧洲高等教育外部质量保障机构的动态差异化

5.1.1 整体层面的差异发展

（1）第一轮评估

在 ESG 2005 标准下，在接受第一轮评估的欧洲高等教育外部质量保障机构中，只有 ANECA 和 AHPGS 获得了两个及以上"部分符合"的结论。其中，ANECA 有 2 个指标被评为"部分符合"，AHPGS 则有 4 个指标被评为"部分符合"，成为第一轮评估中对 ESG 2005 标准符合程度最低的高等教育外部质量保障机构。在 ESG 2015 标准下，除了 FINEEC 以外，英国的皇家兽医学院（Royal College of Veterinary Surgeons，简称 RCVS）、塞浦路斯高等教育质量保障和认证局（Cyprus Agency of Quality Assurance and Accreditation in Higher Education，简称 CYQAA）、IQAA 和荷兰质量局（Netherlands Quality Agency，简称 NQA）均有指标被专家小组评为"部分符合"或者"完全不符合"。其中，CYQAA 有一个指标"完全不符合"，NQA 有两个指标"部分符合"。

（2）第二轮评估

在 ESG 2005 标准下，一些欧洲高等教育外部质量保障机构整体符合程度不高，同时有一个指标被评为"部分符合"，例如 ANECA、NEAA 和德国中央评估与认证局（Central Agency for Evaluation and Accreditation，简称 ZEvA）。此外，少数高等教育外部质量保障机构有一个以上的指标"部分符合"ESG 2005 标准，例如 NAA、匈牙利认证委员会（Hungarian Accreditation Committee，简称 HAC）和德国认证、证明和质量保证学会（Accreditation，Certification and Quality Assurance Institute，简称 ACQUIN）。在 ESG 2015 标准下，一部分在第一轮评估中采用 ESG 2005 标准且整体符合程度较高的欧洲高等教育外部质量保障机构，在第二轮中表现出较低程度地符合 ESG 2015 标准，例如斯洛文尼亚高等教育质量保障局（Slovenian Quality Assurance Agency for Higher Education，简称 SQAA）、QANU 以及 AKKORK，它们至少有两个指标被专家小组评为"部分符合"。

（3）第三轮评估

在 ESG 2015 标准下，指标被评为"部分符合"的欧洲高等教育外部质量保障机构较少，除了 ARACIS 和西班牙加利西亚大学系统质量保障局（Agency for Quality Assurance in the Galician University System，简称 ACSUG）各有一个指标被评为"部分符合"外，德国的一些非国家机构整体符合 ESG 2015 标准的程度也较低。例如，ACQUIN 和 ASIIN 均有两个指标被评为"部分符合"，而 AHPGS 有一个指标"完全不符合"。

总体而言，在 ESG 2005 标准下，第二轮评估中欧洲高等教育外部质量保障机构的差异性较第一轮评估有一定程度的降低；在 ESG 2015 标准下，欧洲高等教育外部质量保障机构的差异性发生了"先升后降"的变化，即差异性程度先在第二轮评估中上升，继而又在第三轮评估中下降。从机构的角度来看，差异性表现为两种类型：一种是整体上差异性提高，这种情况主要发生在一些面临独立性和资源等问题的高等教育外部质量保障机构上，如 NAA；另一种是整体上差异性降低，但是局部差异性提高了，受国家立法定期修订影响的高等教育外部质量保障机构可能会表现出这种特征。

5.1.2 具体指标层面的差异发展

(1)单个高等教育外部质量保障机构对 ESG 指标的差异

在 ESG 2005 标准下,单个高等教育外部质量保障机构与 ESG 指标的偏离情况如表 5-1 所示。在 8 个指标中,外部质量保障标准和程序(ESG 3.7)是产生差异性最突出的指标。其中,ANECA 和 ZEvA 均从"完全符合"变为"部分符合"。HAC 在官方地位(ESG 3.2)这一指标上的符合程度有所下降,成为第二轮评估中唯一一个官方地位(ESG 3.2)没有"完全符合"ESG 2005 标准的机构,并且专家小组认为 HAC 的独立性较以往有较明显的下降,因此该机构在独立性(ESG 3.6)指标上的符合程度也由"大部分符合"变为"部分符合"。HAC 在外部质量保障标准和程序(ESG 3.7)指标上也由原来的"完全符合"变为"大部分符合",这 3 个指标符合程度的下降使得 HAC 的整体差异性明显提升。此外,在使命宣言(ESG 3.5)和问责程序(ESG 3.8)的指标上,均只有一个高等教育外部质量保障机构产生了差异性变化。

表 5-1　ESG 2005 标准下差异性升高的单个高等教育外部质量保障机构

ESG3.1	ESG3.2	ESG3.3	ESG3.4	ESG3.5	ESG3.6	ESG3.7	ESG3.8
NVAO、	HAC	/	NAA、	ANECAU	HAC、	ANECA、	NAA
NOKUT、			NEAA、		ZEvA	NAA、	
ZEvA、			ZEvA、			HAC、	
EVALAG、			ACSUG			ZEvA、	
						CTI	

(2)所有高等教育外部质量保障机构对 ESG 指标的差异

根据表 5-2,在 ESG 2005 标准下,所有高等教育外部质量保障机构在第二轮评估中的整体差异性较第一轮评估有一定下降。从具体指标来看,在第二轮评估中,所有高等教育外部质量保障机构都能够"完全符合"的指标有 4

个,分别是使用外部质量保障活动(ESG 3.1)、官方地位(ESG 3.2)、行动(ESG 3.3)以及使命宣言(ESG 3.5),表明欧洲高等教育外部质量保障机构具有很强的独立性和权威性,并且它们在这方面的差异性整体下降。然而,外部质量保障标准和程序(ESG 3.7)的差异性显著提高,从第一轮评估的2.8%上升到第二轮评估的22.2%。这种差异性的变化一方面反映了欧洲高等教育外部质量保障机构要加强专业性建设,另一方面也说明各国高等教育外部质量保障机构在实施具体活动时存在一定的国家特征。

表 5-2　所有高等教育外部质量保障机构基于 ESG 2005 标准的差异性变化

指标	评估周期			
	第一轮		第二轮	
	部分符合	完全不符合	部分符合	完全不符合
ESG 3.1	2.8%	0	0	0
ESG 3.2	2.8%	0	0	0
ESG 3.3	20	0	0	0
ESG 3.4	14.2%	0	11%	0
ESG 3.5	2.8%	0	0	0
ESG 3.6	11.4%	0	11.1%	0
ESG 3.7	2.8%	0	22.2%	0
ESG 3.8	17.1%	0	5.5%	0

根据表 5-3,在 ESG 2015 标准下,所有高等教育外部质量保障机构在元评估中的整体差异性出现了"先升后降"的特征。其中,差异性最强的指标是主题分析(ESG 3.4)。在 3 轮评估中,该指标的差异性程度分别为 41.6%、29.4%和22.1%。此外,第 3 轮评估中还出现了"完全不符合"的高等教育外部质量保障机构。由表 4-3 可知,在第一轮评估中,内部质量保障和专业指导(ESG 3.6)获得"完全符合"的比例偏低(33.3%),但是并没有存在明显的差异性,也就是说高等教育外部质量保障机构至少能够"大部分符合"这一指标。然而,在第二轮和第三轮评估中,"部分符合"这一指标的比例分别为 11.7%

和 11.1%,说明欧洲高等教育外部质量保障机构提高自身质量的意识有待加强。

表 5-3 所有高等教育外部质量保障机构基于 ESG 2015 标准的差异性变化

指标	评估周期					
	第一轮		第二轮		第三轮	
	部分符合	完全不符合	部分符合	完全不符合	部分符合	完全不符合
ESG 3.1	8.3%	0	23.5%	0	5.5%	0
ESG 3.2	0	0	0	0	0	0
ESG 3.3	8.3%	0	0	0	0	0
ESG 3.4	33.3%	8.3%	29.4%	0	16.6%	5.5%
ESG 3.5	0	0	0	0	5.5%	0
ESG 3.6	0	0	11.7%	0	11.1%	0
ESG 3.7	0	0	0	0	0	0

5.2 基于文本分析的差异性来源

ENQA 专家小组根据高等教育外部质量保障机构的自评报告、实地访问以及其他相关资料对被评机构进行评估和分析。对于给出"部分符合"或"完全不符合"的具体指标结论或整体结论,专家小组会在报告中详细论证给出相应结论的理由。由于不同的高等教育外部质量保障机构通常由不同的专家小组进行评估,就评估报告本身而言,也会存在一些主观判断和表达上的差异。但是,分析所有文本发现,高等教育外部质量保障机构的差异性主要来源于其对 ESG 的解读差异、对国家立法的回应差异、对人员培养的能力差异、对财力资源的依赖差异以及对信息公开的程度差异 5 个方面。并且,这 5 个方面均与高等教育外部质量保障机构的独立性密切相关。

5.2.1 欧洲高等教育外部质量保障机构对 ESG 的解读差异

尽管个体在"共同情境"下容易形成相近似的经验,但是由于个体往往从自身的经验和发展立场出发思考问题,面对同样的政策或标准,不同个体很有可能形成不同的解读方案,进而采取不同的行动措施。例如,专家小组认为,HCERES 和 AKKORK 在外部质量保障程序方面缺乏连贯性和准确性;ANECA 在实施高等教育外部质量保障活动时形成的报告内容不够具体,导致所产生的价值相当有限;西班牙马德里知识促进会(Madrimasd Knowledge Foundation,简称 FMID)在认证实施之后不会组织任何后续跟进活动,因为该机构将后续行动视为高等院校自身的责任。类似的情况均在一定程度上与高等教育外部质量保障机构未能充分理解 ESG 的具体指标密切相关。

以主题分析(ESG 3.4)这一指标为例,从总体上看,大部分欧洲高等教育外部质量保障机构都能够较好地符合这一指标。然而,少数欧洲高等教育外部质量保障机构对该指标的解读存在较大差异,从而导致其相应的行动无法较好地符合 ESG 2015 标准。ESG 2015 标准对这一指标的解释是,高等教育外部质量保障机构要定期公布报告,阐述和分析高等教育外部质量保障活动的总体结论。这种解释过于"弹性"和"质性",以致高等教育外部质量保障机构容易对主题分析的方法和具体范围等方面形成困扰。例如在第二轮评估中,SQAA、QANU 以及 AKKORK 均因缺乏系统的主题分析方法而仅能部分符合 ESG 2015 标准;VLUHR 则因主题分析范围不足导致同样的结论;德国专业认证质量保障局(Agency for Quality Assurance through Accreditation of Study Programmes,简称 AQAS)作为德国最大的高等教育外部质量保障机构,在所实施的程序以及统计信息方面拥有全面的知识和经验,然而该机构并未使用"主题分析"功能,即有关行动、项目、论坛等信息均可以在其网站上阅读,但是这些信息并不具备任何分析性。还有一些高等教育外部质量保障机构,对于"定期公布报告"的理解也存在差异。例如在第三轮评估中,ACQUIN 制定了包括对自身工作和其他反馈机制等调查为内容的年度质量报告,但是这些报告仅向董事会开放。更有甚者,有机构完全误解"主题分析"的含义,从而发布与主题分析不相符的报告。例如,AHPGS 将健康和社会科学的书籍或期刊的出版纳入"主题分析"中,并且在内部会议上明确将重点放在医疗和社会护理专业人员的学术化上,这显然偏离了高等教育外部质量保障主题。因此,专家小组认为在这一点上,AHPGS"完全不符合"ESG 2015 标准。

5.2.2 欧洲高等教育外部质量保障机构对国家立法的回应差异

高等教育外部质量保障机构对国家立法的回应差异与机构的独立性密切相关。独立性是高等教育外部质量保障机构进行客观有效行动的前提。它涉及两个层面:一是高等教育外部质量保障机构本身的独立性,即机构独立性,依据法律机构自身是独立的法人;二是在高等教育外部质量保障过程中的专业独立性,即高等教育外部质量保障的目标、方法、过程等不受第三方的影响或暗示,能独立作出决策。机构独立性与专业独立性之间具有内在关联,机构独立性是专业独立性的根本保障,而专业独立性则是机构独立性存在的逻辑基础。[①]

根据对国家立法的回应,大部分欧洲高等教育外部质量保障机构能够同时获得机构独立性和专业独立性,例如 IQAA 以及独立认证和评级局(Independent Agency for Accreditation and Rating,简称 IAAR)。作为第三方性质的高等教育外部质量保障机构,这两个机构均符合上述两个方面的独立性。但是,一些机构的这两种独立性均严重受限。以 NAA 为例,该机构没有正式的独立性来决定谁可以成为专家小组成员。不仅如此,它在实施高等教育外部质量保障行动后,必须将评估报告提交给 Rosobrnadzor。由此,NAA 就不具备独立作出决策的能力,从而损害了其独立性。ENQA 专家小组在报告中指出,这种安排可能会造成高等教育外部质量保障原则与政治优先事项之间的冲突。由于 NAA 并未作出任何正式的高等教育质量保障决策,申诉程序也因此失去了实际意义。在所有接受评估的高等教育外部质量保障机构中,仅有一个机构因缺乏机构独立性而不能较好地符合 ESG 的标

---

① 杨治平,黄志成.欧洲高等教育质量保障机构的发展与定位——博洛尼亚进程新趋势[J].比较教育研究,2013(1):82-85.

准。在第一轮评估中，ZEvA 正在通过立法成为独立机构。在之后的评估周期中，ZEvA 的"独立性"指标均被专家小组认为很好地符合 ESG。

尽管高等教育外部质量保障机构从政府那里获得了较以往更大的自治权，但是国家立法仍然可能限制高等教育外部质量保障机构的独立性。例如，丹麦认证局（The Danish Accreditation Institution，简称 AI）没有设置正式的申诉程序，因为高等教育外部质量保障活动的最终决策结果并不是由 AI 本身决定，而是由认证委员会提供，且一旦发布就不能推翻。在一些特殊的例子中，定期的立法修订为高等教育外部质量保障机构的运行造成了"走走停停"的消极影响，如 ACSUG 的高等教育外部质量保障活动是在西班牙和加利西亚法律定期修订的影响下开展的。在这种情况下，ACSOG 很难在确定的周期的基础上从事具体的活动。此外，一些高等教育外部质量标准机构未能较好地回应国家立法，如 ANECA。ANECA 主要依赖书面和网络的评估数据，与高等院校的联系十分有限，实地访问较为缺乏，以致难以达成高等教育外部质量保障的目的；而 QANU 则并未将其使命陈述转化到机构的日常运作中。还有一些高等教育外部质量保障机构"完全遵守"国家立法来实施具体的活动，而没有做"额外的或多余的"事情。例如，AKKORK 和 NOKUT 都缺乏完善的后续跟进机制。在这两个机构看来，国家立法并没有明确规定后续跟进程序，因此专家小组不需要对后续活动负责。此外，NVAO 表示将很乐意进行"全系统分析"，但前提是政府要求这么做，这与 ESG 要求的高等教育外部质量保障机构在不考虑政府指示的情况下进行系统范围的分析相冲突。

5.2.3 欧洲高等教育外部质量保障机构对人员培养的能力差异

人员培养是高等教育外部质量保障机构自身发展的首要途径。不仅欧洲，其他区域的高等教育质量保障网络也极为重视对高等教育外部质量保障机构人员的培养。近年来，INQAAHE 和 APQN 共同开发了国际专家数据库，为有需要的高等教育外部质量保障机构提供专业提升的平台。

欧洲高等教育外部质量保障机构培养内部员工的能力受多个方面的影

响,具体包括以下 6 个方面。第一,人力资源不足,内部员工的工作量过载,如
HAC 和 AEQES。在这种情况下,员工的工作能力将会受到极大限制。以
VLUHR 为例,由于资源有限,大部分员工都要投入烦琐的高等教育外部质
量保障的具体程序中,无法充分发展全系统分析能力。第二,员工数量充足,
但缺少质量合格的员工,或者已有的专家技能有待提升,如德国巴登—符腾堡
评估局(Evaluation Agency of Baden-Württemberg,简称 EVALAG)和
ACQUIN。这种情况将降低机构执行高等教育外部质量保障活动的有效性,
同时缺少足够合格的"专家"作为模仿对象,难以提升其他员工的专业性。第
三,缺乏职业培训能力。对于新建的高等教育外部质量保障机构而言,职业培
训是培养高等教育外部质量保障机构人员最直接和最简单的方式,也是缩短
其与欧洲标准差距的最佳方式。尤其在 ESG 的指标更新时,面对一些全新的
具有挑战性的指标,高等教育外部质量保障机构最好邀请 ENQA 的专家对员
工进行培训,以帮助他们正确理解新指标的具体要求。第四,预算减少,正式
员工数量降低,如 NEAA。在第一轮评估结束后,政府减少了对 NEAA 的人
员配置预算,使得具有公务员身份的正式员工的数量减少,最终 NEAA 采用
增加合同员工的方式维持员工总数。从总体上看,这种削减正式员工数量的
方式存在降低员工质量的风险,同时也有可能会损害员工的积极性和发展动
力。第五,缺乏国际专家。受经费限制或者高等教育外部质量保障机构本身
对国际专家重视程度的影响,一些机构的国际专家的数量有限甚至严重不足,
以致其高等教育外部质量保障服务的可信度和专业性大打折扣。第六,缺乏
学生专家,对学生专家的培养不够重视。一些高等教育外部质量保障机构并
未对学生专家进行充分的培养,更有甚者,少数机构将学生排除在专家小组之
外,例如 HCERES。针对学生专家的身份以及他们在高等教育外部质量保障
行动中在多大程度上能够起到作用,不同的高等教育外部质量保障机构持有
不同的看法,进而也影响着他们培养学生专家的能力。

5.2.4 欧洲高等教育外部质量保障机构对财力资源的依赖差异

从整体上看,大部分欧洲高等教育外部质量保障机构都能够获得足够的国家经费或其他来源的经费。相比而言,一些东欧国家的高等教育外部质量保障机构对财力资源的依赖程度较高。这类国家经费资助的能力有限,导致高等教育外部质量保障机构对财力资源的依赖加大。以 SQAA 为例,在该国经济遭遇困难的情况下,SQAA 不得不向欧盟结构基金(EU Structural Funds)寻找解决方案。有一些机构甚至面临更大的挑战,以匈牙利为例,HAC 在 2013 年接受了 ENQA 的第二轮评估,专家小组在进行实地访问时,HAC 向专家小组提供了一些证据,表明其全部的储备经费仅够维持机构运行几个月,因此专家小组就经费问题给出了负面评估结论。随后 HAC 向人力资源部、教育局等政府部门作出进一步陈述,强调为了确保高等教育外部质量保障行动的有效进行,必须保障其财务稳定性和可持续性。鉴于此,匈牙利政府修订了立法框架,在《高等教育法》中增加了相关条款,以确保将 HAC 合法且适当的财政支持纳入部门预算的拨款中。

从局部来看,高等教育外部质量保障机构对于财力资源的依赖差异与经费的用途紧密相关,其包括用于高等教育外部质量保障机构成立所需的办公场地、办公设施以及必要的其他硬件设备的费用;用于接受 ENQA 评估的费用;用于员工的工资以及能力培训的费用;用于邀请国际专家成员的费用;用于高等教育外部质量保障机构接待专家小组实地访谈的费用,以及用于系统分析方面的费用等。

5.2.5 欧洲高等教育外部质量保障机构对信息公开的程度差异

信息公开反映了高等教育外部质量保障机构的透明度,而透明度是 ENQA 评估高等教育外部质量保障机构的一个重要维度。通常情况下,一个成熟的、权威的、可靠的、专业的、公正的高等教育外部质量保障机构具有较高的透明度,也就是说,与高等教育外部质量保障机构本身及其活动相关的信息基本上是向公众开放的。

　　信息公开程度的差异反映在多个指标之上，具体可以从以下 5 个方面进行区别。第一，标准方面的透明度。例如，FIBAA 的高等教育外部质量保障标准缺乏透明度；ASHE 的高等教育外部质量保障程序标准在应用方面存在一致性不足，并且缺乏明确的适用性解释。第二，评估报告的透明度。NEAA 通过其网站以及教育和科学部的网站向公众提供的信息非常有限，除了认证结果和被认证高等院校所达到的等级之外，并没有公布内容全面翔实的评估报告。通常情况下，评估报告透明度低的高等教育外部质量保障机构，其反馈机制也不够完善，因为并非所有利益相关者都可以共享该机构的高等教育外部质量政策。第三，机构运行方面的透明度。例如 ENQA 专家小组指出，AKKORK 持续记录或开发自身的质量检查流程，并在避免官僚性负担的同时对高等教育外部质量保障机构的活动进行监控和批判性反思；而 ZEvA 的申诉机制则不够规范，接受 ZEvA 评估的高等院校无法获悉申诉程序的具体信息。第四，其他信息的透明度。例如，AKKORK 的任何高等教育外部质量保障程序均没有提供或发表完整的定义和解释，导致专家小组对特定活动作出最终判断的基础信息不足。此外，PKA、希腊质量保障和认证局（Hellenic Quality Assurance and Accreditation Agency，简称 HQA），以及 BAC 等机构缺乏自身内部反馈的相关信息。

5.3　差异蜕变的回报与风险

　　有学者认为，"欧洲协调"功能在本质上只是辅助性的，各国政府不会甘愿将本国高等教育质量改进与问责的监控权转交给 ENQA 这类超国家的区域性组织。① 这在一定程度上反映了欧洲各国对被 ENQA 过度影响甚至侵染

① Hopbach A. External quality assurance between European consensus and national agendas [M]//Curaj A，et al. European higher education at the crossroads：Between the Bologna process and national reforms. Dordrecht：Springer，2012：125.

的警惕。正如奥尔森所言,欧洲层面的高等教育外部质量保障发展并未规定明确的制度适应方式,而是将相当大的自由裁量权留给了各国高等教育外部质量保障机构。尽管,欧洲层面的政策对博洛尼亚进程成员国产生的影响非常明显,但其实际渗透高等教育外部质量保障机制的能力并不理想、普遍和持续。[①] 鉴于此,欧洲高等教育外部质量保障机构的差异性将会一直存在,并且会在多个方面带来持续性的影响。

5.3.1 加强欧洲高等教育质量保障利益相关者之间的对话

从高等教育的发展来看,ESG 的产生是一项重要的进展,然而其本身并不具备法律法规那样的强制约束力。鉴于欧洲高等教育外部质量保障机构所属国在政治经济、社会发展、传统文化、高等教育传统以及发展状况等方面的差异性和多样性,为保障 ESG 的普适性,ENQA 在规范高等教育外部质量保障机构的相关运作时,只是为它们提供了一个普遍意义上的准则,并未对如何遵照实施作详细规定。ENQA 的报告指出,在制定 ESG 的各项指标时应用的一般原则是:这些原则更侧重于"应该做什么",而非"应该怎样实现"[②]。也就是说,ENQA 为欧洲各国高等教育质量保障机构的行动目标提供了积极的参考,至于行动方式则可以存在差异。

根据资源依赖的视角,利益相关者的利益在高等教育外部质量保障方面或多或少存在差异。如果允许这些利益在协作环境中相互作用,将产生最佳的平衡,以确保高等教育外部质量保障在所有利益相关者眼中仍然是一个温和与优先的选项。实现这种最佳平衡的要素包括基于信任且明确的标准和程

---

① Olsen J P. The many faces of Europeanization[J]. JCMS Journal of Common Market Studies, 2002,40(5):921-952.

② Vinther-Jorgensen T, Hansen S P. European standards and guidelines in a Nordic perspective: Joint Nordic project 2005—2006[EB/OL]. [2009-10-27]. https://www.equa.eu/wp-content/uploads/nodic-v02.pdf.

序、自我评估、使用外部同行、透明化等。^① 但是在欧洲标准和国家标准中，高等教育外部质量保障机构在落实这些要素时可能存在一定的差异甚至冲突。高等教育外部质量保障机构依照 ESG 执行各项活动，以及其自身组织建设在向 ESG 遵循的过程中存在的较大的"回旋余地"（room to manoeuvre），为高教育质量保障利益相关者之间对话的发生提供了更多的必要性和讨论的空间。因为只有进行对话，才能探索出让各方都能接受的方案，即使对话的结果存在一定程度的妥协。

5.3.2 推动欧洲高等教育外部质量保障机构的不断改进

一直以来，欧洲高等教育质量保障处于不断发展变化之中。虽然 ESG 以适用于所有博洛尼亚进程成员国为设计出发点，但由于各国高等教育制度存在不同程度的差异，并且对于高等教育质量保障的取向或目的难以达成统一的界定，而高等教育外部质量保障机构的角色也与各国高等教育发展脉络密切相关^②，因此如何配合实施 ESG 对于各国高等教育外部质量保障机构而言是首要的挑战。事实上，ENQA 一直呼吁高等教育外部质量保障机构维护和促进欧洲高等教育质量保障发展的多样性，其宗旨是采用共同的原则来促进这一过程的协调和趋同，而非建立单一的泛欧洲的高等教育质量保障区域。^③

为了在欧洲高等教育质量保障市场中获取更多的可信度和竞争力，高等教育外部质量保障机构必须不断改进自身，以证明其具备为境内外高等院校或专业等实施高等教育外部质量保障服务的能力。以学生参与为例，尽管 ESG 要求高等教育外部质量保障机构将学生参与纳入治理和行动中，但是在

---

① Stensaker B, et al. The impact of the European standards and guidelines in agency evaluations [J]. European Journal of Education，2010，45(4)：577-587.

② Vinther-Jorgensen T，Hansen S P. European standards and guidelines in a Nordic perspective: Joint Nordic project 2005—2006 [EB/OL]. [2019-10-27]. https://www. enqa. eu/wp-content/uploads/hordic_v02. pdf.

③ ENQA. ENQA position paper on quality assurance in the EHEA [EB/OL]. [2019-10-27]. https://www.enqa. eu/files/ ENQA_position_paper％ 20％283％29. pdf.

实际情况下，学生参与并不意味着与国际专家等其他参与者享有平等的地位。事实上，他们很少能对决策产生实质性的影响。可以说，学生只是充当了高等教育外部质量保障专家小组的观察员角色。[①] 为了提高学生参与机构治理和行动的实际效果，高等教育外部质量保障机构必须开发相应的培训项目或者制定明确的方案。这一过程本身就涉及与学生、国际专家、高等院校、同行机构等利益相关者之间的对话和合作，有助于改进高等教育外部质量保障机构本身的质量。

高等教育外部质量保障机构的差异性也为机构进行反思提供了空间，面对同行机构在行动中塑造的良好实践，不同的高等教育外部质量保障机构可以采用不同的学习态度与借鉴方式。根据社会学新制度主义理论，在组织面临不确定性的情况下，模仿趋同是一种格外低成本的改进方式。例如，面对那些国情、机构属性、行动方式和目的与自身接近的高等教育外部质量保障机构，它们的良好实践通常可以被新建的高等教育外部质量保障机构直接借鉴。

5.3.3 提升欧洲高等教育质量保障在全球的吸引力

如前文所述，欧洲高等教育外部质量保障机构在机构属性、发展程度、资源、独立性、外部质量保障方式以及行动目的等方面存在诸多差异。而这些差异带来的结果就是，这类机构在一定程度上塑造了欧洲高等教育质量保障的多样性特征。正因为多样性特征，使得欧洲高等教育质量保障在全球范围内更具有吸引力。毕竟，多样性特征更能为欧洲地区以外的高等教育外部质量保障机构提供可借鉴的参考，即良好实践。例如在以中央集权控制高等教育系统为特征的国家中，高等教育外部质量保障机构可以借鉴法国模式；在以地方性机构为主要高等教育外部质量保障实施者的国家中，高等教育外部质量保障机构可以效仿德国和西班牙模式；而在实施高等教育外部质量保障活动的机构均为非政府性质，且经费来源为完全自费的国家中，高等教育外部质量

---

① 周满生,褚艾晶.成就、挑战与展望——欧洲高等教育区质量保证十年发展回顾[J].北京大学教育评论,2011,9(2):118-131.

保障机构可以参考哈萨克斯坦模式。

此外,由于多样性是高等教育大众化和普及化阶段的内在价值之一,维护高等教育质量保障的多样性在本质上就是维护高等教育的多样性,从而使得欧洲高等教育在全球视野中更具竞争力和吸引力。从微观层面来看,欧洲高等教育外部质量保障机构的专家小组成员也有更多机会成为其他地区高等教育外部质量保障机构的国际专家,因为他们在更为复杂的欧洲环境下进行了具体的高等教育外部质量保障实践,可以说,已经针对许多挑战性的问题进行了探索和尝试,在专业领域具备良好的话语权。例如在香港学术及职业资历评审局(Hong Kong Council for Accreditation of Academic and Vocational Qualifications,简称 HKCAAVQ)委员会任职的 5 名国际成员中,有 2 名分别来自爱尔兰和挪威。[①] 这两个国家的高等教育外部质量保障机构在行动和导向上均有差异,但是两者都获得了 HKCAAVQ 的高度认可。其中,布莱恩·马奎尔(Bryan Maguire)是 QQI 的主任,曾多次参加爱尔兰和多个其他国家资历框架的构建。斯登萨克曾就职于 NIFU,2008 年他作为专家小组成员之一参与了挪威政府委托给 NIFU 的对 NOKUT 符合 ESG 程度的全面评估。2018 年,斯登萨克担任对 ENQA 这一欧洲伞状组织进行元评估的执行主席,与其他专家小组成员共同就 ENQA 本身的质量及其对欧洲高等教育外部质量保障机构的影响力进行了外部评估。[②]

5.3.4 加大欧洲高等教育外部质量保障机构元评估的难度

高等教育外部质量保障机构的差异性带来的一个挑战是,它提高了 ENQA 对其进行元评估的复杂性和工作量,从总体上加大了评估工作的难度。通常情况下,专家小组对高等教育外部质量保障机构进行元评估时,有必

[①] Hong Kong Council for Accreditation of Academic and Vocational Qualifications. The council [EB/OL]. [2020-01-20]. https://www.hkcaavq.edu.hk/en/about-us/the-council-membership-list.

[②] ENQA. External review of ENQA agency reviews[EB/OL]. [2019-11-02]. https://enqa.eu/index.php/reviews/external-review-of-enqa-agency-reviews/.

要同时审查正式的和非正式的行动或安排，以便对机构的实际情况形成一个可靠的认识。其原因是，一个高等教育外部质量保障机构可以从形式上独立于国家主管部门和其他正式的利益相关者，但如果政府通过非正式渠道对该机构施加了较大压力，则该机构在高等教育外部质量保障行动中难以真正地保持独立性。与此相反的情况也存在，在这种情况下，合法性基础较差的高等教育外部质量保障机构在实际上被允许采取高度自治和独立的行动。因此，尽管 ESG 具备在高等教育质量保障领域产生影响的能力，但是它为各国所提供的标准的解释并不具备法律约束力，而各国颁布的法律文件和其他正式安排才是高等教育外部质量保障机构合法性的首要来源。从总体上看，高等教育外部质量保障机构与国家之间的关联更强，有学者认为高等教育质量保障中的"欧洲层面"并不是很牢固。① 从这个角度来看，在某些情况下高等教育外部质量保障机构很有可能会选择符合国家主管部门的要求而违背 ESG，进而在高等教育外部质量保障活动中产生欧洲政策与国家政策之间的张力。此外，这种复杂性和工作量还会随着这种张力之间的动态变化而变化，从而进一步加大 ENQA 对高等教育外部质量保障机构的评估难度。

高等教育外部质量保障机构的差异性带来的另一个与元评估相关的挑战是，当被评机构的运行恰好适应本国立法或政策，尤其是它确实带来了一定的优势时，将为专家小组给出评估结论带来一定的困扰，从而提高评估工作的难度。例如，专家小组在给 NOKUT 进行元评估的过程中，始终认为 NOKUT 在后续跟进程序上存在严重不足，因为 NOKUT 避开了对于已经通过审核的高等院校进行后续跟进。按照 ESG 的指标要求，所有机构都应该在认证、审核或评估等结束后实施后续跟进。由此，NOKUT 遵循 ESG 的程度无法达到完全符合。然而，NOKUT 是基于挪威政府的立法作出的这一安排。挪威政府的法律规定，已经通过审核的高等院校可以自主设立学科点，而不需要 NOKUT 的后续跟进。因此，当 NOKUT 对已经通过审核的高等院校进行后

---

① Westerheijden D F. States and Europe and quality of higher education[M]//Westerheijden D F，Stensaker B，Rosa M J. Quality assurance in higher education. Dordkecht：Springer，2007：73-95.

续跟进,便会被自动视为非合法性行为。一旦专家小组在后续跟进方面针对 NOKUT 给出负面结论,则违背了 ESG 要尽可能适应各国国情的原则。事实上,在第二轮评估后,ENQA 董事会反驳了专家小组的结论,认为基于国情,NOKUT 实际上遵循了后续跟进,其方式就是对高等院校进行"周期性审核"。然而,这种方式并不那么具有说服力,因为周期性审核也是其中的具体标准之一。专家小组和 ENQA 之间结论的矛盾,在一定程度上体现了高等教育外部质量保障机构的差异性给元评估带来的挑战。

5.3.5 增加欧洲高等教育区建设的挑战

作为欧洲高等教育区的一个标志,高等教育外部质量保障在执行过程中遭遇了一些阻碍。例如在项目必须由认证机构或部委批准的国家,差异性的立法和标准成为主要障碍,这些明确的、有时相互冲突的国家要求限制了高等教育外部质量保障行动的制定与实施。可以说,欧洲高等教育区内的差异性特征,使得各国在推动和维护高等教育互联互通的过程中面临多重挑战,也使得实施一元的高等教育外部质量保障的标准和方法不切实际。ESG 是规范欧洲高等教育内外部质量保障的一系列原则性指导,它既非高等院校教学质量的具体标准,也没有规定高等教育外部质量保障实施的程序。ENQA 在评估高等教育外部质量保障机构时,只需要检验这些机构是否遵循了共同的原则和程序,为高等教育外部质量保障机构同时适应各自环境及其目标的差异性提供了现实可能性。如此一来,尽管促进趋同是欧洲高等教育外部质量保障实践的一个强烈的政治诉求,但是在现实情况下,欧洲高等教育一体化的目标与各个国家的高等教育主权之间始终存在着难以协调的矛盾,直接影响了欧洲高等教育协调的速度,即欧洲高等教育外部质量保障机构的差异性为欧洲高等教育区的建设带来了挑战。具体来说,这种挑战体现在以下两个方面。

第一,欧洲层面的协调目标和国家层面的监控机制的内在冲突与调和。为了实现欧洲高等教育一体化,欧盟自博洛尼亚进程之始就致力于推进各成员国高等教育外部质量保障体系的合作与沟通。经过 20 年的发展,欧洲层面关于高等教育外部质量保障的程序与方法达成了无数共识,如建立了规范的认证程序;在高等教育外部质量保障政策和机制以及高等教育外部质量保障机构上也取得了一些实质性成果,如建立 ENQA 伞状组织、ESG 标准框架以及 EQAR 元评估机制等。然而,欧洲层面的高等教育外部质量保障改革在多大程度上依赖于各成员国的解释和规定? 从政治的角度来看,高等教育质量保障是欧洲各国实施新型政府治理的一种方式,这种治理方式极力维护高等教育主权域,同时也维护传递国家文化与价值的重要途径。因此,尽管欧盟将高等教育外部质量保障视为促进欧洲协调的手段之一,但实际上它的功能和执行方式最终取决于各成员国政府对本国高等教育系统的期望和现实需要。这种政治张力在建立元评估机制的过程中表现得十分明显。起初,欧盟试图通过 EQAR 建立一个区域性自由竞争的、开放的欧洲高等教育外部质量保障机构服务市场,但最终妥协为一个辅助性的工具。毕竟,各国政府不会将监控本国高等教育质量的权力转移给超国家组织①,有学者认为这是博洛尼亚进程中的一个讽刺。②

第二,高等教育质量保障问责与质量改进目标之间的冲突和平衡。考虑到欧洲高等教育外部质量保障机构在目标取向上存在或多或少的差异,从高等教育管理的视角来看,问责与质量改进之间的冲突反映了官僚式管理方式下高等教育外部质量保障与高等教育质量改进之间的张力。菲利普·米德(Philip Meade)和伍德豪斯认为,所有的高等教育质量保障措施都承载了两个"基本上不相容"的功能:一是帮助高等院校改进,提升质量;二是向政府和社会提供高等院校的实际运作信息,进行问责。③ 问责是欧洲高等教育外部质量保障行动的核心功能之一,具有强烈的政治导向,也是欧洲高等教育外部

---

① Hopbach A. External quality assurance between European consensus and nationa lagendas [A]//Curaj A,et al. European higher education at the crossroads: Between the bologna process and national reforms. Dordrecht:Springer,2012: 125.

② 刘晖,孟卫青,汤晓蒙.欧洲高等教育质量保证 25 年(1990—2015):政策、研究与实践[J]. 教育研究,2016(7):135-148.

③ Meade P,Woodhouse D. Evaluating the effectiveness of the New Zealand academic audit unit: Review and outcomes[J]. Quality in Higher Education,2000,6(1):19-29.

质量保障行动的合法性基础。然而,欧洲对于问责功能能否在真正意义上全面促进高等教育质量始终不够乐观。米德和伍德豪斯还强调,无论观念上还是实践上,国家层面还是高等院校层面,问责和质量改进都应该是两个独立设计的体系,任何一个包含问责目的的高等教育质量保障体系对于高等教育质量改进的作用都极为有限。① 如果说欧洲高等教育外部质量保障的根本目的是质量改进,欧洲高等教育外部质量保障的问责体系是达成这一目的的手段,那么高等教育外部质量保障行动中的手段则变成了目的。

5.4 本章小结

本章深入分析了欧洲高等教育外部质量保障机构发展的差异性。首先,基于元评估结果的研究数据,对欧洲高等教育外部质量保障机构在整体上的差异和指标上的差异进行了动态分析。其次,根据专家小组的评估报告,挖掘了欧洲高等教育外部质量保障机构的差异性来源:第一,欧洲高等教育外部质量保障机构对 ESG 的解读存在不同程度的差异;第二,欧洲高等教育外部质量保障机构对所属国政府立法方面的回应差异;第三,欧洲高等教育外部质量保障机构对员工培养的能力差异;第四,欧洲高等教育外部质量保障机构对财力资源的依赖差异;第五,欧洲高等教育外部质量保障机构对信息公开的程度差异。最后,本章还分析了欧洲高等教育外部质量保障机构发展的差异性带来的积极影响与消极影响。在积极影响方面,差异性加强了欧洲高等教育外部质量保障利益相关者之间的对话,推动了欧洲高等教育外部质量保障机构的持续改进,并增加了欧洲高等教育质量保障在全球范围的吸引力。在消极影响方面,差异性加大了 ENQA 对欧洲高等教育外部质量保障机构的评估难度,也给建设欧洲高等教育区带来了挑战。

欧洲高等教育外部质量保障机构发展的有效性、趋同性与差异性,为全球

---

① Meade P,Woodhouse D. Evaluating the effectiveness of the New Zealand academic audit unit:Review and outcomes[J]. Quality in Higher Education,2000,6(1):19-29.

其他国家和地区研究高等教育质量保障提供了一定的借鉴或视角。不管以建设和完善国内高等教育质量保障体系为首要目的，还是以主动参与国际高等教育质量保障治理为主要动机，趋同性和差异性带来的积极影响能够给欧洲高等教育区之外的高等教育外部质量保障机构的建设和发展提供多方面的启发，同时也需要警惕其趋同性和差异性带来的消极影响。

他山之石，可以攻玉。鉴于我国高等教育外部质量保障机构在当前面临的机遇与挑战，从欧洲高等教育外部质量保障机构有效性、趋同性与差异性的发展中获取一些有益借鉴极为重要。在具体探讨我国如何向欧洲经验进行借鉴之前，本书接下来将分析我国借鉴欧洲经验的适切性与可行性。

6 我国借鉴欧洲经验的适切性与可行性

　　当前，竞争与融合已成为世界高等教育发展的主流趋势。全球、国家和地区的高等教育系统、高等院校以及高等教育外部质量保障机构都展现出融合的趋势，尤其是欧洲、北美洲、亚太地区、东南亚、拉丁美洲和非洲等地超国家的区域高等教育体系的相继建立与发展。其中，欧洲高等教育区域一体化进程的影响最为深远。

　　纵观欧洲高等教育外部质量保障机构的发展，其在多元化背景下走向了整体趋同与局部差异并存的发展道路。欧洲高等教育外部质量保障机构在发展过程中，最离不开的两大主体是国家政府和以 ENQA 为代表的区域网络。从欧洲高等教育外部质量保障机构的发展经验来看，它们在欧洲—国家张力下建立了一条微妙的发展路径：在国家政府的约束下建设自身并实施高等教育外部质量保障活动，以国内合法性为前提向 ENQA 申请成员资格，进而接受其元评估，并以国际合法性为条件与政府"谈判"，进一步改善国内制度与技术环境，然后再以更强的国内合法性维护其国际合法性。将区域网络引入高等教育质量保障，已经成为高等教育外部质量保障机构参与国际政策与行动的必经之路。这种发展道路在本质上是协同治理的理念，有助于充分发挥区域高等教育质量保障网络、政府与高等教育外部质量保障机构各自的资源、知识、技术等优势，实现其对高等教育外部质量保障系统"整体大于部分之和"的治理功效。

　　客观而言，欧洲高等教育外部质量保障机构在发展过程中既有所得也有所失,对于高等教育外部质量保障机构发展相对滞后的我国而言无疑具有借鉴作用。虽然我国与欧洲在高等教育外部质量保障机构上存在不同之处,但是正如迈克尔·萨德勒(Michael Sadler)所言,我们"最好先从总体上研究外国教育制度中蕴含的精神,然后再从别国对待所有熟悉的教育问题的不同解决办法中获得间接的启发,而不应期望从外国教育制度中直接发现许多可实际模仿的东西"①。

借鉴必须建立在对我国高等教育外部质量保障机构客观真实的了解的基础之上,因此在分析适切性和可行性之前,有必要对我国高等教育外部质量保障机构的现状、存在的问题与根源进行一个较为全面系统的分析。

6.1 我国高等教育外部质量保障机构的现状、存在的问题与根源

6.1.1 我国高等教育外部质量保障机构的现状

我国高等教育外部质量保障政策变迁可以追溯到 20 世纪 80 年代,政策变迁体现了从一元到多元、静态到动态的历程(见表 6-1)。然而,各种类型的高等教育外部质量保障机构的建立和发展则推延至 20 世纪 90 年代。1993年,《中国教育改革和发展纲要》提议,要重视和加强高等教育决策研究工作,建立有高等教育和社会各界专家参加的咨询、审议与评估等机构。同年,我国开始出现高等教育民间评估机构。1994 年 9 月,《国务院关于〈中国教育改革和发展纲要〉的实施意见》进一步明确提出,"为保证政府职能的转变……要建立、健全社会中介组织"。紧接着,上海、江苏和广东等地的高等教育外部质量保障机构相继成立。与此同时,各类大学排行榜纷纷涌现。2003 年,教育部启动了周期性高等教育评估,带领高等教育外部质量保障工作走向制度化、专业化与科学化的道路,激发了高等教育外部质量保障理论的研究,同时也催生

---

① 刘丽芳.牛津大学和剑桥大学导师制略述[J].交通高教研究,2004(1):26-27,30.

了多种类型的高等教育外部质量保障机构。据不完全统计,除了隶属于省级教育行政部门的高等教育外部质量保障机构之外,我国还有其他 40 多个以关注大学排行为主的评估机构。^① 至此,我国进入了一个相对稳定的高等教育外部质量保障时代。

表 6-1　我国政策变迁下的高等教育外部质量保障^②

时期	特征	代表性政策
1985—1991 年	第一,党政既是主导者,又是评估者; 第二,评估主体单一且具有强制性; 第三,评估方式封闭,并强制推行。	《中共中央关于经济体制改革的决定》(1984)、《中共中央关于教育体制改革的决定》(1985)、《普通高等学校教育评估暂行规定》(1990)。
1992—1998 年	第一,引入社会主义市场经济体制; 第二,强调政府职能的转变和扩大高校的办学自主权。	《中共中央关于建立社会主义市场经济体制若干问题的决定》(1993)。
1999—2009 年	第一,社会中介评估机构兴起; 第二,走向规范化、科学化、制度化和专业化; 第三,有效性被质疑。	《中共中央、国务院关于深化教育改革全面推进素质教育的决定》(1999)。
2010—2015 年	第一,管办评分离; 第二,公众参与评估; 第三,实际运行中仍有越位、缺位、错位现象。	《国家中长期教育改革和发展规划纲要(2010—2020 年)》(2010),《教育部关于深入推进教育管办评分离促进政府职能转变的若干意见》(2015)。
2015 年至今	第一,引入动态评估机制; 第二,社会问责机制; 第三,倡导国际化。	《关于印发统筹推进世界一流大学和一流学科建设总体方案的通知》(2015)。

---

① 吴娱.浅析我国高等教育评估机构与政府的博弈关系[J].大学教育,2013(11):133-135.

② 吴华溢.从一元到多元:合法性理论视域下中国高等教育评估政策的变迁[J].黑龙江高教研究,2018,292(8):40-44.

随着管办评分离的提出与推进,我国高等教育外部质量保障机构被统称为第三方评估机构。在深化政府职能转变的过程中,我国高等教育质量保障初步形成了多主体实践的格局:本科教育层次评估由教育部高等教育教学评估中心和各省市教育评估机构负责,学位研究生教育层次评估由教育部学位与研究生教育发展中心负责,高职高专教育层次评估主要由省级教育行政部门负责。总的来说,我国高等教育质量保障在涉及重大项目或政策制定等核心工作时,仍然由半官方性质的第三方评估机构主导,第三方评估制度总体发展缓慢。对于第三方评估机构的定位,根据其独立性程度,可以将其分为以下3种类型。

第一类是半官方性质的评估机构,这种类型的评估机构在形式上接近政府部门,但又不能等同于政府部门。通常情况下,它们由官方倡导成立,尽管主要经费来源于政府部门,但它并非完全归属于政府,在政府的认可范围内,其高等教育外部质量保障活动有一定程度的独立性。半官方性质的评估机构接受政府的授权行动或委托任务,这类评估在我国高等教育外部质量保障中占主导地位。例如2017年,山东省教育厅将评估省内多所高等院校的大学章程建设落实情况委托给山东省教育科学研究院。具体来说,半官方性质的评估机构包括隶属于教育部和直属于省级教育厅的机构,这两类机构都属于行政性事业单位。前者包括教育部高等教育教学评估中心和教育部学位与研究生教育发展中心,后者包括上海市教育评估院和福建省教育评估研究中心等机构。半官方性质的评估机构具有独立法人地位,以"政府授权或社会委托—组建专家小组—进行评估培训—实施评估活动—审核评估结果"的模式开展评估工作,具有一定的独立性、专业性和社会认可度。

第二类是民间性质的评估机构,其独立于政府与高等院校,是由社会人士或社会团体建立的民间的、自治的非官方性机构,如广东管理科学研究院、北京教育评估院和河南省教育评估中心等机构。民间性质的评估机构的经费来源主要通过承接委托业务获得,属于自负盈亏、经费支出灵活的机构,是政府职能转变的产物。由于并不能代表政府,此类高等教育外部质量保障机构缺乏决策权,自主权也相对较低,受政府控制的程度较明显。基于此,自主权较低的非官方评估机构,往往会考虑两种回应政府控制的策略:一种是权力博弈,即依据评估自主权,抵制或回避政府监管,以提高其独立性;另一种是消极顺从,即放弃或逃避高等教育外部质量保障机构应有的独立性与公正性,削弱高等教育外部质量保障行动的有效性,最终损害高等教育质量的提高。

第三类是学术性质的评估机构,这些机构通常由高等院校的人员组成,但在财政与职能的运作方面完全独立。[①] 其通常为挂靠在高等院校的评估院、研究所或二级科研单位的机构,如西安交通大学中国西部高等教育评估中心、上海交通大学高等教育研究院和杭州电子科技大学中国科教评价研究院。这类评估机构相比民间组织性质的评估机构而言,更具有专业性和权威性;同时,与半官方性质的评估机构相比,更具有独立性。但是,它们更侧重于理论层面的研究。例如,成立于2015年的西安交通大学中国西部高等教育评估中心,主要承担高等教育理论与实践研究、高等教育评估评价、教育实证研究等工作,成果呈现多为以论文的形式公开发表或公开发行。可以说,这类机构主要是基于自身思考和兴趣对高等教育质量保障领域进行的积极主动研究,与其他两种主要承接委托项目、服务政府治理、服务高等院校办学、服务社会评判的机构不同。因此,学术性质的评估机构在社会上的活跃程度不如另外两种业务性质的评估机构。

为贯彻落实教育"管办评分离"机制,各地积极响应成立第三方评估机构。当前,我国大多数第三方评估机构是半官方性质或学术性质的,民间性质的第三方评估机构较少。从数量上看,全国已有20多个省市成立了教育评估院或评估中心。此外,许多院校也倾向于优先考虑半官方性质或学术性质的第三方评估机构的评估,这与长期以来的传统观念密切相关。这种根深蒂固的观念认为高等教育管理理应由政府承担,一旦将这项任务转移给市场,社会大众

---

① 杨晓江.教育评估中介机构五年研究述评[J].高等教育研究,1999(3):31-35.

一时将难以适应评估活动与政府完全脱离的关系。[①] 然而,需要注意的是,受"体制依赖"[②]的影响,一些半官方性质的评估机构在接受政府委托项目后,最终的评估结果仍须接受政府的"再评估",即评估缺乏权威性。总体而言,我国高等教育质量保障机构的发展进入了新的阶段,即从政府性的相对单一的评估进入社会化的多元参与的评估时代。但相对而言,将高等教育外部质量保障机构定位为第三方评估机构是较新的事情,其建设和发展过程尚存在一些问题,有待于进一步健全。

6.1.2 我国高等教育外部质量保障机构存在的问题

(1)我国高等教育外部质量保障机构建设滞后

当前,我国正大力规范各类高等教育外部质量保障机构的行动,但是在实际推进中,遇到了一些阻碍。首先是制度设计落后。《教育法》提到"国家实行教育督导制度和学校及其他教育机构评估制度"的条款,但是在《高等教育法》中并没有明确高等教育评估制度建设与发展的具体内容。而《普通高等学校教育评估暂行规定》是由原国家教育委员会于1990年制定的,无法很好地回应国际高等教育评估体系发生的一系列重要变化。尽管我国高等教育的发展已经到了新的阶段,但是在高等教育质量保障体系建设方面却明显落后于发达国家。现有的评估规定与当前以及未来我国高等教育质量保障发展的需要不相适应,导致高等教育质量保障制度设计与我国高等教育发展的需求不匹配。

其次是我国高等教育外部质量保障机构建设落后,定位不清晰。严格来说,我国在国家层面并无独立型的高等教育外部质量保障机构。即使与俄罗斯等国家比较,我国的高等教育外部质量保障机构不但其自身缺乏独立性,而

① 莫玉音.广东省教育评估机构现状及第三方教育评估机构发展的研究[J].上海教育评估研究,2016(6):60-64.

② 葛孝亿,谢小金.第三方教育评价的法理基础与运行机制——委托代理的视角[J].教育学术月刊,2017(3):54-59.

且其专业独立性也存在不足。

(2)我国高等教育外部质量保障机构行业资历认证不足

行业资历认证既是防止一些不合格的高等教育外部质量保障机构进入高等教育外部质量保障市场,扰乱高等教育外部质量保障规范的一种有效且必要的手段;也是促进全社会对高等教育外部质量保障机构认可与信任的主要手段之一。当前,我国高等教育外部质量保障机构的行业资历认证还存在较为明显的不足。

第一,在政府层面尚未建立完善的法律体系与监督职能。高等教育外部质量保障法制化既是高等教育外部质量保障规范化的必要条件,也是促进高等教育以及高等教育质量保障长期发展的前提和基础。[①] 当前,国家虽然在有关政策中提出委托第三方评估机构开展评估活动,但与此相适应的法律、法规建设却滞后于现实对高等教育外部质量保障活动的需求。高等教育外部质量保障规制的主体、权利、义务、程序以及法律责任不完善等问题仍不断显现。政府尚未建立对高等教育外部质量保障机构进行统一管理的认证机构,也未制定一套针对高等教育外部质量保障机构的培育和准入机制、注册和审批规则、购买和实施服务标准、项目委托流程以及监管机制。政府缺乏完善的法律体系与监督职能,损害了社会对高等教育外部质量保障机构的信任。

第二,在行业层面尚未形成有效的沟通机制。当前,仅凭高等教育外部质量保障机构的单打独斗,或只是依靠社会对高等教育外部质量保障机构独立运行的殷切盼望,难以真正落实高等教育管办评分离。因此,还需要政府主管部门、高等院校以及高等教育外部质量保障机构建立交流与合作的平台,改变各自独立行战的局面,通过协同合作来推动高等教育外部质量保障的发展。[②]对高等教育外部质量保障机构权威性的培养,除了要具备符合政府准入机制的相应资历,还需要有关行业规章、制度、标准以及行动准则来进行规范,并统筹已有的行业资源和力量,以避免高等教育外部质量保障机构处于一种混乱

---

① 黄辉,樊华中.教育评估立法促进评估规范化[J].江西社会科学,2014(4):242-246.
② 储朝晖.迟迟不就位的第三方教育评价[N].光明日报,2016-01-26(14).

状态。

第三,在社会层面尚存在行政主导的倾向。高等教育外部质量保障机构主要接受政府和高等院校的委托开展高等教育外部质量保障活动。但在我国以往的高等教育评估活动中,高等教育外部质量保障机构通常带有不同程度的行政主导色彩,其项目、经费和专家等方面均由政府主管部门支配。因此,无论对高等教育外部质量保障活动的执行,还是对高等教育外部质量保障决策的认同,社会普遍更为重视和推崇政府主导的高等教育外部质量保障行动。由于缺乏统一的行业准入机制,当前大部分非官方性质的高等教育外部质量保障机构与政府部门和高等院校建立合作的难度较大,从而造成整个高等教育外部质量保障市场的活力难以发挥,资源层面的配置也难以均衡,容易导致高等教育外部质量保障机构之间的恶性竞争。

(3)我国高等教育外部质量保障机构角色失真

多年来,我国高等教育外部质量保障机构并没有随着高等教育的发展使自身获得合理、合法与合情的定位。尽管各类高等教育外部质量保障机构不断涌现,但是角色失真已经成为大多数高等教育外部质量保障机构普遍存在的困境。

第一,高等教育外部质量保障机构的法律地位和经济地位不够明晰。首先,从独立性的角度来看,我国高等教育外部质量保障机构的法律地位令人困惑。[1] 我们很难说一个缺乏明确法律地位的高等教育外部质量保障机构是成熟的,甚至还会对它的合法性产生质疑。从本质上看,合法性涉及高等教育外部质量保障机构和政府之间的关系问题。其次,我国绝大多数高等教育外部质量保障机构的经费来源于政府拨款。尽管在高等教育质量保障的初始阶段,这种经费安排是确保其发展的必要条件,但与此同时,这也使得这些机构在实质上产生了对政府的依赖。因此,在高等教育外部质量保障机构的法律地位和经济地位遭受责难与质疑的情况下,其机构独立性与运行独立性的有

---

[1] 王骥,操道伟,肖云.试论我国高等教育评估中介机构的法律地位[J].中国高等教育评估,2004(2):37-40.

效保持就值得斟酌。

第二,高等教育外部质量保障机构与高等院校之间的角色定位存在偏差。从理论上讲,高等教育外部质量保障机构与高等院校之间应该是一种服务与被服务的关系——高等院校要评估,高等教育外部质量保障机构来评估并公布结果,然后高等院校按照评估结果予以改进或调整。但是,高等教育外部质量保障机构一旦在政府授权、委托甚至主导下运行,往往容易形成政府代言人的形象,即借评估之名,行监督与控制之实,在无形之中将原本平等的高等教育外部质量保障机构与高等院校推到主体与客体的对立位置,高等教育外部质量保障运行的过程也由原来的主体间的平等对话演变成高等教育外部质量保障机构的“自言自语”。

总而言之,从我国高等教育外部质量保障机构的真实角色来看,情况并不是十分乐观;从法律角度来看,其缺乏独立的法人资格,合法性受到挑战;从经济角度来看,其生存依赖政府经费资助,独立性受到挑战;从政府角度来看,其直接受制和倚赖于政府,自主权受到限制;从高等院校角度来看,其难以打破主客体对立的关系;从社会角度来看,其难以使公众从中获得更多可靠的信息。鉴于此,我国高等教育外部质量保障机构的角色扮演尚不充分。

6.1.3 我国高等教育外部质量保障机构问题的根源

(1)建设滞后的原因

当前,社会对我国高等教育外部质量保障建设的意义认识不够、重视程度不高、实质性进展不足,阻碍了高等教育质量保障体系的建设步伐。导致我国高等教育外部质量保障机构建设滞后的原因,主要包括以下 3 个方面。

一是高等教育外部质量保障机构自身建设存在问题,如行业规范意识有待强化、国际参与度有待提高、业务能力有待提升、制度建设有待完善等。在以提升高等教育现代治理能力为目标的时代背景下,高等教育外部质量保障机构建设存在的问题同样迫切需要从现代治理的视角进行考察和解决。

二是第三方评估机构对于高等教育外部质量保障机构而言是比较新的称

谓,以往大众的传统认知认为由国家主导的高等教育外部质量保障机构更具合法性、专业性和权威性,有较高的可信度、认同度和公信力,而对于政府倡导的多元社会第三方评估机构,其评估结果社会认同度低,法人地位模糊不清。此外,由于政府过多地干预甚至主导高等教育外部质量保障行动,第三方评估机构执行高等教育外部质量保障活动的空间受到较大的限制。

三是在管办评分离体制机制改革进程中,政府、高等院校和高等教育外部质量保障机构三者之间的关系还有待进一步厘正和规范。尤其是政府在职能上的定位还停滞在"管理"视角而非"治理"视角,政府对高等教育外部质量保障机构还缺乏必要且充分的信任,导致我国难以塑造成熟的高等教育外部质量保障市场。与此同时,高等院校在寻求高等教育外部质量保障服务的过程中,往往更加倾向于考虑半官方性质的评估机构,进一步强化了当前我国高等教育外部质量保障市场的"马太效应"。

(2)资历认可机制缺乏的原因

我国众多高等教育外部质量保障机构成立的背景与动机不一,机构的性质与运行模式不同,机构的能力、人员构成、经费来源以及行动标准和程序等方面都存在着不同程度的差异。如果缺乏对这些高等教育外部质量保障机构进行监督、管理、指导以及调控的资历认可机制,整个高等教育外部质量保障市场就会缺乏良好稳定的环境和秩序,且高等教育外部质量保障机构本身及其运行的质量也难以保证。关于我国缺乏高等教育外部质量保障机构资历认可机制的原因,可以从以下 3 个角度进行分析。

第一,尚未形成认可文化。从根本上看,对高等教育外部质量保障机构的认可文化就是元评估文化。元评估文化关系到为什么要对高等教育外部质量保障机构进行资历认可的问题。从目的来看,元评估是对高等教育外部质量保障机构自身合法性以及运行专业性等特征的评估,即对高等教育外部质量保障机构自身质量的评估。其重要性在于,能够对高等教育外部质量保障机构自身同时进行问责与质量改进。我国在元评估文化方面的不完善反映了从整体上对高等教育外部质量保障机构进行改进的意识不强,同时还缺乏相应的元评估法律法规保障。

第二,尚未形成成熟的认可机构。认可机构关系到谁来认可高等教育外部质量保障机构资历的问题。一般而言,对高等教育外部质量保障机构进行认可的机构分为 3 类:第一类是政府部门,依据法律法规对高等教育外部质量保障机构进行认可并授权,使得后者具备从事相应活动的权力;第二类是其他高等教育外部质量保障机构,根据共同认定的标准对高等教育外部质量保障机构进行认可,通常这类机构的独立性和专业性强,且具有较高的声誉和权威性;第三类是跨境高等教育质量保障网络,根据一定的标准框架对高等教育外部质量保障机构进行评估,并授予符合标准的高等教育外部质量保障机构以成员资格,从而使得这些机构获得国际合法性。整体上而言,我国高等教育外部质量保障机构接受任意一种组织认可的情况不多,导致其在行业相互认可方面尚未达到充分融合的状态。

第三,尚未形成规范的认可标准。认可标准关系到如何认可的问题。从现有文献来看,我国在借鉴国外成熟的高等教育外部质量保障机构发展经验的过程中,已经形成了对高等教育外部质量保障活动进行评估的意识,但忽略了对高等教育外部质量保障机构的评估。因此,在探讨和构建认可标准时,往往也回避了评估高等教育外部质量保障机构的标准。然而,任何一个机构运行的权威性都来源于该机构自身的权威性。就高等教育外部质量保障机构而言,其自身的权威性来源于不断开展的严格的自我批评及其资源续航能力等。不具备合法性身份的高等教育外部质量保障机构难以实施具有权威性的各项活动,其结果和决策也更难以让公众信服和接受。只有经过认可机构的资历审查和标准评估,高等教育外部质量保障机构所从事的相关活动才具有公信力。

（3）角色失真的原因

多种因素造成了我国高等教育外部质量保障机构的角色失真。其中,以下 4 个方面对角色失真的影响最为明显:政府角色越位、法律角色缺位、元评估制度的失位,以及文化传统的错位。

第一，政府角色越位。从历史的角度来看，我国高等教育质量保障是在计划经济体制下建立起来的。受制度的路径依赖影响，政府对高等院校的评估或认证等行动仍然没有跳出计划经济的体制框架[①]，并突出表现为主客体关系简单、高等教育外部质量保障标准单一，形成以政府主管部门为行动主体的高等教育外部质量保障体制。高等院校的主体地位有待提高，其在参与高等教育外部质量保障行动的过程中往往表现为被动配合政府以及高等教育外部质量保障机构的行动。在观念上，政府过于强调高等教育外部质量保障对高等院校的监管职能，弱化了将其作为政府、高等院校和社会之间进行决策选择的功能。在行动上，政府主导下的高等教育外部质量保障带有鲜明的行政性、封闭性与强制性，左右着各类高等教育外部质量保障机构对高等院校与专业的服务。因此，管办评分离在我国推进的阻力不断，政府既是办学方，又是管理方与监督方，集多种身份和权力于一身。2016年，莫玉音对广东省第三方教育评估机构的培育进行调查。结果显示，53.2%的受访者认为此类高等教育外部质量保障机构应由政府发起成立；32.3%的受访者认为应由事业单位发起成立；仅37.3%的受访者认为应由社会组织发起成立。[②] 在政府的强大影响下，高等教育外部质量保障机构难以在实际意义上担当高等教育外部质量保障主体，而高等教育也难以孕育出成熟的质量保障系统。即使产生了多个民间组织性质的高等教育外部质量保障机构，也难以充分发挥其积极作用。

第二，法律角色缺位。法律角色是高等教育外部质量保障机构地位、权利与义务的体现。欧洲高等教育外部质量保障机构发展的经验表明，完备的法律是其发展的重要前提和保证。只有明确了法律角色，才能为其良好发展与有效运行提供法律层面的支撑。当前，我国高等教育外部质量保障机构的法律角色缺位，尤其缺乏关于机构地位、属性、职能和经费等方面的法律解释。

① 王一兵.高等教育质量保证机制：国外趋势和中国面临的战略选择[J].高等教育研究，2002(1)：37-42.

② 莫玉音.广东省教育评估机构现状及第三方教育评估机构发展的研究[J].上海教育评估研究，2016(6)：60-64.

1985 年公布的《中共中央关于教育体制改革的决定》指出,"教育管理部门还要组织教育界、知识界和用人部门定期对高等学校的办学水平进行评估"。该政策较早地采用了"评估"这一术语,评估主体明确为教育管理部门。这种政府导向的高等教育外部质量保障能够较好地适应计划经济体制。20 世纪 90年代相继颁布的《普通高等学校教育评估暂行规定》和《高等教育法》等法律法规均把政府机构规定为高等教育外部质量保障的主体,非政府机构只是补充性的提及。由此,高等教育体制改革过程中成立的各类高等教育外部质量保障机构缺乏独立性和权威性,且难以发展到成熟的阶段也就不足为奇了。2015 年修订的《高等教育法》第二十九条明确指出,"高等教育行政部门负责组织专家或者委托第三方专业机构对院校的办学水平、效益和质量进行评估",使得高等教育外部质量保障机构在重要行政法规中占据了一席之地。[①]然而,教育行政部门还没有在真正意义上给高等教育外部质量保障机构让位。因此,我国高等教育外部质量保障机构在法律意义上的进展步履蹒跚。[②] 尤其是至今还缺乏一部完备的高等教育外部质量保障法律,导致我国高等教育外部质量保障机构的建设如履薄冰。

第三,元评估失位。从必要性来看,对高等教育外部质量保障机构进行元评估,有助于高等教育质量保障利益相关者找到一个中立的外力,对高等教育外部质量保障机构及其行动加以评估,构成对高等教育外部质量保障机构的督促,从而促进整个高等教育质量保障系统趋向规范、有序和专业发展。此外,它可以对高等教育外部质量保障机构进行资历认可,用系统的方法规范其行动进程。元评估对高等教育外部质量保障体系运作的规范化和科学化,防范政府、高等院校以及高等教育外部质量保障机构三者在法律和道德方面的风险能够起到积极的作用。但是,目前我国元评估机制存在失位的情况,这是高等教育外部质量保障机构的发展面临困境的重要原因之一。一方面,当前

---

① 吴华溢.从一元到多元:合法性理论视域下中国高等教育评估政策的变迁[J].黑龙江高教研究,2018,292(8):40-44.

② 张晓书.我国高等教育评估机构角色失真检讨与重新定位[J].江苏高教,2009(5):51-53.

我国高等教育外部质量保障活动仍然属于政府主导行为,具有绝对的权威性,决策一旦盖棺定论,便极少受到质疑,元评估的必要性自然也就被破坏了。另一方面,我国高等教育外部质量保障本身缺乏制度保障。当具体的工作尚处于探索阶段时,滞后的制度建设也就必定无法有效监督高等教育外部质量保障,从而导致对高等教育外部质量保障机构进行元评估的实践探索无据可循。

第四,文化传统错位。一个令人满意的制度离不开法律法规、规范原则以及文化认同 3 个基本要素。其中,文化认同对制度具有深远的影响。一种制度得以传播的前提是,它能够适应特定的文化传统,能够在某种组织场域中获得合法性,并能够获得多元利益相关者的普遍认同和遵从。[①] 从理论上看,高等教育外部质量保障制度若想取得良好的发展,首先要获得社会的广泛认可。但实际情况是,高等教育外部质量保障机构因无法全面收集活动所需的数据导致其运行结果失去权威性和公信力;高等院校和社会受传统思想路径依赖的影响,认为政府主导的高等教育外部质量保障行动最具权威性和公信力,对高等教育外部质量保障机构存在的必要性和意义认识不深刻。管办评分离推进下的第三方评估机构固然存在自身建设方面的缺陷,但这与现今我国高等教育还未形成新的符合时代发展特征的高等教育外部质量保障的文化密切相关。[②] 欧洲在高等教育质量保障的文化建设方面走在了全球前列,以挪威为例,2017 年挪威政府发布《高等教育质量文化》白皮书,启动了第二轮高等教育质量改革,将培育和发展质量文化作为新的战略目标。[③] 此外,高等教育外部质量保障机构首先在西方文化中得以衍生,并演变为与西方文化传统相适应的各类形式的机构。可以说,我国高等教育外部质量保障机构是经过西方和中国文化传统揉合之后的产物,必然会面临文化适切上的阵痛。正如伯顿·R.克拉克(Burton R. Clark)所指出的,从联邦的、联合的或市场的环境下发展起

---

① 王德林.我高等教育评估制度的合法性审视[J].高校教育管理,2012(4):44-48.

② 王向华,张曦琳.新制度主义视角下我国高等教育第三方评估面临的困境及其对策[J].高等教育研究,2018,39(6):36-41.

③ 冯惠敏,郭洪瑞,黄明东.挪威推进高等教育质量文化建设的举措及其启示[J].高等教育研究,2018,39(2):102-109.

来的高等教育系统,可能很广泛地发展缓冲型学术权威影响;而国家控制的高等教育系统则少有缓冲机构。[①]

6.2 我国借鉴欧洲经验的适切性与可行性分析

6.2.1 借鉴欧洲经验的适切性

适切性即是对契合程度的形容。适切形容的既是状态,同时也是价值。如果我们说 A 对于 B 具有适切性,即说明 A 对 B 具有正向的、积极的价值,B 对 A 的状态或发展方式和方向是认可的。A 对于 B 的适切性越强,则对 B 的价值越高。总之,适切性往往相对于某一对象而言。A 的适切性相对于 B 而言可能比较高;相对于 C 而言则可能无意义。本书认为,囚其存在一定的适切性,我国对欧洲高等教育外部质量保障机构的发展经验是可以借鉴的。

首先,随着欧洲高等教育一体化的推进,欧洲各国高等教育外部质量保障机构形成了两大共同特征与发展方向。一方面,欧洲各国高等教育外部质量保障机构聚焦的主题日趋一致,只是局部存在差异。大多数机构都同时针对高等院校和专业进行高等教育外部质量保障服务,也有部分机构专门针对高等院校或者专业进行服务。随着高等教育外部质量保障系统日趋复杂,高等教育外部质量保障机构应在国家特征下思考和解决问题已成为欧洲各国的共识。[②] 另一方面,欧洲各国高等教育外部质量保障机构都将高等院校的教学工作纳入考察的重点内容,高等院校招生、学生服务、学习成果以及内部管理等工作也多被纳入高等教育外部质量保障之中。此外,大多数机构还将高等院校的科研工作纳入考察范围。上述两个方面的发展特征和方向,在我国高等教育质量保障领域中也能发现。

① 伯顿·R.克拉克.高等教育系统——学术组织跨国研究[M].王承绪,译.杭州:杭州大学出版社,1994.

② 王新凤,钟秉林.欧洲高等教育区质量保障的发展趋势与经验借鉴[J].中国大学教学,2017(12):84-90.

其次,我国有大量学者研究了国际上发展程度较高或趋于成熟的高等教育外部质量保障机构的组织属性、设置目的、职能定位、行动标准和模式等维度,并基于这些维度提出了一些对我国有意义的建议或启示。尽管多数研究采用了静态的视角,但是也反映了借鉴国际经验是存在一定适切性的。尤其是以博洛尼亚进程为背景的欧洲高等教育外部质量保障机构,对我国发展同类机构而言具有一定的吸引力和可借鉴意义。事实上,评估高等教育外部质量保障机构发展程度的一个重要指标就是考察其国际化程度,这种国际化程度既包括自身被国际认可,即不断获得国际合法性,也包括积极地向国际上的良好实践学习并获得一些启示。它并不是纯粹地照搬照抄他国的经验,而是首先认可区域内和区域间不同的高等教育质量保障政策和措施具有一定程度的共同点和重叠部分,同时也用辩证的眼光看待差异部分。即使在欧洲内部,不同的高等教育外部质量保障机构之间也存在差异,但是这并没有阻碍它们之间的相互交流与合作。相反,正是因为不同程度的差异性与现有的共同点以及重叠部分同时存在,才使得 ENQA 等欧洲组织获得了参与高等教育外部质量保障机构建设的有利条件。与此同时,政府和高等教育外部质量保障机构等多元利益相关者才有了对话的前提条件。一些研究针对各区域性高等教育质量保障体系进行了分解编码,进而分析它们的共同特点。如今,UNESCO 关于高等教育质量保障的公约已被广泛认为是各国建立高等教育外部质量保障机构不可或缺的范式。尽管高等教育外部质量保障机构的职能、行动措施和主管部门各式各样,但是它们通常具有相近的使命。例如,亚太地区高等教育质量保障的方法有大量共同之处,同时由于各国的历史原因也存在显著的差异,这种特征在欧洲也能获得印证。[①] 也就是说,虽然任何国家或区域都无法完全照搬其他国家或区域的经验,但也一定能够从中为自身寻求一些可贵的借鉴之处。正如威尔斯所言,在塑造一个全面且能被广泛认

---

① 彼得·J.威尔斯,张建新.多元一体基因:高等教育质量保障的区域发展途径[J].北京大学教育评论,2014,12(4):101-115,186.

可的高等教育质量保障标准框架方面,欧洲可能比大多数区域远胜一筹。[①]
尽管 ENQA 指出 ESG 以欧洲高等教育质量保障为基础,但同时也认为它存在更广泛的相关性,建议全球范围内所有感兴趣的高等教育外部质量保障机构参考这些原则。

再次,与欧洲类似,我国所在的亚太地区也建立了区域性高等教育质量保障网络——APQN。与 ENQA 类似,APQN 这一伞状组织也为成员机构制定了一套具有普适性的标准框架。从内容上看,这套标准框架强调高等教育外部质量保障机构应该具备 5 个方面的特征:第一,具有独立性;第二,具备明确的授权、使命和目标;第三,具备必要且充足的资源;第四,定期开展周期性评估;第五,自身接受元评估。这 5 个特征与 ENQA 对成员机构的要求高度吻合,鉴于 ENQA 已经采取了邀请国际专家小组对自身的质量及其行动的影响力进行外部评估,ENQA 对欧洲高等教育外部质量保障机构的评估活动具有较高的国际合法性、专业性和权威性。可以说,在高等教育外部质量保障机构应该遵守的准则上,亚太地区与欧洲存在较多的共识。2018 年 3 月,我国教育部高等教育教学评估中心荣获 APQN 颁发的质量保障国际合作奖;同年 9 月,APQN 秘书处落户该评估中心。这些行动表明,我国高等教育外部质量保障机构在协助 APQN 建立区域内各高等教育外部质量保障机构之间的纽带,并促进其能力建设等方面肩负着重要的使命与责任。因此,不论从我国的角度还是从亚太地区的角度来看,探索欧洲高等教育外部质量保障机构等同行在发展中的特征与经验都是相当适切的。

最后,欧洲高等教育外部质量保障机构趋同性与差异性的发展过程,实际上是这类机构对国内国际合法性追寻的过程。我国自 1985 年高等教育质量保障起步以来,学术界从社会学新制度主义理论、现代治理理论以及利益相关者理论等视角出发对高等教育外部质量保障实践的合法性进行了大量研究,但忽视了高等教育外部质量保障机构自身对合法性的追求,而大多数针对欧

---

① 彼得·J.威尔斯,张建新.多元一体基因:高等教育质量保障的区域发展途径[J].北京大学教育评论,2014,12(4):101-115,186.

洲高等教育外部质量保障机构的研究又是描述性的、静态的分析。因此，对欧洲高等教育外部质量保障机构的趋同性和差异性进行深入的动态分析，在为我国高等教育外部质量保障机构建设提供借鉴时更为贴切，有助于我们深入了解高等教育外部质量保障机构面临的共同挑战以及可能的解决方案。

6.2.2 借鉴欧洲经验的可行性

在分析 A 借鉴 B 的经验时，我们需要考虑两个方面的问题：第一，B 相对于 A 而言具备哪些值得借鉴的优势；第二，A 移植 B 的经验的难度有多大。"十三五"是我国高等教育质量保障体系建设的关键时期，"双一流"建设与"一带一路"教育行动等国家政策对高等教育外部质量保障机构的建设与发展提出了新的要求。应借鉴国际高等教育外部质量保障机构的发展经验，建立符合我国背景的管办评分离的高等教育外部质量保障机构，推动我国高等教育质量保障文化的发展。下文将围绕这两个问题分析我国在建设高等教育外部质量保障机构过程中借鉴欧洲经验的可行性。

（1）欧洲高等教育外部质量保障机构的优势分析

国内有学者将高等教育质量保障定位为建设欧洲高等教育区的基石[①]，而高等教育外部质量保障机构则是这一基石的核心。随着欧洲高等教育一体化的推进，越来越多的欧洲高等教育外部质量保障机构在全球范围内的同行机构中享有较高的公信力。目前，尚未出现加入 ENQA 的高等教育外部质量保障机构主动退出的情况。即使在脱欧公投中，英国也有不少高等教育组织表达了继续留在欧洲高等教育区的诉求。[②] 不少英国学者认为脱欧将影响英国与欧洲其他国家的关系，削弱英国在欧洲高等教育区的优势地位。[③] QAA

---

① 周满生，褚艾晶.成就、挑战与展望——欧洲高等教育区质量保证十年发展回顾[J].北京大学教育评论，2011，9(2)：118-131.

② Mayhew K. UK higher education and Brexit[J]. Oxford Review of Economic Policy,2017,33(1):155-161.

③ Courtois A. Higher education and brexit: Current European perspectives[R]. London:Centre for Global Higher Education,2018:10.

在脱欧成为既定事实后旋即表示英国不会脱离欧洲高等教育区,将继续参加欧洲高等教育质量保障的建设,确保英国在欧洲政策制定和实施中的影响。[①] N.哈里斯(N. Harris)认为,这能够确保英国与欧洲高等教育区在高等教育质量保障标准方面持续一致。[②] 英国的例子充分说明,ENQA 组织下的高等教育外部质量保障机构具有较强的优势,对欧洲高等教育区以外的区域确实存在吸引力。究其原因,欧洲高等教育外部质量保障机构的优势离不开其自身建设和外部环境。

从自身建设的角度来看,欧洲高等教育外部质量保障机构参与欧洲层面的高等教育质量保障的行动相当活跃。整体而言,欧洲层面和国家层面政策的张力为高等教育外部质量保障机构创造了其与政府以及超国家组织进行对话的条件。一方面,高等教育外部质量保障机构主动接受 ENQA 的元评估,不断改进自身质量和能力,提高国际参与度和学生等利益相关者参与治理以及行动的程度;另一方面,它们根据评估中提出的问题,与政府进行“权力博弈”,换取更多的自主权,财力、人力等资源,进一步提高其自身的合法性、权威性和专业性。

从外部环境的角度来看,首先,ENQA 作为欧洲地区最重要的伞状组织之一,是高等教育外部质量保障机构重要的“守门员”和行动平台。与此同时,EQAR 也为高等教育外部质量保障机构发展的合法性塑造了客观条件。其次,高等教育外部质量保障机构在 ESG 的规范和指导下实施高等教育外部质量保障,使得欧洲高等教育区在全球高等教育中占据一席之地。[③] 可以说,欧洲高等教育外部质量保障机构的发展建立在 ESG 这一欧洲标准的基础之上。一套具有普适性的且容纳多元化的欧洲标准是高等教育外部质量保障机构能

---

① QAA. Post-EU referendum: The UK, European higher education area and the Bologna process[EB/OL]. [2020-01-18]. https://www.qaa.ac.uk/docs/qaa/about-us/qaa-viewpoint-posteu. pdf? sfvrsn=593ef6814.

② Harris N. Combining programme and institutional aspects in QA: UK[EB/OL]. [2019-10-18]. https://www.enqa.eu/pubs.lasso.

③ 蒋洪池,夏欢.欧洲高等教育区外部质量保障:标准、方式及其程序[J].高教探索,2018(1): 83-87.

够较快发展的重要原因,ESG 的实施经验已经证明其在不同的国家背景下和机构中的可行性和有用性。最后,为履行博洛尼亚进程对政府的呼吁,各国政府主管部门积极为高等教育外部质量保障机构开路,明确立法以保证其合法性地位,并最大限度降低经费给高等教育外部质量保障机构独立性带来的消极影响。

(2)借鉴欧洲经验的难度分析

考虑借鉴难度是分析借鉴可行性的一个重要维度,现有文献几乎没有明确分析我国高等教育外部质量保障机构在借鉴欧洲经验时将会面临多大的难度。总体而言,我们能够从社会可接受度、文化传统以及制度和技术环境 3 个方面考虑借鉴难度。第一,在社会可接受度方面,我国自 20 世纪 90 年代以来就已经有一些专家前往欧洲调研高等教育外部质量保障机构的组织和运行,如张志远对欧洲 16 国的高等教育外部质量保障机构进行了介绍。[①] 这些调研以及之后学术界对欧洲高等教育外部质量保障机构的研究都表明,我国对于借鉴欧洲高等教育外部质量保障机构发展经验存在较高的接受度。第二,在文化传统方面,我国一直秉持"他山之石,可以攻玉""百家争鸣,百花齐放"以及深化改革开放的理念,主动欢迎一切国际上的良好实践为我国提供参考和借鉴,以启发我国在相应领域的自身建设。第三,在制度和技术环境方面,我国政府近年来不断号召高等教育外部质量保障机构积极参与国际政策、规则和标准的制定,而我国高等教育外部质量保障机构也积极响应国家政策,提高了参与国际政策、规则和标准制定的意识,尤其是教育部高等教育教学评估中心承接 APQN 秘书处工作,为我国各类高等教育外部质量保障机构参与高等教育质量保障的国际治理创造了有利条件。与此同时,我国高等教育外部质量保障机构较以往更为注重专家库建设、评估技术开发以及经费筹措等方面的问题,为塑造良好的技术环境进行了积极探索。

---

① 张志远.欧洲十六国的高等教育评估[J].外国教育研究,1997(3):51-56.

6.3 本章小结

本章分析了我国高等教育外部质量保障机构的现状、存在的问题以及根源。随着管办评分离的提出与推进,我国高等教育外部质量保障机构主要由半官方性质的评估机构、民间性质的评估机构和学术性质的评估机构组成,3种机构享有不同程度的独立性、权威性和专业性。在存在的问题方面,我国高等教育外部质量保障机构面临建设滞后、行业资历认证不足以及角色失真等困境。在阐述了根源之后,本章进一步分析了我国对欧洲高等教育外部质量保障机构经验借鉴的适切性与可行性,并认为我国在高等教育外部质量保障机构的建设过程中向欧洲借鉴经验,具有较强的适切性与可行性。

7　对我国高等教育外部质量保障机构建设的启示

　　我国高等教育外部质量保障的发展较为滞后，多个方面的发展欠成熟，尤其在权威性与专业性方面常常受到社会质疑。因此，加强高等教育外部质量保障机构的权威性和专业性是当前我国高等教育外部质量保障发展的重中之重。从国际发展大趋势的角度来看，应深刻认识高等教育外部质量保障机构建设的重要性，重新定位高等教育外部质量保障机构在法律体系和教育管理体系中的位置，加强对高等教育外部质量保障机构的建设，提升其国际参与度和公信力，建立有效的准入机制并明确其功能和职责。"十三五"是我国高等教育质量保障体系定位和发展的关键期，应借鉴国际高等教育外部质量保障机构的发展经验，探索符合我国管办评分离的高等教育外部质量保障机构的建设路径。

　　基于前文对欧洲高等教育外部质量保障机构发展的有效性、趋同性和差异性的分析，高等教育外部质量保障机构的权威性与专业性主要体现在机构的建立和实施方面。在机构的建立方面，其权威性和专业性主要来源于完善的法律法规体系、主体的权威性、机构的独立地位和多元化与高素质的专家队伍。在机构的实施方面，其权威性与专业性主要来自系统全面的行动程序、先进科学的技术水平、专业规范的研究支撑和积极有效的外部监督等。权威性、独立性和专业性是高等教育外部质量保障机构的 3 个基本特征，三者之间相辅相成。高等教育外部质量保障机构的权威性来源于其人员和运行的专业性，独立性则是权威性和专业性的基础。综合前文对欧洲高等教育外部质量保障机构有效性、趋同性与差异性的分析，以及对我国高等教育外部质量保障机构的现实分析，本书认为，在建设我国高等教育外部质量保障机构的过程中，可以从区域高等教育质量保障网络、政府以及高等教育外部质量保障机构3个维度以及三者之间的协同治理方面进行借鉴。

7.1 发挥区域高等教育质量保障网络的规约作用

如果说参与国际认证的结果可以使"一带一路"国家的高等院校吸引更多优秀的学生，并将他们的文凭转化为具有流通性的"货币"，在透明的环境下推动高等教育系统的运行[①]，那么积极参与区域高等教育质量保障网络则可以为"一带一路"国家营造互相信任的良好环境。教育部高等教育教学评估中心承接 APQN 秘书处工作既体现了我国高等教育质量保障在亚太地区的重要地位，也为我国高等教育未来的发展以及与亚太地区甚至全球范围内的其他国家在"一带一路"倡议下互利共赢提供了一个极有价值的平台。除了我国高等教育主管部门在 APQN 合法性地位的提升有助于建设"一带一路"高等教育区平台以外，APQN 本身就具备以下有利条件。第一，从时间上看，APQN的成立时间与 ENQA 接近，它是在 INQAAHE 等组织的协助下创建与发展起来的，其组织结构完善、规范系统且在亚太地区具备相当大的影响力。同时，它还具备 ENQA 所缺乏的优势：在其成员机构名单中，既有高等教育外部质量保障机构，又有高等院校和其他研究机构。这种对高等教育外部质量保障机构和高等院校同时开放成员资格的方式有助于推动 APQN、各国高等教育外部质量保障机构以及高等院校之间的对话，削弱高等教育外部质量保障实施的阻力。第二，APQN 将消解区域高等教育质量保障边界设为其终极目

① 毕卡斯·山亚，米卡伊尔·马丁.质量保证以及质量认证作用的总体回顾[C]//全球大学创新联盟.2007 年世界高等教育报告:高等教育的质量保证.杭州:浙江大学出版社,2009:4-5.

标。第三,APQN 也制定了区域高等教育质量保障标准——《千叶原则》。第四,APQN 通过了亚太地区教育质量保障注册建议案,为高等教育外部质量保障机构之间的相互认可提供了一个合法性平台。从欧洲高等教育外部质量保障机构的动态发展来看,ENQA 这一伞状组织对各机构的设置、标准、运行机制以及后续跟进起到了良好的规约作用。因此,我国高等教育外部质量保障机构在与 APQN 密切互动的过程中,要充分挖掘 APQN 在相应领域的规约作用。

7.1.1 规范高等教育外部质量保障机构的设置

区域高等教育质量保障伞状组织能够为成员机构提供一定程度的国际合法性,为了获得国际合法性,各类高等教育外部质量保障机构就需要积极加入此类伞状组织。APQN 在吸收成员机构时会根据高等教育外部质量保障机构的建设情况,来决定是否授予该机构正式成员或准成员资格。也就是说,APQN 对我国各类高等教育外部质量保障机构的首要作用是规范其机构设置,包括完备的组织结构、管理人员、专家人员、章程、使命等内容。机构设置越完善,越容易获得 APQN 的认可。以上海市教育评估院为例,该机构是我国较早成立的高等教育外部质量保障机构,在机构设置方面相较于我国其他高等教育外部质量保障机构而言更为完善。因此,上海市教育评估院在与APQN 的对话以及参与亚太地区高等教育质量保障政策制定的过程中也更为活跃,成为亚太地区声誉较高的高等教育外部质量保障机构之一。其间,上海市教育评估院曾承接 APQN 秘书处工作,负责学术、财务等事宜。与此同时,APQN 也在不断规范上海市教育评估院的机构设置。例如,通过推动上海市教育评估院与 HKCAAVQ 之间的交流与合作,为上海市教育评估院提供了不断改进其机构设置的动力与机会。

7.1.2 规范高等教育外部质量保障机构的标准

APQN 以消解区域高等教育质量保障边界为终极目标,为亚太地区高等教育外部质量保障机构制定了一套广泛适用的标准框架——《千叶原则》。《千叶原则》(见图7-1)由3部分要素组成,分别是内部质量保障、质量评估以及质量保障机构。从结构上看,它以高等教育质量评估要素为中介,衔接高等院校与高等教育外部质量保障机构。在内部质量保障方面,该原则框架认为,高等教育质量保障的首要责任在于高等院校自身。此外,它将"质量文化"置于高等教育内部质量保障要素的紧要位置。有学者认为,要想从根本上提高高等教育的质量,不仅要超越传统高等教育的保障范式,还要构建以信任为基础、全社会参与、整体的新型质量文化理念。在质量评估方面,该原则框架为高等教育质量保障的过程和内容提供了一套指导原则,既涉及高等院校自身的评估,也涉及高等教育外部质量保障机构针对高等院校或者项目进行的评估。在质量保障机构方面,该原则框架是指导高等教育外部质量保障机构及其管理结构的主要原则,以使其对高等院校和项目进行有效的认证或审核等。总体而言,《千叶原则》有助于规范高等教育外部质量保障机构自身及其运行标准。

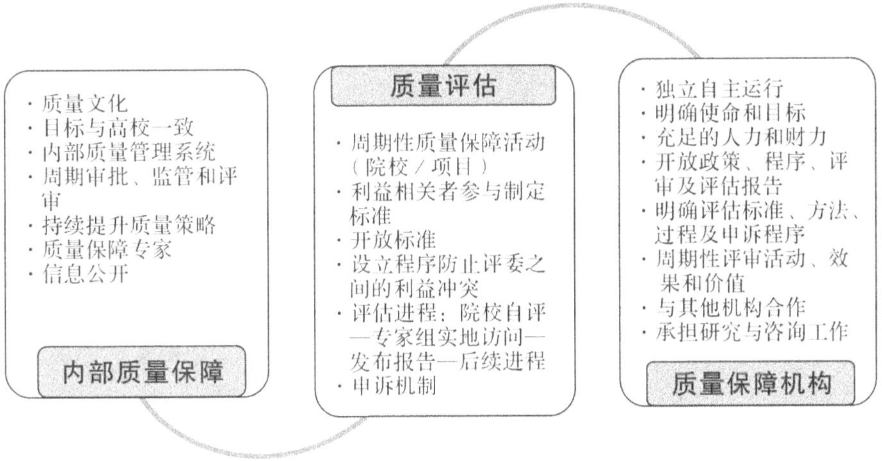

- 质量文化
- 目标与高校一致
- 内部质量管理系统
- 周期审批、监管和评审
- 持续提升质量策略
- 质量保障专家
- 信息公开

内部质量保障

质量评估

- 周期性质量保障活动(院校/项目)
- 利益相关者参与制定标准
- 开放标准
- 设立程序防止评委之间的利益冲突
- 评估进程:院校自评—专家组实地访问—发布报告—后续进程
- 申诉机制

- 独立自主运行
- 明确使命和目标
- 充足的人力和财力
- 开放政策、程序、评审及评估报告
- 明确评估标准、方法、过程及申诉程序
- 周期性评审活动、效果和价值
- 与其他机构合作
- 承担研究与咨询工作

质量保障机构

图7-1 《千叶原则》的内容①

---

① APQN. Higher education quality assurance principles for the Asia Pacific region[EB/OL]. [2019-12-28]. https://www. apqn. org/media/library/good_prac-tices/quality_assurance_chibal_principles. pdf.

7.1.3 规范高等教育外部质量保障机构的运行机制

高等教育外部质量保障的程序以及具体实施,均能体现高等教育外部质量保障机构的专业性。通过研究欧洲高等教育外部质量保障机构行动的推进,我们可以发现在具体程序上,不论哪一类高等教育外部质量保障机构,都有以下共同点。第一,符合基本的高等教育外部质量保障程序,即充分的准备工作,包括高等院校的自我评估与高等教育外部质量保障专家小组的成立;可靠的实施阶段,包括专家小组审核被评高等院校提交的报告并进行实地访问;客观的评估总结以及及时的后续跟进。第二,重视被评高等院校的自我评估,突出高等院校在高等教育质量保障中的主体地位。第三,坚持报告与实地访问相结合,保证评估总结的权威性与专业性。第四,强调评估报告的公开性,将问责或改进与社会监督相结合。第五,落实后续跟进。我国高等教育外部质量保障机构在行动时,基本按照学校自评、专家考察、审议与发布结论的流程运行。这种机制缺乏相应的后续跟进指导工作,导致高等教育外部质量保障机构难以为被评高等院校制定有效的咨询报告。APQN 在《千叶原则》中明确提出将后续跟进纳入高等教育外部质量保障进程,一旦重视 APQN 对我国高等教育外部质量保障机构运行机制的规范作用,将全面提升我国高等教育外部质量保障机构行动的公正性、客观性、专业性、科学性及其对高等院校咨询服务的有效性。

7.1.4 规范高等教育外部质量保障机构的持续改进

由于高等教育外部质量保障机构的行动将在一定程度上给被服务的高等院校带来资源与合法性等方面的影响,由伞状组织协助高等教育外部质量保障机构进行优化和提升成为不可忽略的环节。从欧洲的经验来看,为了确保运行独立,高等教育外部质量保障机构必须公开其内部运行和相关政策。这些政策的内容至少包括:确保参与者基于一定的专业与道德行事;防止任何形式的歧视;确保任何活动和发布的材料与 ESG 保持一致;与政府主管部门恰当的沟通,以及不断改进的反馈机制。与 ENQA 采用元评估的方式对高等教育外部质量保障机构进行后续改进不同,APQN 往往利用各类活动为成员机构创造改进能力的平台与机会,并利用人员能力建设、全球性专家数据库开发、"品质奖"实践经验的总结以及良好实践平台的搭建共享等方式推动亚太地区高等教育质量保障能力建设。尤其在传播途径上,APQN 主要通过共享网站和图书馆资源、开放和鼓励官方网站上的论坛对话以及发起全球高等教育质量保障峰会等途径向高等教育外部质量保障机构共享良好实践。这些途径有助于推动高等教育外部质量保障机构的不断改进,但是相比欧洲采用元评估的方式而言,在产生效果的强度方面有待提升。因此,需要进一步加强 APQN 对我国高等教育外部质量保障机构后续改进方面的规范作用。

7.2 优化政府对高等教育外部质量保障机构的资源配置

充足的资源配置既是高等教育外部质量保障机构建设的前提条件,也是其科学、有效、专业、客观、独立运行的重要保证。受益于明确的法律法规,大多数欧洲高等教育外部质量保障机构本身已经获得较为充足的资源,即便是那些资源不足的高等教育外部质量保障机构也能够通过 ENQA 对其的元评估及结果与政府进行对话和博弈,进而争取更多的资源。相比之下,我国各类高等教育外部质量保障机构在资源占有上存在严重的不平衡,需要政府发挥优化配置的功能。

7.2.1 优化人力资源配置

对于高等教育外部质量保障机构而言,充足的人力资源既是权威性的首要来源,也是专业性的重要体现。总体而言,我国高等教育外部质量保障机构在人力资源方面存在较大的不平衡。首先,相比之下,半官方性质的高等教育外部质量保障机构比其他类型的高等教育外部质量保障机构拥有更多行业内知名的专家,并且大多数专家对这类高等教育外部质量保障机构的回应程度更高。导致这种情况出现的原因,一方面与机构自身的能力建设有关,另一方面还与经费配置密切相关。也就是说,在经费上具有更多保障的高等教育外部质量保障机构更有机会挖掘权威性高、专业性强的国内外专家参与机构的治理与运行。

其次,任何一个高等教育外部质量保障机构都需要一些具备特定专业素养和专业技能的工作人员,他们是衔接高等教育外部质量保障程序每一个步骤的纽带,包括维护高等教育外部质量保障机构的日常运行、财务预算与决算、组织专家实地访问、负责与同行机构往来事宜、分析数据等工作。由于我国高等教育外部质量保障机构的发展水平参差不齐,各机构工作人员在业务方面也会存在不同程度的差距。一旦政府利用行政力量引导各类高等教育外部质量保障机构的人力资源配置,不仅能够提升各机构人力资源的质量,还能够在全国范围内提高人力资源的使用效率。

最后,从欧洲高等教育外部质量保障机构的发展经验来看,除了专家小组以外,学生也是参与机构建设与运行的重要人力资源。随着高等教育质量保障国际化的不断推进,我国也必定会将学生纳入专家成员之中。然而,在缺乏"学生主体"意识的背景下,等待高等教育外部质量保障机构主动重视学生参与,并将学生实际纳入机构建设和治理过程则会延迟这一国际特征在我国的移植。因此,政府不仅要优化国内国际专家资源在各类高等教育外部质量保障机构中的配置,还要通过政策法规明确将学生纳入专家库,并督促高等教育外部质量保障机构开发相应的针对学生专家进行培训的机制。

7.2.2　优化财力资源配置

从前文对欧洲高等教育外部质量保障机构的差异性分析中可以发现,财力资源是导致一些高等教育外部质量保障机构独立性不足的直接或间接原因之一。一方面,充足的财力资源是高等教育外部质量保障机构生存的重要前提,为机构的日常运行、业务往来、元评估以及其他活动的开展提供经济支撑,没有足够的财力资源,高等教育外部质量保障机构就无法持续生存下去。在高等教育外部质量保障服务市场化的时代下,任何一个无法保障自身生存的高等教育外部质量保障机构都难以在竞争中获胜。另一方面,充足的财力资源还是高等教育外部质量保障机构运行的必要条件,为高等教育外部质量保障机构实施具体的程序、购买国际专家的服务以及进行技术分析等行动提供经济支撑。当前,在管办评分离推进的背景下,我国第三方评估机构在经费来源上存在较大差异,并且在财力支撑能力方面也强弱不一。为此,政府在倡导高等教育外部质量保障机构市场化的同时,要加强规范高等教育外部质量保障机构提供服务的费用标准,防止各类机构之间的恶性竞争。与此同时,还要引导高等教育外部质量保障机构在经费来源和支出方面的透明化,防止财力资源的低效使用和浪费。

7.2.3 优化信息资源配置

透明的、详细的各类信息是公众对高等教育外部质量保障机构及其决策产生信任的重要来源,也是高等教育外部质量保障机构之间建立相互认可的前提条件。纵观欧洲高等教育外部质量保障机构的发展,不仅各机构自身的公开程度较高,而且对这些机构进行元评估的 ENQA 也在信息公开方面遵守开放透明的原则。我国高等教育外部质量保障机构的独立性、权威性和专业性受到质疑的一个很大原因就是,其信息开放程度整体较低,公众难以获得被评高等院校的具体评估报告,仅凭一个简单的结论难以让公众信服。因此,政府必须对我国高等教育外部质量保障机构的信息资源进行优化配置。一方面,监管和督促高等教育外部质量保障机构公开各类评估进程与评估报告的具体内容;另一方面,规范全国高等院校的信息采集、使用以及修正机制,避免高等教育外部质量保障机构在信息使用过程中出现重复操作的环节。

7.2.4 优化时间资源配置

时间资源优化又称为时间—资源均衡。优化时间资源配置就是提高高等教育外部质量保障机构的运行效率,即全面考虑高等教育外部质量保障行动在时间上和资源上的平衡，为高等教育外部质量保障机构寻求时间与资源的最佳结合方案。从活动内容来看，政府可以从 3 个方面对高等教育外部质量保障机构的时间资源进行优化配置。第一，优化高等教育外部质量保障活动实施所需的时间。欧洲高等教育外部质量保障活动的内容与标准都重视高等院校的"投入、过程、输出以及结果"指标，但针对不同高等院校所采用的评估时间不同，欧洲高等教育外部质量保障机构会根据高等院校的规模与师资水平等实际情况对时间作出调整。例如在高等院校实地访问期间，欧洲高等教育外部质量保障机构会进行实地观察、问卷调查，以及访谈等，以丰富相关数据和资料。第二，优化高等教育外部质量保障活动的周期。对高等院校进行周期性高等教育外部质量保障活动是确保高等院校质量持续改进的核心手段，但是在具体采用多久时间进行周期性高等教育外部质量保障活动方面，需要政府结合高等院校的发展程度为高等教育外部质量保障机构提供可靠的参考。第三，优化高等教育外部质量保障后续跟进实施所需的时间。后续跟进是考察高等院校是否落实改进措施的阶段，鉴于我国不少高等院校是在高等教育大众化进程中相继建立起来的，在改进的能力与意识方面存在一定的差异，需要政府按照分类原则对高等院校的整改行动提出明确的时间要求，以便高等教育外部质量保障机构在后续跟进时执行有效的方案。

7.3 提升高等教育外部质量保障机构的综合能力

高等教育外部质量保障机构是实施各项高等教育外部质量保障活动的主体，是为政府和高等院校进行服务的重要组织。因此，不断提升高等教育外部质量保障机构的综合能力，是建设高等教育外部质量保障机构的内在要求。早在 1996 年，上海市高等教育评估事务所就与 HKCAAVQ 达成了合作意向。上海市教育评估院在成立后也多次与 HKCAAVQ 展开了互访与交流，双方签订了相关合作交流协议。^① 这些行动在一定程度上提升了上海市教育评估院的综合能力。我国高等教育外部质量保障机构要提升综合能力,需要从人员专业能力、国际参与能力、行动实施能力以及影响力 4 个维度采取措施。

7.3.1 建立职业培训的渠道,提升人员专业能力

任何一个高等教育外部质量保障机构的评估人员都必须接受科学、系统的专业能力培训,以确保评估队伍的多元化、专业性、公信力和高素质。在高等教育外部质量保障活动开始之前,每一位评估人员都要熟知高等教育外部质量保障的内容、标准和程序等;在活动结束后,要对活动中遇到的问题进行总结;还要制定一套完整的活动标准来引导和约束评估人员的行为。^② 人员专业能力越高,高等教育外部质量保障机构在实施各类活动的过程中越容易发现问题、分析问题并解决问题。许多高等教育外部质量保障机构的技术也与其人员的专业能力密不可分。例如,欧盟委员会的多维度全球大学排名(Multi-dimensional Global University Ranking,简称 U-Multirank)系统是其评估工具与技术的核心竞争力之一。^③ 要想提升人员专业能力,就必须建立畅通的职业培训渠道。当前,我国高等教育外部质量保障机构内部的人员专业建设还不成熟,理论和技术更多地来自其他国家,导致我国高等教育外部质量保障机构缺乏专业性与权威性。因此,我国应打造一支专业的高等教育外部质量保障人员队伍,并保持前瞻性与科学性,重视相关理论的研究和新技术的开发。此外,欧洲高等教育质量保障重视学生参与高等教育外部质量保障行动的全过程,并发挥其作为核心利益相关者之一在高等教育外部质量保障中的参与作用。通常情况下,欧洲学生参与高等教育外部质量保障行动分为

---

① 上海市教育评估院.区域流动:质量保障领域中的合作——亚太地区质量保障网络组织学术研讨会暨第二届年会综述[J].教育发展研究,2006(9):79-82.

② 史秋衡,陈蕾.中国特色高等教育质量评估体系的范式研究[M].广州:广东高等教育出版社,2011:160.

③ 吴岩.国际高等教育质量保障体系新视野[M].北京:教育科学出版社,2014:243.

5类:第一类,参与国家高等教育外部质量保障机构的治理结构;第二类,作为专家小组成员参与高等教育外部质量保障的评估活动;第三类,参与自我评估报告的制定;第四类,参与高等教育外部质量保障结果的决策;第五类,参与后续跟进工作。[①] 可以说,学生已经在很大程度上被纳入欧洲高等教育外部质量保障机构人员的范围。然而,我国高等教育外部质量保障对于学生参与的重视程度远远不够。一旦将学生纳入高等教育外部质量保障机构人员的范围,就必须对学生进行与其他从业人员同样的培训。

从内容上看,人员培训涉及观察同行评审,参加评审或评估培训,了解各类高等教育外部质量保障体系和高等教育外部质量保障机构的运作机制,与国内外同行专家建立互动等。从形式上看,可以采用以下4条途径对高等教育外部质量保障机构的人员进行专业培训:第一,高等教育外部质量保障机构根据现有经验,独立开展人员培训活动;第二,高等教育外部质量保障机构与行业内其他机构合作,联合开展人员培训活动;第三,高等教育外部质量保障机构向政府主管部门提出申请,由后者指定或委托特定人员对高等教育外部质量保障机构开展人员培训活动;第四,高等教育外部质量保障机构加入APQN,参与后者开展的各项人员培训活动。

7.3.2 引进国际知名专家,提升国际参与能力

跨境高等教育外部质量保障机构之间的信任一直是欧洲高等教育质量保障议程的焦点。衡量信任度的一条重要途径,就是是否接受其他国家的高等教育外部质量保障机构依照ESG对本国高等院校或项目进行高等教育外部质量保障服务。跨境高等教育外部质量保障活动对加强不同高等教育质量保障系统之间的相互学习和对话至关重要,能够为欧洲高等教育区的深入发展作出重要贡献。欧洲高等教育外部质量保障机构的国际参与涉及4个层面:第一,高等教育外部质量保障机构是ENQA的成员;第二,国际同行专家参与

---

① 王新凤,钟秉林.欧洲高等教育区质量保障的发展趋势与经验借鉴[J].中国大学教学,2017(12):84-90.

高等教育外部质量保障机构的管理;第三,国际同行专家作为评估小组成员参与评估和实地考察;第四,国际同行专家参与后续跟进活动。总体而言,这4个层面都涉及国际专家的参与。也就是说,聘用国际专家参与高等教育外部质量保障机构的建设和运行,有助于提升该机构的国际参与能力。

聘用国际知名的高等教育外部质量保障专家是提高高等教育外部质量保障活动质量、保证权威性和专业性的重要因素。[①] 当前,我国高等教育外部质量保障机构的人员构成较为单一、整体素质还不高,很多评估人员是兼职人员。因此,推动我国高等教育外部质量保障机构的国际参与具有紧迫性。而一些国际伞状组织已经为这一建设目标提供了有效的解决方案。例如2009年,APQN与INQAAHE合作开发了高等教育质量保障咨询专家数据库。由成员机构提交候选专家名单,并在APQN的结构化申请表中填写候选专家的联系方式、专业知识领域、国内和国际高等教育质量保障经验等信息。为了确保候选专家的质量,APQN和INQAAHE联合成立了国际评审委员会对每一位候选专家进行评审。候选专家一旦通过审核便会被列入开放的数据库网站,网站访问者可以根据关键字、专业、组织机构、性别、国籍、时间等方式检索高等教育质量保障专家。此外,国际评审委员会重视专家数据库的维护与改进,每年对数据库进行专家选择,审查数据库的效用,并提高数据库的可视性与功能。我国高等教育外部质量保障机构在寻找和聘用国际知名专家的过程中,可以充分利用这一全球性高等教育外部质量保障专家数据库。

7.3.3 参与元评估,提升行动实施能力

随着高等教育规模的扩大,为了保障高等教育的质量,普遍开展高等教育外部质量保障活动势在必行,建立各种类型的高等教育外部质量保障机构也是高等教育领域发展的必然。由此,针对高等教育外部质量保障机构的资历审查、认可和对其活动的元评估,自然也要提上议事日程。对高等教育外部质

---

① 马健生,等.高等教育质量保证体系的国际比较研究[M].北京:北京师范大学出版社,2014:157.

量保障机构的设立和活动进行元评估的原因基于以下 4 个方面。第一,缺乏有效监督的高等教育外部质量保障估机构容易丧失其公信力。缺乏有效监督的高等教育外部质量保障机构很容易因受到其他利益团体的压力而使其行动具有倾向性,从而丧失其赖以生存的独立性、公正性和客观性。第二,对高等教育外部质量保障机构的设立进行元评估,能够避免这类组织泛滥。同时,元评估可以提醒已建立的高等教育外部质量保障机构重视其社会责任和义务,不断发展高等教育外部质量保障理论,并提高其行动的科学性。第三,对高等教育外部质量保障机构活动进行元评估可以激励其不断提高信息的可信度,避免这些机构为逃避高等教育外部质量保障活动的困难性、复杂性而采取偷懒行为。第四,只有建立高等教育外部质量保障机构元评估机制,才能保证其社会职能的良好发挥。高等教育外部质量保障行动有很强的社会导向作用,如果它提供的高等教育外部质量保障信息失真,就会导致社会资源的极大浪费。[①] 因此,为了促进高等教育外部质量保障机构不断进行自我反思,应提升高等教育外部质量保障机构整体的行动实施能力,并在行业内外营造开放的市场竞争机制。让高等院校自主选择高等教育外部质量保障机构的服务,就必须对高等教育外部质量保障机构本身及其行动进行元评估。具体而言,涉及对高等教育外部质量保障机构的准入资历、研究支撑、主题成果、行动效果及其改进能力等 5 个方面。

第一,准入资历。一是高等教育外部质量保障机构是否具备独立法人资格和完善的组织架构;二是高等教育外部质量保障机构是否具有通过注册的名称、固定的工作场所、必要的活动条件和充分的经费支持;三是高等教育外部质量保障机构是否具有科学的且能够有效执行的内部管理规范与评估标准;四是高等教育外部质量保障机构的程序能否被政府和高等院校等利益相关者所接受。

第二,研究支撑。一是高等教育外部质量保障机构是否具备实施高等教育

---

① 孙锐,王战军,周学军.浅议高等教育评估机构的社会职能及其实现[J].中国高教研究,2001(11):39-40.

外部质量保障活动所需要的人力、物力和财力资源；二是高等教育外部质量保障机构是否具有收集、处理和分析信息的能力；三是高等教育外部质量保障机构能否可靠和有效地挖掘、分析和解决问题，为服务高等院校制定个性化改进方案。

第三，主题成果。一是高等教育外部质量保障机构是否公布年度工作报告；二是高等教育外部质量保障机构是否公开高等教育外部质量保障活动的具体程序及内容；三是高等教育外部质量保障机构是否全面公开高等教育外部质量保障标准或相关政策；四是高等教育外部质量保障机构是否公开研究成果。

第四，行动效果。一是高等教育外部质量保障机构服务的高等院校是否有实质性改进；二是被服务高等院校是否将高等教育外部质量保障机构的决策建议付诸实践，并作为未来战略规划的依据。

第五，改进能力。一是高等教育外部质量保障机构是否对自身开展活动的能力进行持续的评估和改进；二是高等教育外部质量保障机构能否确保资源的独立性和可持续性。

7.3.4 扩大信息公开受众，提升机构影响力

任何高等教育外部质量保障机构都应将扩大社会影响力视为提升自身建设的一个重要方面，因为不具备社会影响力的高等教育外部质量保障机构就失去了存在的意义。从历史的角度来看，高等教育外部质量保障机构产生的一个重要原因就是为政府、高等院校以及公众提供可靠的信息，让利益相关者在制定决策之前获得客观且充分的数据，降低因信息闭塞导致的一系列不公正事件的发生。

当前，我国高等教育外部质量保障机构应尽快完善信息公开机制。高等教育外部质量保障机构应在官方网站上公布自身建设情况、经费来源、专家成员组建、执行情况和结果、自我评估以及年度质量报告等数据。特别要注意的是，高等教育外部质量保障机构还应将被评高等院校后续改进的落实情况作

为数据公开的重要内容,以此倒逼高等院校在接受评估后采取改进措施,从而真正发挥高等教育外部质量保障机构"守门员"的作用。只有这样,才能获得一直以来都缺失的公信力,并更好地开展各项高等教育外部质量保障活动。总之,高等教育外部质量保障机构要健全内部管理与信息公开等制度,规范机构运行,积极向社会公开各类信息,为高等教育外部质量保障利益相关者提供参考信息,加强自身的专业性和公信力。与此同时,高等教育外部质量保障机构要鼓励和邀请社会各界参与监督信息质量与透明度,发挥利益相关者外部监督的积极作用。

7.4 倡导区域网络—政府—高等教育外部质量保障机构的协同治理

7.4.1 区域网络的角色:连接者

"一带一路"倡议的提出不仅给我国跨境高等教育的发展带来了新的机遇与挑战,而且呼吁区域高等教育质量保障组织消解各国之间高等教育质量保障的边界。APQN具备胜任这一使命的有利条件。从理念来看,APQN和"一带一路"倡议都聚力构建命运共同体、坚持可持续发展、维护多样性发展以及深化对外开放。[①]"一带一路"国家与我国交往的历史悠久,有着频繁的商业往来与广泛的文化互动,我国的优秀传统文化在这些国家和民族中早已获得了一定的理解与认同。[②]因此,作为亚太地区高等教育质量保障领域规模最大、最具影响力的区域网络,APQN将成为响应和推进"一带一路"倡议的重要平台。当前,已经有许多"一带一路"国家积极加入该平台,参与和推动国际高等教育政策、规则、标准的研究与制定,以促进区域高等教育质量的提升,

---

①　董西露.消解区域高等教育质量保障的边界:"一带一路"倡议下 APQN 研究[J].现代教育管理,2019(11):24-29.

②　黄明东,吴亭燕."一带一路"与高等学校教育质量标准建设[J].中国高等教育,2017(10):28-30.

并提高区域高等教育的影响力和竞争力。从角色来看,APQN 将成为推动区域内各国高等教育外部质量保障机构建设的连接者。

首先,APQN 的行动有助于推动我国高等教育外部质量保障机构的建设。作为一个非营利性的非政府组织,APQN 将消解亚太地区高等教育质量保障的边界视为其终极目标,为占世界一半以上人口的亚太地区的高等教育外部质量保障机构提供教育和培训。在行动上,APQN 重点通过加强人员能力建设,开发全球性专家数据库,设立"品质奖"总结实践经验,并搭建共享良好实践平台等途径推动亚太地区高等教育质量保障能力建设。由此,包括我国高等教育外部质量保障机构在内的区域内各国同行机构,都能受益于这些行动。

其次,APQN 的标准框架有助于提高我国高等教育外部质量保障机构的国际参与度。2008 年,APQN 年度会议在日本千叶市举行,来自 17 个国家的35 名参会者共同探讨了建立适应亚太地区高等教育质量保障的一般原则。参会者一致认为,一般原则应当具备通用性和灵活性,适用于该区域的所有高等院校、高等教育外部质量保障机构和高等教育外部质量保障行动,而不受其发展水平、规模和国家背景的约束。最终,会议起草了《千叶原则》。与欧洲的ESG 一样,《千叶原则》以各个国家对高等教育的具体责任和高等教育质量保障实践的自主权为基础。同时,《千叶原则》以支持和加强高等教育外部质量保障机构与其他同行机构之间的跨境合作为目标,为我国高等教育外部质量保障机构参与国际高等教育质量保障治理提供了具体的行动指南。

再次,APQN 的信任机制有助于增强我国高等教育外部质量保障机构的公信力。APQN 主要通过以下两条途径建立信任机制。第一,推动高等教育外部质量保障机构之间有关决策的相互认可。2010 年,澳大利亚大学质量局(Australian Universities Quality Agency,简称 AUQA)、马来西亚学术鉴定局(Malaysian Qualifications Agency,简称 MQA)、印度国家评估与认证委员会(National Assessment and Accreditation Council,简称 NAAC)和新西兰大学学术审计局(New Zealand University Academic Audit Unit,简称

NZUAAU)就高等教育外部质量保障结果的相互认可展开对话,其目的是实现 APQN 章程中所提到的,"促进高等教育外部质量保障机构之间的联系,并相互接受对方的决定和判断"①。各高等教育外部质量保障机构一致认为,对彼此高等教育外部质量保障过程的理解是对对方高等教育外部质量保障结果产生信心的必要前提。为了达成这种"理解—信任",各高等教育外部质量保障机构需要通过观察彼此的高等教育质量保障实践来进一步了解对方高等教育质量保障的严谨性。第二,建立亚太地区质量注册制度。借鉴 EQAR 的经验,APQN 于 2012 年通过了亚太地区教育质量保障注册建议。为推进亚太地区教育质量保障注册制(Asia-Pacific Quality Register,简称 APQR),APQN 成立同行评估专家组,对斯里兰卡国家评估与认证委员会(Quality Assurance and Accreditation Council,简称 QAAC)进行试点评估。2015 年,《APQR 议案》正式颁布,成为亚太地区首个高等教育外部质量保障机构注册制度。根据注册制度,所有高等教育外部质量保障活动基于一定的标准展开,良好的标准可以维护高等教育质量保障工作的使命与发展方向,从而达到预期目标,因为它是对高等教育外部质量保障机构进行元评估的标准。② 从服务目标上看,APQR 既为高等教育外部质量保障机构和跨境行动相互认可提供了依据,也为国际高等教育质量保障利益相关者提供了亚太地区高等教育外部质量保障机构公信力的参考。

7.4.2 政府的角色:引领者

在以责任、质量和生产力为核心的全球化时代,政府与高等教育外部质量保障机构之间的博弈影响着高等院校等利益相关者的策略与行动。受市场经济体制深化和高等教育国际化的影响,我国高等教育外部质量保障机构正从

---

① APQN. Constitution [EB/OL]. [2019-10-20]. https://www. apqn. org/constitution/governance-and-constitution.

② 张建新,札格纳斯·帕蒂尔. 谁来保证高等教育质量保障机构的质量?——亚太地区教育质量保障注册制(APQR)的实践探索[J]. 上海教育评估研究,2016(2):47-52.

政府机构向独立法人化的机构发展,并与政府建立了一种"一对多"的博弈关系。[①] 因此,高等教育外部质量保障仍须政府发挥引领作用,但政府不能走垄断高等教育外部质量保障的旧路,必须创新行政管理方式[②],引领和规范高等教育外部质量保障机构的行业发展与自律,并对这些机构加以指导和调控,以提升整个社会对高等教育外部质量保障机构的认同。鉴于此,政府应在与高等教育外部质量保障机构的互动中,充分发挥引领者的作用。

(1)政府职能由"裁判员"转化为"掌舵者",为高等教育外部质量保障机构提供合法性

政府在高等教育外部质量保障活动中的越位,导致了高等教育外部质量保障机构的角色失真。政府应对高等教育外部质量保障进行宏观指导与调控,即改直接参与高等教育外部质量保障活动为间接参与,甚至"无为而治",并加快完善高等教育外部质量保障的各项法律法规,确保高等教育外部质量保障机构在具体的活动中有法可依、有章可循。例如在高等教育外部质量保障机构的具体操作中,给予机构在选择评估人员、实施具体评估流程、撰写评估报告等方面更多的自由裁量权。当前,高等教育质量保障法制化是全球性的发展趋势,有关高等教育外部质量保障机构的法律法规是保证高等教育外部质量保障活动有效进行的基础性条件。从欧洲高等教育外部质量保障机构的发展来看,完善的高等教育外部质量保障立法是机构存在的根据,它对机构本身的运行机制产生了规范作用,在一定程度上塑造了高等教育外部质量保障机构的权威性和专业性。然而,从我国高等教育外部质量保障的发展情况来看,由于相关法律法规体系尚未健全,大大降低了高等教育外部质量保障运行的有效性。因此,要将政府的职能由"裁判员"转变为"掌舵者",就必须构建完善的法律法规体系。首先,我国政府应明确规定高等教育外部质量保障机构成立的条件、程序、权利、义务、性质和地位等,从多个方面维护高等教育外部质量保障机构的合法性与权威性。其次,政府应规定高等教育外部质量保

---

① 吴娱.浅析我国高等教育评估机构与政府的博弈关系[J].大学教育,2013(11):133-135.
② 李亚东.评价资源整合:构建中国特色质量保障体系[J].中国高等教育,2015(11):19-21.

障机构的日常运行、行动程序和具体行动等，使其运行有法可依、有章可循，在运行中维护高等教育外部质量保障机构的合法性与权威性。最后，政府要给予高等教育外部质量保障机构一定的自主权，在遵守法律法规的基础上，灵活执行高等教育外部质量保障工作。值得注意的是，政府还应在立法层面明确高等院校在高等教育外部质量保障中的权责，为高等教育外部质量保障机构行动的开展提供良好的外部环境。

总而言之，"无为而治"并不是指政府完全放任高等教育外部质量保障机构的行动。相反，政府要建立高等教育外部质量保障的监督机构，将重点置于对高等教育外部质量保障机构进行元评估的推进上，保证高等教育外部质量保障机构的公正性与权威性。通过约束性的合作协议或相关规范，使得政府与高等教育外部质量保障机构的主客体关系转变为合作性博弈关系。

（2）引导针对高等教育外部质量保障机构和活动的元评估，加强对高等教育外部质量保障机构的筛选与监管

制定高等教育外部质量保障机构的建立与运行标准，对高等教育外部质量保障机构及其活动进行元评估，是欧洲高等教育质量保障的重要措施，同时也是我国高等教育外部质量保障机构发展的薄弱环节。从内容上看，对高等教育外部质量保障机构进行元评估包括以下两个方面。

第一，对高等教育外部质量保障机构的资历进行元评估。随着高等教育外部质量保障机构的独立性逐渐增强，并不断参与同行机构之间的竞争，必将造成高等教育外部质量保障机构质量与规模的参差不齐，从而带来高等教育外部质量保障市场的弊端，即为了追求自身利益的弄虚作假。鉴于高等教育的公益性以及高等教育产品的半公共性，政府必须加强对高等教育外部质量保障机构资历的监督，引入资历认可机制。只有通过资历认可的高等教育外部质量保障机构才有运行的权力，从准入阶段就淘汰不合格的高等教育外部质量保障机构。通常情况下，对高等教育外部质量保障机构资历的元评估是由相关负责机构遵循一定的标准和程序，对高等教育外部质量保障机构进行审查，以判断其是否与实施元评估的机构的要求相一致，是否确实能提高高等

院校的教育质量并持续改进自身的质量,从而判断该高等教育外部质量保障机构能否获得一定的资历。就身份而言,有权对高等教育外部质量保障机构的资历进行元评估的组织应该是政府主管部门或其授权的委员会。

第二,对高等教育外部质量保障机构的活动进行元评估。对于已获得相应资历的高等教育外部质量保障机构也要进行元评估,严厉惩罚违规行为,甚至撤消对其资历的认可,严格规范高等教育外部质量保障机构,对高等院校、学生、教师等利益相关者负责。对高等教育外部质量保障机构的活动进行元评估一般是指对高等教育外部质量保障活动的质量及其结论进行评估的各项活动,也就是对评估的评估。这一措施有助于摸清高等教育外部质量保障活动中可能出现的各类偏差,向高等教育外部质量保障机构反馈其运行中存在的问题和不妥之处,这是政府和社会对高等教育外部质量保障机构问责的重要手段。为维护高等教育外部质量保障活动的权威性与公正性,政府通常不直接干涉高等教育外部质量保障的进程,然而政府可以通过对高等教育外部质量保障机构开展的活动进行元评估来实现对其的监管。根据高等教育外部质量保障活动中各类偏差产生的原因,元评估可围绕5个方面实施:一是对高等教育外部质量保障数据的可信度与偏差的分析与评估;二是对高等教育外部质量保障指标的分析与评估;三是对高等教育外部质量保障程序的分析与评估;四是对高等教育外部质量保障评估报告的分析;五是对高等教育外部质量保障实施效果的评估。

(3)授予高等院校购买高等教育外部质量保障机构服务的权力,维护高等教育外部质量保障机构之间的良性竞争

高等教育外部质量保障机构能否与政府达成纳什均衡,一个很关键的因素就是高等院校在其中发挥的协调性作用。总体而言,我国高等教育外部质量保障机构还相对年轻,缺乏权威性与公信力,并且存在各自为战的情况。[①]不同的高等教育外部质量保障机构具有不同的背景和愿景,独立程度差异较

---

① 莫玉音.我国第三方教育评估机构的资质认证现状与标准[J].教育测量与评价(理论版),2019(4):38-44.

大,且在行业标准、运行机制、专业能力、技术支撑和资源保障等方面也缺乏系统约束。如果高等院校无法决定接受或选择特定的高等教育外部质量保障机构的服务,那么对其进行服务的高等教育外部质量保障机构也可能失去运行的有效性。尤其在评估报告的咨询功能方面,高等院校很有可能会"悬置"非自愿购买的"咨询建议"。这既浪费了资源,又削弱了高等教育外部质量保障机构的公信力。而一旦政府给予高等院校更多的自主选择高等教育外部质量保障机构服务的权力,即根据高等院校自身的特色和需求,独立决定购买哪个高等教育外部质量保障机构的服务,就能够激励高等教育外部质量保障机构之间的良性竞争,并激发高等教育外部质量保障机构不断改进自身能力的自觉性。总之,在高等教育外部质量保障市场竞争日益激烈的环境下,欧洲高等教育外部质量保障机构只有持续提高自身的业务能力和水平,赢得更积极的社会反馈和更高程度的社会认可,才能获得更多"订单"。

7.4.3 高等教育外部质量保障机构的角色:执行者

欧洲高等教育外部质量保障机构在执行高等教育外部质量保障活动以及自我评估的过程中,主动营造了一个不断产生正反馈的良好环境。在这种环境下,欧洲高等教育外部质量保障机构能够同时受益于国家主管部门和欧洲伞状组织。鉴于此,我国高等教育外部质量保障机构在执行各项活动的过程中,应尽量规避国家高等教育保障政策与 APQN 政策之间的失调或矛盾,充分利用区域网络—国家政府张力下创造的有利条件。

要确保我国高等教育外部质量保障机构能够胜任"执行者"这一角色,必须建立机构准入机制和行业规范。① 一般而言,对高等教育外部质量保障机构的监督包括内部监督和外部监督,内部监督取决于高等教育外部质量保障机构的自律,而外部监督主要由政府、高等院校和社会开展。在政府监督方面,一般通过发布法律法规或依据评估结果对高等院校拨款来间接监督高等

---

① 陈寒.欧洲高等教育区质量保障标准:发展与启示[J].中国高教研究,2018(6):90-97.

教育外部质量保障机构；在高等院校和社会监督方面，主要通过参与高等教育外部质量保障工作或要求高等教育外部质量保障机构公开结果来对其进行监督。鉴于此，在确保高等教育质量保障利益相关者对高等教育外部质量保障程序和结果的信任度的基础上，高等教育外部质量保障机构要让高等院校广泛参与对其标准和规范的讨论，以获得绝大多数的支持；科学开发高等教育外部质量保障工具；严格遵照标准实施高等教育外部质量保障，并最大限度地使高等教育外部质量保障政策与具体行动透明化。总之，作为"执行者"，高等教育外部质量保障机构要确保自身的行动过程、结果、决策以及后续跟进具有专业独立性，且不受第三方干扰。只有高等教育外部质量保障机构具有独立性，其工作才能独立地依据高等教育外部质量保障的内在逻辑有效运行，对高等院校、专业和课程等作出的评价和诊断才具有有效性和可信度。

7.4.4　三维协同治理

当越来越多的高等院校以多种形式与境外合作时，我国高等教育外部质量保障机构也需要加强与境外的合作。对于跨境高等教育的质量保障不能单纯依靠一方政府和高等教育外部质量保障机构的监管与努力，而是需要输入国和输出国两方甚至作为协调者的第三方共同支撑该跨境高等教育质量保障体系。区域高等教育质量保障网络就是具有连接作用的第三方。当前，我国已经在高等教育国际合作方面迈出了步伐。例如，一些高等院校邀请国际专家或他国高等教育外部质量保障机构参与自主开展的学科、专业或课程评估，以及在本科教学审核评估中邀请国际专家参与实地访问。2015 年，我国高等教育外部质量保障专家应邀对俄罗斯的高等院校展开评估工作；2016 年，我国正式加入"华盛顿协议"。在推进"双一流"建设的过程中，我国高等教育外部质量保障机构要进一步拓宽国际合作渠道，多元化合作方式，不断提高高等教育外部质量保障活动的能力。同时，还要积极促进我国高等教育质量保障经验的区域交流，为区域高等教育的发展作出贡献。

随着高等教育外部质量保障机构国际参与度的不断提高，我们不能将建设高等教育外部质量保障机构的视野局限于国内,而应借鉴欧洲经验,走协同治理的道路。协同治理是应对治理危机产生的一种新型治理理念,是对传统线性治理模式的扬弃。它强调治理主体的多元化和治理角度的多样性,力求政府与其他治理主体的合作路径,建立一种共同解决公共问题的多向度的弹性化的协作模式。这种模式不仅回应了传统政府治理模式的困境,而且也有助于解决制度供给、可信承诺和相互监督的问题,从而克服集体行动的阻碍。从这种角度来看,协同治理能够充分发挥区域高等教育质量保障网络、国家政府和高等教育外部质量保障机构各自的资源、知识、技术等优势,实现对高等教育外部质量保障系统"整体大于部分之和"的治理功效,因而是高等教育外部质量保障机构建设的高阶模式。总体而言,APQN 要为高等教育外部质量保障机构营造良好的区域生态环境;政府需要加强现有政策制度的适用性研究,重点破解约束高等教育外部质量保障机构建设与发展的制度与经济因素;高等教育外部质量保障机构则要提升合作与创新在自身建设上的效果。

(1)以标准框架为基础营造良好的区域生态环境

作为区域网络,APQN 服务于我国高等教育外部质量保障机构之间以及与境外其他高等教育外部质量保障机构之间的相互认可与合作。鉴于此,为高等教育外部质量保障机构营造良好的区域生态环境极为必要。《千叶原则》作为 APQN 的标准框架,在理论上能够起到欧洲 ESG 所产生的类似的效果——为区域内高等教育外部质量保障机构的建设与运行提供一个具有普适性的标准指南。ESG 以实施原则代替具体的程序细节,其标准和指南"旨在适用于欧洲范围内所有高等院校和高等教育外部质量保障机构,不论其结构、功能、规模及其所在国家的制度……因为高等院校和高等教育外部质量保障机构实施的程序是他们自治的重要组成部分"[①]。这种以情境为前提的原则是对欧洲各国差异性的高等教育系统和传统的尊重与维护。借鉴 ESG 的适用逻辑,我国高等教育外部质量保障机构可以遵照《千叶原则》的行动指南,以

---

① ENQA. Standards and guidlines for quality assurance in the European higher education area [EB/OL]. [2020-01-23]. https://www.enqa.eu/files/ESG_3edition%20(2).pdf.

"共享代码"的方式获得 APQN 的资历认可,进而加强与其他同行机构之间的相互认可与合作,并在此过程中不断建设自身。

(2)以制度与经济服务作为支撑拓展政府的职能

根据资源依赖的视角,我们不能单纯地批判我国高等教育外部质量保障机构缺乏完备的独立性。从欧洲经验来看,高等教育外部质量保障机构的建设根本无法完全脱离政府。即使它们能够同时获得机构独立性和运行独立性,从政府作为高等院校财政来源之一的情况来看,高等教育外部质量保障机构一旦为高等院校实施各类互动,就意味着它已经或多或少地被政府政策或行为所干扰。事实上,高等教育外部质量保障机构最基本的独立性——机构独立性也来源于政府的立法行为。因此,在协同治理的理念下,我们应转变以往一味排斥政府对高等教育外部质量保障机构产生影响的态度,而要以制度与经济服务作为支撑拓展政府的职能。此外,通过比较 APQN 和 ENQA 的影响力可知,要充分发挥区域网络对高等教育外部质量保障机构的积极作用,也要借助政府的政策引导。正因为欧洲各国政府积极赋予了 ENQA 合法性,才使得欧洲高等教育外部质量保障机构参与区域高等教育质量保障建设的活力远远强于亚太地区。

(3)以合作和创新为抓手建设高等教育外部质量保障机构

由前文可知,区域网络为高等教育外部质量保障机构之间的相互认可创造了有利平台,并通过一系列行动措施为高等教育外部质量保障机构之间的合作提供了有利条件。一旦建立合作途径,高等教育外部质量保障机构就能够通过互访、观察高等教育外部质量保障活动等途径提升自身的建设能力。政府的职能拓展则有助于高等教育外部质量保障机构赢得更多的独立性、专业性和权威性,并加快发展为成熟的、具有引领地位的高等教育外部质量保障机构。根据社会学新制度主义理论,发展成熟的、引领性的组织往往是其他同行组织模仿的对象。然而,组织要想打破对环境的依赖,就必须进行创新。并且,发展越好的组织越具有创新的能力。因此,在与区域网络和政府协同治理的过程中,我国高等教育外部质量保障机构要以合作和创新为抓手,提升自身的建设能力。此外,落实对高等教育外部质量保障机构的元评估是警惕机构偏离合法合理的重要工具,区域网络和政府在对高等教育外部质量保障机构进行元评估方面应充分发挥各自的作用:从政府的角度来看,其为元评估的实施提供了法律层面的制度保障;从区域网络的角度来看,其为元评估的实施提供了操作层面的技术保障。

总体而言,协同治理以开放和互动为特点,更加关注区域网络、政府以及高等教育外部质量保障机构之间的交互、协调与平衡;在资源分配方面,更加重视信任和关系契约;在机制方面,更加强调对话、合作和制度规范。因此,协同治理是高等教育外部质量保障机构建设的必然要求。在其建设过程中,区域网络为各类高等教育外部质量保障机构及其行动制定标准框架,提供技术支撑;政府为各类高等教育外部质量保障机构提供合法性来源;高等教育外部质量保障机构则借助国内国际合法性打破路径依赖,逐步塑造质量文化,为自身建设进一步营造有利条件。

7.5　研究结论与未来展望

欧洲高等教育外部质量保障机构的建设与发展离不开欧洲高等教育一体化的实施。自 2005 年以来,欧洲高等教育一体化取得了很大的进步。取得这一进步的措施包括实施本—硕—博三级学位结构,发展欧洲和国家资格框架,以及建立以 ESG 为核心的欧洲高等教育质量保障。其中,欧洲高等教育质量保障是博洛尼亚进程的基石。ESG 的制定,代表了欧洲高等教育质量保障从《博洛尼亚宣言》中策略性的引导,演变为具体的标准与规范。凭借历次对欧洲高等教育外部质量保障机构的元评估,ESG 已具有"软法"的特性,签署国的高等教育外部质量保障机构的运作已被规范在内。因此,围绕对 ESG 的遵循及其变化,分析欧洲高等教育外部质量保障机构发展的有效性、趋同性与差异性是了解欧洲高等教育质量保障相较于其他区域而言更具影响力的一个透视点。与此同时,欧洲经验能够为我国建设高等教育外部质量保障机构提供一些有益借鉴。

本书以欧洲高等教育外部质量保障机构对 ESG 的遵循变化为研究视角，以欧洲高等教育外部质量保障机构发展的有效性、趋同性和差异性为研究主题，并以探究欧洲经验对我国高等教育外部质量保障机构建设的借鉴为研究宗旨，采用理论分析与实证研究相结合、质性研究与量化研究相结合的研究方法，借鉴教育学、管理学、计算机科学、语言学等学科知识及研究方法展开研究，得到了一些结论。本节将对研究的主要结论进行总结，并对未来进行展望。

7.5.1 研究结论

（1）欧洲高等教育外部质量保障机构的发展具有有效性

一方面，欧洲高等教育外部质量保障机构的组织建设为其运行提供了有效前提；另一方面，ENQA 对欧洲高等教育外部质量保障机构的元评估证明了其在组织上和运行上的有效性。发展的有效性离不开区域组织和国家政府的共同作用。在欧洲—国家张力下，欧洲高等教育外部质量保障机构发展出了一条有效路径：首先，欧洲高等教育外部质量保障机构在国家政府的约束下建设自身并实施高等教育外部质量保障活动，以借此获得的国内合法性为基础向 ENQA 这一欧洲伞状组织申请成员资格；其次，欧洲高等教育外部质量保障机构主动接受 ENQA 的元评估，以借此获得的国际合法性为条件与政府"谈判"，从而进一步改善国内制度与技术环境；最后，欧洲高等教育外部质量保障机构再以更强的国内合法性维护其国际合法性。

（2）欧洲高等教育外部质量保障机构的发展具有趋同性

第一，持续向 ESG 保持高度趋同。这种情况又可以分为两种类型：一是与以往相比，高等教育外部质量保障机构整体符合 ESG 的程度不变，具体指标符合 ESG 的程度也没有发生显著变化；二是尽管具体指标符合 ESG 的程度发生了"此升彼降"的变化，但是整体上机构符合 ESG 的程度没有发生改变。第二，符合 ESG 的程度由低升高。这种情况可以通过两个维度观察：一是在同一种标准下,高等教育外部质量保障机构的趋同程度随着元评估的实施不断提升;二是机构对 ESG 2015 标准的符合程度高于 ESG 2005 标准。从指标的角度来看,高等教育外部质量保障机构在官方地位、独立性、使命宣言、资源以及周期性外部评审方面呈现出明显的趋同性。

利用语料库驱动分析的方法,本书得出欧洲高等教育外部质量保障机构发展的趋同性来源于 4 个方面:第一,高等教育外部质量保障机构对试点项目的实践探索和经验共享;第二,欧盟对欧洲高等教育质量保障实践的财政支持和政策引导;第三,各国政府对欧洲高等教育质量保障实践的角色参与和共识构建;第四,博洛尼亚进程对高等教育外部质量保障的使命赋予和标准制定。在产生的影响上,趋同性降低了欧洲高等教育外部质量保障机构的组织成本和运行成本,并促进了它们之间的相互认可。然而,趋同性也阻碍了欧洲高等教育外部质量保障机构的个性发展,并弱化了其国别特征。

(3)欧洲高等教育外部质量保障机构的发展具有差异性

在 ESG 2005 标准下,第二轮评估中欧洲高等教育外部质量保障机构的差异性较第一轮有一定程度的降低;在 ESG 2015 标准下,欧洲高等教育外部质量保障机构的差异性发生了"先升后降"的变化,即差异性程度先在第二轮评估中上升,继而又在第三轮评估中下降。从欧洲高等教育外部质量保障机构的角度来看,差异性表现为两种类型:一种是整体差异性提高,这种情况主要发生在一些面临独立性和资源等方面问题的欧洲高等教育外部质量保障机构上;另一种是整体差异性降低,但是局部差异性提高了,受国家立法定期修订所影响的欧洲高等教育外部质量保障机构可能会表现出这种特征。从指标的角度来看,欧洲高等教育外部质量保障机构在资源、独立性、问责程序、外部质量保障活动、政策和过程、主题分析、自身内部质量保障以及专业指导方面存在一定的差异性。

根据专家小组的评估报告,欧洲高等教育外部质量保障机构的差异性来源包括:第一,欧洲高等教育外部质量保障机构对 ESG 的解读存在不同程度上的差异;第二,欧洲高等教育外部质量保障机构对所属国政府立法方面回应的差异;第三,欧洲高等教育外部质量保障机构对人员培养的能力差异;第四,欧洲高等教育外部质量保障机构对财力资源的依赖差异;第五,欧洲高等教育外部质量保障机构对信息公开的程度差异。在产生的影响上,差异性加强了多元利益相关者之间的对话,推动了欧洲高等教育外部质量保障机构的不断改进,并提升了欧洲高等教育质量保障在全球的吸引力。然而,差异性也加大了对欧洲高等教育外部质量保障机构元评估的难度,并给建设欧洲高等教育区带来了挑战。

在论证了我国对欧洲高等教育外部质量保障机构经验借鉴的适切性与可行性后,本书从以下方面提出借鉴。第一,发挥 APQN 这一区域高等教育质量保障网络的规约作用,包括规范高等教育外部质量保障机构的设置、标准、运行机制及其持续改进。第二,优化政府对高等教育外部质量保障机构的资源配置,包括优化政府对高等教育外部质量保障机构的人力资源、财力资源、信息资源、时间资源的配置。第三,提升高等教育外部质量保障机构的综合能力,具体包括:通过建立职业培训渠道,提升人员专业能力;聘用国际知名专家,提升国际参与能力;接受元评估,提升行动实施;扩大信息公开的受众,提升机构影响力。第四,倡导区域网络、政府与高等教育外部质量保障机构的协同治理。其中,区域网络应充分发挥连接者的角色;政府应继续发挥引领者的作用;高等教育外部质量保障机构应落实可靠执行者的角色。推进区域网络、政府与高等教育外部质量保障机构的协同治理,就是要以高等教育外部质量保障标准框架为基础营造良好的区域生态环境;以制度与经济服务为支撑,拓展政府的职能;以合作和创新为抓手,提升高等教育外部质量保障机构的建设能力。

7.5.2 未来展望

欧洲高等教育外部质量保障机构发展的经验告诉我们,高等教育外部质量保障机构的合法性既是实现其规范化的必要条件,也是促进高等教育长足发展的前提和基础;科学的资历认证标准能为高等教育外部质量保障机构树立规范的、积极的价值理念；开放、有序的高等教育外部质量保障市场竞争环境是高等教育外部质量保障机构发展的沃土。独立性、专业性和权威性是高等教育外部质量保障机构健康发展应坚守的底线，也是其迈入高等教育外部质量保障行业的资历条件之一。[①] 欧洲高等教育质量保障是一个涉及多元利益相关者的系统性研究课题，尤其涉及欧盟、各国教育部部长、高等教育外部质量保障机构、高等院校、行会等利益相关者之间权力、问责、资源、话语权等诸多问题的复杂系统。

由于时间和能力等多方面的局限，本书仅从有效性、趋同性和差异性的维度探索了欧洲高等教育外部质量保障机构的发展情况，仍存在研究不足和有待进一步改进之处，具体体现在以下几个方面。一是尽管欧洲在文化、历史、地理等诸多方面存在高度的共识，并且自罗马帝国以来就产生了实现一体化的"宏伟"目标，然而，从宏观的视角研究所有加入欧洲高等教育质量保障协会的外部质量保障机构，将面临忽略一些仅少数机构具有的发展特征、动因以及影响的风险。事实上，即便仅从地域层面来看，中欧、北欧、东欧以及南欧均各有一定的特色，更不用说从单个国家着手进行深入研究所获得的民族特性。二是笔者采用了大量可重复获取的英文文本数据作为研究对象，并使用多种方法对这些数据进行深入分析。此外，在研究过程中，笔者多次利用参与国际会议的机会与一些欧洲高等教育质量保障领域的专家进行交流与讨论，总体上对欧洲高等教育外部质量保障机构有了较为全面且客观的理解。然而，正如本书研究所凸显的，欧洲高等教育外部质量保障机构的发展具有动态性和复杂性等特征，借助工具的量化分析和质性研究可能会削弱研究的深度。倘若能够对欧洲高等教育外部质量保障机构的利益相关者进行深入访谈，将进一步丰富本书研究的内涵，提高研究的价值。在未来的研究中，笔者将不断对此进行深入、检验、弥补和修正，并开展相关的研究和探讨，特别在研究方法上，可以采用案例研究，深入分析一个或多个国家在博洛尼亚进程下如何改革

---

① 莫玉音.我国第三方教育评估机构的资质认证现状与标准[J].教育测量与评价（理论版），2019(4):38-44.

本国高等教育质量保障体系,以更好地适应 ENQA 的要求,尤其是分析政府在将欧洲一级的政策转移到国家层面上所起到的作用。

　　区域高等教育质量保障体系在展现多样性的同时,也呈现出一些共同的核心要素,例如基于透明标准的自我评价、高等教育外部专家小组的有效性以及高等教育外部质量保障结果等。趋同性与差异性并存预示着,各国高等教育质量保障体系正以区域性高等教育质量保障框架为共同基准,这种趋势不会与全球发展背道而驰。如果说差异性有助于推进区域高等教育质量保障的多元性,那么趋同性则在很大程度上能够促进区域高等教育质量保障的协调发展,多元化与协调并非两个相互排斥的功能,它们在本质上能够和谐共存。高等教育外部质量保障机构的差异性在一定程度上有助于提高机构本身的创新能力,是一种有益且必要的属性。可以说,欧洲高等教育外部质量保障机构的趋同性和差异性在一定程度上反映了高等教育质量保障的规范与创新。然而,ENQA 过度关注高等教育外部质量保障机构对 ESG 的遵循情况,极有可能忽略这些机构本身的创新。2013 年 11 月,党的十八届三中全会明确提出"推进国家治理体系和治理能力现代化"之后,高等教育治理迅速进入我国的主流话语体系。俞可平提出,"有效的治理包括谁来治理、怎样治理和治理工具三大核心要素"[①]。因此,在开展区域网络、政府以及高等教育外部质量保障机构协同治理的过程中,应厘清各方的使命、作用路径以及作用效果,警惕对高等教育外部质量保障机构创新发展的忽略甚至损害。

---

　　①　俞可平.走向善治[M].北京:中国文史出版社,2016:58.

参考文献

［1］B.盖伊·彼得斯.政治科学中的制度理论:新制度主义［M］.3 版.王向民,段红伟,译.上海人民出版社,2016.

［2］保罗·J.迪马乔,沃尔特·W.鲍威尔.组织分析的新制度主义［M］.姚伟,译.上海:上海人民出版社,2008.

［3］保罗·J.迪马乔,沃尔特·W.鲍威尔.组织分析的新制度主义［M］.姚伟,译.上海:上海人民出版社,2008:1.

［4］保罗·J.迪马乔,沃尔特·W.鲍威尔.组织分析的新制度主义［M］.姚伟,译.上海:上海人民出版社,2008:18.

［5］保罗·J.迪马乔,沃尔特·W.鲍威尔.组织分析的新制度主义［M］.姚伟,译.上海:上海人民出版社,2008:48.

［6］包万平."一带一路"高校专业国际认证的中国策略［J］.大学教育科学,2018(5):81-87.

［7］彼得·J.威尔斯,张建新.多元一体基因:高等教育质量保障的区域发展途径［J］.北京大学教育评论,2014,12(4):101-115,186.

［8］毕卡斯·山亚,米卡伊尔·马丁.质量保证以及质量认证作用的总体回顾［M］//全球大学创新联盟.2007 年世界高等教育报告:高等教育的质量保证.汪利兵,等译.杭州:浙江大学出版社,2009:4-5.

［9］别敦荣,易梦春,李志义,郝莉,陆根书.国际高等教育质量保障与评估发展趋势及其启示——基于 11 个国家(地区)高等教育质量保障体系的考察［J］.中国高教研究,2018(11):35-44.

[10] 伯顿·R.克拉克.高等教育系统——学术组织跨国研究[M].王承绪,译.杭州:杭州大学出版社,1994.

[11] 蔡晶,王祥.国外高等教育质保机构创建与运行中的政府角色探究[J].黑龙江高教研究,2017(11):78-80.

[12] 蔡宗模,杨慷慨,张海生,吴朝平,谭蓉.来华留学教育质量到底如何——基于 C 大学"一带一路"来华留学教育的深描[J].清华大学教育研究,2019,40(4):104-112.

[13] 陈彬,欧金荣.从"政府失灵"看我国高等教育评估改革[J].高等师范教育研究,2003(3):66-69.

[14] 陈寒.欧洲高等教育区质量保障标准:发展与启示[J].中国高教研究,2018(6):90-97.

[15] 陈丽,伊莉曼·艾孜买提."一带一路"沿线国家来华留学教育近 10 年发展变化与策略研究[J].比较教育研究,2016,38(10):27-36.

[16] 陈能浩.社会转型时期高等教育评估中介机构的培育[D].广州:华南师范大学,2004.

[17] 陈强,文雯."一带一路"倡议下来华留学生教育:使命、挑战和对策[J].高校教育管理,2018,12(3):28-33.

[18] 陈舒曙.组织工作须增强成本意识[J].领导科学,2018(6):47.

[19] 陈天.欧洲高等教育质量保障政策的变化与挑战——基于博洛尼亚进程的影响[J].齐鲁师范学院学报,2013,28(5):31-34,43.

[20] 陈天.欧洲高等教育质量保障政策的变化与挑战——基于博洛尼亚进程的影响[J].齐鲁师范学院学报,2013,28(5):37-40,49.

[21] 陈先哲.供给主导型学术制度变迁下大学组织的实际制度供给[J].江苏高教,2017(11):11-15.

[22] 陈玉琨.西方高等教育质量保障模式[J].世界教育信息,2005(7):48-48.

[23] 成协设,哈姆·比曼斯.荷兰高等教育质量保障体系的演变、特点及

其启示[J].国家教育行政学院学报,2017(6):90-94.

[24] 储朝晖.迟迟不就位的第三方教育评价[N].光明日报,2016-01-26(14).

[25] 崔金贵."一带一路"倡议下高等教育研究主题的转向[J].高校教育管理,2019,13(5):8-17.

[26] 代林利.英国高等教育质量保障署的法律"身份"及其运行[J].复旦教育论坛,2018,16(4):107-112.

[27] 戴维·查普曼,安·奥斯汀.发展中国家的高等教育——环境变迁与大学的回应[M].范怡红,译.北京:北京大学出版社,2009.

[28] 邓治凡.汉语同韵大辞典[M].武汉:崇文书局,2010:475.

[29] 董西露.消解区域高等教育质量保障的边界:"一带一路"倡议下APQN研究[J].现代教育管理,2019(11):24-29.

[30] 窦现金,卢海弘,马凯.欧盟教育政策[M].北京:高等教育出版社,2011:99-100.

[31] 杜娟,曾冬梅.高等教育外部质量保障体系闭环系统初探[J].高教发展与评估,2007,23(1):54-59.

[32] 范露露,李耀刚.亚太地区教育质量保障的十年变革——APQN2012学术研讨会暨年度会员大会综述[J].上海教育评估研究,2012(2):78-81.

[33] 范维.高等教育质量保障中的政府行为研究[D].湘潭:湘潭大学,2009.

[34] 范文曜,马陆亭,张伟.国际高等教育日趋明显的评估对拨款的影响[J].中国高等教育,2003(8):40-41.

[35] 方乐.国际高等教育质量保障组织(INQAAHE)介评[J].比较教育研究,2014,36(2):88-94.

[36] 方乐.亚太地区教育质量保障能力建设的推动者——亚太区教育质量保障组织(APQN)研究[J].江苏高教,2014(2):31-34.

[37] 费显政.资源依赖学派之组织与环境关系理论评介[J].武汉大学学报(哲学社会科学版),2005(4):451-455.

[38] 冯晖.基于五大发展理念的教育评估机构能力建设探析[J].上海教育评估研究,2016,5(2):1-4.

[39] 冯惠敏,郭洪瑞,黄明东.挪威推进高等教育质量文化建设的举措及其启示[J].高等教育研究,2018,39(2):102-109.

[40] 高策,祁峰."一带一路"建设视域下提升中国国际话语权研究[J].理论导刊,2019(10):95-100.

[41] 高静."博洛尼亚进程"新进展研究[D].重庆:西南大学,2009.

[42] 葛大汇.论教育评估组织的"法团主义"改造——改革、重组教育评估机构的设计与理论[J].上海教育科研,2009(5):22-25.

[43] 葛孝亿,谢小金.第三方教育评价的法理基础与运行机制——委托代理的视角[J].教育学术月刊,2017(3):54-59.

[44] 郭朝红.高等教育质量保障:总结经验、展望未来——高等教育质量保障机构国际网络组织(INQAAHE)第八届双年会综述[J].江苏高教,2008(2):5-8.

[45] 郭丽君.中国跨国高等教育质量保障体系研究[J].教育,2014(23):75.

[46] 郝国伟.欧洲"博洛尼亚进程"的新进展研究(2010-2015)[D].大连:辽宁师范大学,2017.

[47] 郝国伟,李琛.博洛尼亚进程的新进展(2010-2015):措施与成效[J].内蒙古教育,2018,754(18):42-43.

[48] 何俊志,任军锋,朱德米.新制度主义政治学译文精选[M].天津:天津人民出版社,2007.

[49] 侯威.北欧五国高等教育质量保证机制概述[J].比较教育研究,2003(8):26-30.

[50] 侯永琪.品质保障机构与政府之关系及组织变革——以INQAAHE

2016 准则与 CHEA 七大原则分析台湾品保机构的角色重塑[J].苏州大学学报(教育科学版),2018,6(2):49-59.

[51] 胡瑞,余赛程"一带一路"沿线国家来华留学生教育结构评价与发展策略[J].河北师范大学学报(教育科学版),2018,20(5):68-73.

[52] 胡昳昀,刘宝存.拉美高等教育一体化建设:目标、路径及困境——联合国教科文组织参与区域治理的视角[J].比较教育研究,2018,40(4):69-76.

[53] 黄丹凤,冯晖,胡恺真."多元化"与"国际化":高等教育及其质量保障新进展——国际高等教育质量保障组织 2015 年会综述[J].高教发展与评估,2015(4):1-5.

[54] 黄福涛.东亚高等教育质量保障的变化与挑战——历史与比较的视角[J].清华大学教育研究,2018,39(1):1-9.

[55] 黄辉,樊华中.教育评估立法促进评估规范化[J].江西社会科学,2014(4):242-246.

[56] 黄京钗.高等教育质量保证的内涵、现状与构建思路[J].福建农业大学学报(社会科学版),2001(2):77-82.

[57] 黄巨臣."一带一路"倡议下高等教育国际交流与合作路径[J].现代教育管理,2017(11):59-64.

[58] 黄明东,吴亭燕."一带一路"与高等学校教育质量标准建设[J].中国高等教育,2017(10):28-30.

[59] 季平.加快推进中国高等教育质量保障体系建设[C]//教育部高等教育教学评估中心.全国高等教育质量保障与评估机构协作会成立大会暨学术研讨会,2010.

[60] 贾群生.中介机构:新的观点[J].辽宁高等教育研究,1997(2):97-100.

[61] 蒋洪池,夏欢.欧洲高等教育区外部质量保障:标准、方式及其程序[J].高教探索,2018(1):83-87.

[62] 蒋冀骋,徐超富.大众化条件下高等教育质量保障体系研究[M].长沙:湖南师范大学出版社,2008.

[63] 蒋家琼,姚利民,游柱然.英国高等教育外部质量保障组织体系及启示[J].比较教育研究,2010,32(1):39-43.

[64] 焦磊.高等教育利益相关者理论研究的进路[J].高教发展与评估,2018,34(4):1-8,103.

[65] 教育部.教育部关于深入推进教育管办评分离促进政府职能转变的若干意见[EB/OL].(2015-05-04)[2019-10-20].http://old.moe.gov.cn//publicfiles/business/htmlfiles/moe/s7049/201505/186927.html.

[66] 教育部高等教育教学评估中心.APQN秘书处落户评估中心[EB/OL].(2018-09-29)[2019-10-22].http://www.pgzx.edu.cn/modules/news_detail.jsp?id=205243.

[67] 杰夫·惠迪,萨莉·鲍尔,大卫·哈尔平.教育中的放权与择校:学校、政府和市场[M].马忠虎,译.北京:教育科学出版社,2003.

[68] 杰弗里·菲佛,杰勒尔德·萨兰基克.组织的外部控制:对组织资源依赖的分析[M].闫蕊,译.北京:东方出版社,2006.

[69] 金如意.博洛尼亚进程研究[D].金华:浙江师范大学,2009.

[70] 阚阅.多样与统一——欧洲高等教育一体化研究[M].杭州:浙江大学出版社,2016.

[71] 孔祥沛.论我国高等教育评估面临的十大挑战[J].辽宁教育研究,2007(2):97-99.

[72] 李兵.国际比较视野中的高等教育质量评估与保障问题研究[D].上海:华东师范大学,2004.

[73] 李金林,刘剑青,张乃心."一带一路"建设背景下中国教育对外开放的新发展[J].中国高教研究,2017(8):45-49.

[74] 李甜.博洛尼亚进程下欧洲高等教育质量保障体系研究[D].哈尔

滨:黑龙江大学,2012.

[75] 李文静.新制度主义理论在高等教育领域的理论和应用研究综述
[J].传奇.传记文学选刊(理论研究),2011(9):65-66,77.

[76] 李亚东.评价资源整合:构建中国特色质量保障体系[J].中国高等
教育,2015(11):19-21.

[77] 李亚东.我国高等教育外部质量保障组织体系顶层设计[D].上海:
华东师范大学,2013.

[78] 李亚东,陈玉琨.我国高等教育外部质量保障组织体系顶层设计
[J].高等教育研究,2015,36(3):65.

[79] 李亚东,王位.高等教育质量保障:国际组织出"组合拳"[J].高教发
展与评估,2014(6):1-8.

[80] 李政.欧洲高等教育区的质量保障机构体系研究[D].重庆:重庆大
学,2007.

[81] 李志义,王会来,别敦荣,等.我国新一轮本科教育评估的国际坐标
[J].中国大学教学,2019(1):33-38,81.

[82] 梁茂成.语料库语言学研究的两种范式:渊源、分歧及前景[J].外语
教学与研究,2012,44(3):323-335,478.

[83] 刘爱玲,褚欣维.博洛尼亚进程20年:欧盟高等教育一体化过程、经
验与趋势[J].首都师范大学学报(社会科学版),2019(3):160-170.

[84] 刘晖,孟卫青,汤晓蒙.欧洲高等教育质量保证25年(1990—2015):
政策、研究与实践[J].教育研究,2016(7):135-148.

[85] 刘丽芳.牛津大学和剑桥大学导师制略述[J].交通高教研究,2004
(1):26-27,30.

[86] 刘欣,李永洪.新旧制度主义政治学研究范式的比较分析[J].云南
行政学院学报,2009,11(6):22-24.

[87] 刘昀.从软实力看欧洲一体化进程中的欧盟形象[D].天津:南开大
学,2011.

[88] 刘志林.博洛尼亚进程下欧洲高等教育质量保障体系的研究与反思[J].现代教育管理,2018(9):113-117.

[89] 陆静如,郭强."一带一路"倡议下的上海合作组织高等教育一体化研究[J].湖北函授大学学报,2018,31(17):16-19.

[90] 罗道全.论高等教育评估机构模式的选择[J].黑龙江高教研究,2007(4):94-96.

[91] 罗发龙.英国研究生教育外部质量保障研究[D].广州:华南师范大学,2007.

[92] 罗纳尔德·L.杰普森.制度、制度影响与制度主义[M]//保罗·J.迪马乔,沃尔特·W.鲍威尔.组织分析的新制度主义.姚伟,译.上海:上海人民出版社,2008:168.

[93] 罗纳尔德·L.杰普森.制度、制度影响与制度主义[M]//保罗·J.迪马乔,沃尔特·W.鲍威尔.组织分析的新制度主义.姚伟,译.上海:上海人民出版社,2008:65.

[94] 罗燕.教育的新制度主义分析——一种教育社会学理论和实践[J].清华大学教育研究,2003(6):28-34,72.

[95] 罗燕.中国社会问题与和谐社会战略——新制度主义社会学视角[J].北京观察,2007(2):18-20.

[96] 吕伊雯.聚焦国家战略提供人才支撑——教育部召开新闻发布会介绍十八大以来留学工作情况[J].世界教育信息,2017,30(5):1.

[97] 马佳妮,周作宇."一带一路"沿线高端留学生教育面临的挑战及其对策[J].高等教育研究,2018,39(1):100-106.

[98] 马健生,等.高等教育质量保证体系的国际比较研究[M].北京:北京师范大学出版社,2014:157.

[99] 马嵘,程晋宽.高等教育国际学生流动的新趋势及动因研究——基于国际组织相关数据报告的分析[J].大学教育科学,2018(6):47-53.

［100］米丽芳.英国高等教育发展趋同化趋势研究［D］.石家庄:河北师范大学,2009.

［101］莫玉音.广东省教育评估机构现状及第三方教育评估机构发展的研究［J］.上海教育评估研究,2016(6):60-64.

［102］莫玉音.我国第三方教育评估机构的资质认证现状与标准［J］.教育测量与评价,2019(4):38-44.

［103］欧阳静文.欧盟高等教育外部质量保障机制研究［D］.长沙:湖南大学,2016.

［104］彭有怀.差异世界［M］.沈阳:辽宁民族出版社,1998:481.

［105］郄海霞,刘宝存."一带一路"教育共同体构建与区域教育治理模式创新［J］.湖南师范大学教育科学学报,2018,17(6):37-44.

［106］秦冠英,刘芳静.海湾地区跨境高等教育发展状况及对中国教育"走出去"的启示［J］.中国高教研究,2019(8):39-46.

［107］秦琴,周振海.利益相关者视域中的高等教育质量保障［J］.高教发展与评估,2018,34(5):1-14,59,113.

［108］覃玉荣.东盟一体化进程中认同建构与高等教育政策演进研究［D］.上海:华东师范大学,2009.

［109］邱耕田.差异性原理与科学发展［J］.中国社会科学,2013(7):4-21,204.

［110］瞿振元.中国教育国际化要注重提高质量［J］.高校教育管理,2015,9(5):1-4.

［111］R. A. W.罗德斯,马雪松.旧制度主义:政治科学中制度研究的诸传统［J］.上海行政学院学报,2015,16(4):105-111.

［112］上海市教育评估考察团.国外教育评估机构运行机制分析与借鉴——美国、加拿大教育评估考察报告［J］.教育发展研究,2005(15):39-43.

［113］上海市教育评估院.区域流动:质量保障领域中的合作——亚太地

区质量保障网络组织学术研讨会暨第二届年会综述[J].教育发展研究,2006(9):79-82.

[114] 沈伟.趋同抑或求异:英国高等教育质量保障的过去与未来[J].高等教育研究,2018,39(10):92-99.

[115] 谌晓芹.结构主义视角下的欧洲高等教育一体化改革研究[D].武汉:华中科技大学,2014.

[116] 沈玉顺.我国高等教育评估中介机构建设探析[J].高等师范教育研究,1997(5):58-64.

[117] 史秋衡,陈蕾.中国特色高等教育质量评估体系的范式研究[M].广州:广东高等教育出版社,2011:160.

[118] 舒代平.试论差异性在构建和谐社会中的价值[J].湖南行政学院学报,2007(6):70-71.

[119] 宋鑫.荷兰高等教育教学质量保障模式的发展历程及特点分析[J].高校教育管理,2012,6(4):53-58.

[120] 苏永建.高等教育强国建设需要什么样的高等教育质量[J].高等教育研究,2019,40(5):23-26,19.

[121] 苏永建.高等教育质量保障的历史演进、全球扩散与发展趋势[J].高等教育研究,2017,38(12):1-11.

[122] 孙锐,王战军,周学军.浅议高等教育评估机构的社会职能及其实现[J].中国高教研究,2001(11):39-40.

[123] 唐微微.欧洲高等教育质量保障体系研究(200—2016)[D].南宁:广西大学,2017.

[124] 陶俊浪,万秀兰.非洲高等教育一体化进程研究[J].比较教育研究,2016,38(4):9-17.

[125] 田恩舜,别敦荣.高等教育质量保证模式研究[J].高等教育研究,2006,27(7):102-102.

[126] 田锋.国际层面的高等教育质量保障方式研究——以国际质量研

究所的质量认证为例[J].世界教育信息,2013(3):35-38.

[127] W.理查德·斯科特.组织理论:理性、自然和开放系统[M].黄洋,等译.北京:华夏出版社,2002:3.

[128] W.理查德·斯科特.组织理论:理性、自然和开放系统[M].黄洋,等译.北京:华夏出版社,2002:12-52.

[129] 王德林.我国高等教育评估制度的合法性审视[J].高校教育管理,2012(4):44-48.

[130] 王冬梅.我国教育评估机构合作交流及发展路径探析[J].中国成人教育,2014(9):41-43.

[131] 王骥,操道伟,肖云.试论我国高等教育评估中介机构的法律地位[J].中国高等教育评估,2004(2):37-40.

[132] 王冀生.建立教育评估的社会中介组织[J].上海高教研究,1996(5):22-23.

[133] 王立生,林梦泉,李红艳,等.跨境教育及其质量保障的探究与实践[J].学位与研究生教育,2016(3):33-38.

[134] 王向华,张曦琳.新制度主义视角下我国高等教育第三方评估面临的困境及其对策[J].高等教育研究,2018,39(6):36-41.

[135] 王新凤.欧洲高等教育质量保障区域整合的进展及启示[J].比较教育研究,2009(10):18-22.

[136] 王新凤,钟秉林.欧洲高等教育区质量保障的发展趋势与经验借鉴[J].中国大学教学,2017(12):84-90.

[137] 王一兵.高等教育质量保证机制:国外趋势和中国面临的战略选择[J].高等教育研究,2002(1):37-42.

[138] 魏署光.欧洲高等教育质量保障研究[D].武汉:华中科技大学,2009.

[139] 吴重涵,汪玉珍.制度主义理论的新进展及其在教育中的应用[J].教育学术月刊,2008(2):5-11.

[140] 吴华溢.从一元到多元:合法性理论视域下中国高等教育评估政策的变迁[J].黑龙江高教研究,2018,292(8):40-44.

[141] 吴岩.国际高等教育质量保障体系新视野[M].北京:教育科学出版社,2014:243.

[142] 吴娱.浅析我国高等教育评估机构与政府的博弈关系[J].大学教育,2013(11):133-135.

[143] 解梦晗."一带一路"倡议视域下我国国际话语权建设研究[D].济南:山东大学,2019.

[144] 谢亚兰,刘莉,刘念才.多样性:欧洲高校分类的灵魂[J].比较教育研究,2010,32(4):41-46.

[145] 辛越优.和而不同:高等教育一体化的个性与共性——评《多样与统一——欧洲高等教育一体化研究》[J].世界教育信息,2017,30(10):8-10.

[146] 徐辉.欧洲"博洛尼亚进程"的目标、内容及其影响[J].教育研究,2010(4):96-100.

[147] 许家金,贾云龙.基于 R-gram 的语料库分析软件 PowerConc 的设计与开发[J].外语电化教学,2013(1):57-62.

[148] 许涛.中国教育国际合作与交流新趋势[J].中国高等教育,2017(8):4-6.

[149] 徐小洲.我国高等教育对外开放的成就、机遇与战略构想[J].高等教育研究,2019,40(5):1-9.

[150] 闫艳.现代治理视野下第三方教育评估机构建设研究[J].教育参考,2019(5):33-38,55.

[151] 杨晓江.教育评估中介机构五年研究述评[J].高等教育研究,1999(3):31-35.

[152] 杨晓江,蔡国春.新概念:教育评估中介机构[J].教育科学,1999(3):9-12.

[153] 杨治平,黄志成.欧洲高等教育质量保障机构的发展与定位——博洛尼亚进程新趋势[J].比较教育研究,2013(1):82-85.

[154] 姚成林.国外高等教育评估机构带给我们的启示与借鉴[J].劳动保障世界,2018(26):77-78.

[155] 姚荣.西方国家高等教育质量保障的法律规制及其启示——基于国家与社会互动关系的视角[J].高等教育研究,2018,39(12):86-97.

[156] 尤尔根·哈贝马斯.交往与社会进化[M].张博树,译.重庆:重庆出版社,1989:188-189.

[157] 喻恺,胡伯特·埃特尔,瞿晓蔓."一带一路"战略下我国高等教育国际输出的机遇与挑战[J].清华大学教育研究,2018,39(1):68-74.

[158] 余凯,杨烁.第三方教育评估权威性和专业性的来源及其形成——来自美、英、法、日四国的经验[J].中国教育学刊,2017(4):16-21.

[159] 俞可平.走向善治[M].北京:中国文史出版社,2016:58.

[160] 余宜斌.政治学:从旧制度主义到新制度主义[J].兰州学刊,2007(7):42-44.

[161] 约翰·布伦南,特拉·沙赫.高等教育质量管理——一个关于高等院校评估和改革的国际性观点[M].陆爱华,等译.上海:华东师范大学出版社,2005:31.

[162] 曾亚敏.对外政策话语建构的语料库驱动分析方法——以美国奥巴马政府的对外政策话语为例[J].社会主义研究,2018(2):141-151.

[163] 詹姆斯·S.科尔曼.社会理论的基础[M].邓方,译.北京:社会科学文献出版社,2008.

[164] 张地珂,杜海坤.欧洲高等教育结构性改革及其启示[J].中国高等教育,2017(17):62-63.

[165] 张建新,札格纳斯·帕蒂尔.谁来保证高等教育质量保障机构的质量?——亚太地区教育质量保障注册制(APQR)的实践探索[J].上海教育评估研究,2016(2):47-52.

[166] 张清.我国大学趋同化发展的成因与对策研究[D].西安:陕西师范大学,2007.

[167] 张秋硕.高校内部教学质量评估组织的发展机制研究——以制度主义组织理论为分析视角[D].武汉:华中师范大学,2016.

[168] 张晓书.我国高等教育评估机构角色失真检讨与重新定位[J].江苏高教,2009(5):51-53.

[169] 张馨娜.亚太地区质量保障组织(APQN)能力建设研究[D].昆明:云南大学,2017.

[170] 张欣欣.新制度主义视角下的组织文化趋同现象研究[D].西安:西北大学,2013.

[171] 张旭雯.《欧洲高等教育区质量保障标准与指南》的改进和发展[J].世界教育信息,2018,31(5):36-42.

[172] 张雪蕊,邱法宗.借鉴北欧各国经验重塑我国高等教育评估中介机构[J].东南大学学报(哲学社会科学版),2013,15(S1):168-170.

[173] 张志远.欧洲十六国的高等教育评估[J].外国教育研究,1997(3):51-56.

[174] 赵岩,谭向阳.中国高等教育高质量发展的动力机制研究[J].中国高等教育,2018(Z3):35-37.

[175] 郑海蓉.中国跨国高等教育质量保障体系研究[D].武汉:华中科技大学,2013.

[176] 郑立.国际比较视野下职业教育质量保障体系的特点与启示[J].黑龙江高教研究,2018(5):82-85.

[177] 郑崧,郭婧.非洲高等教育质量保障中的地区合作——以东非大学理事会为例[J].比较教育研究,2011,33(4):38-42.

［178］钟秉林,方芳.一流本科教育是"双一流"建设的重要内涵［J］.中国
　　　　大学教学，2016(4):4-8,16.

［179］周翠.芬兰高等教育机构质量保障体系审核研究［D］.重庆:四川外
　　　　国语大学,2015.

［180］周谷平,阚阅."一带一路"战略的人才支撑与教育路径［J］.教育研
　　　　究，2015,36(10):4-9,22.

［181］周满生,褚艾晶.成就、挑战与展望——欧洲高等教育区质量保证
　　　　十年发展回顾［J］.北京大学教育评论,2011,9(2):118-131.

［182］周雪光.组织社会学十讲［M］.北京:社会科学文献出版社,2003.

［183］周雪光.组织社会学十讲［M］.北京:社会科学文献出版社,
　　　　2003:72.

［184］周雪光.组织社会学十讲［M］.北京:社会科学文献出版社,2003:
　　　　72-73.

［185］朱以财,刘志民."一带一路"高等教育共同体建设的理论诠释与环
　　　　境评估［J］.现代教育管理,2019(1):85-91.

［186］俎媛媛,李亚东.国际高等教育质量保障新动态及中国求变之策
　　　　［J］.高教发展与评估,2019,35(6):1-10,107.

［187］Aelterman G. Sets of standards for external quality assurance
　　　　agencies:A comparison［J］. Quality in Higher Education，2006，
　　　　12(3):227-33.

［188］Ala-Vahala T，Saarinen T. Building European-level quality
　　　　assurance structures:Views from within ENQA［J］. Quality in
　　　　Higher Education，2009,15(2):89-103.

［189］Alzafari K，Ursin J. Implementation of quality assurance
　　　　standards in European higher education:Does context matter?
　　　　［J］. Quality in Higher Education，2019，25(1):58-75-18.

［190］APQN. Constitution［EB/OL］.［2019-10-20］. https://www.

apqn. org/constitution/governance-and-constitution.

[191] APQN. Higher education quality assurance principles for the Asia Pacific region [EB/OL]. [2019-12-28]. https：//www. apqn. org/media/library/good _ prac-tices/quality _ assurance _ chibal_principles. pdf.

[192] Asia-Pacific Economic Cooperation. Action plan of the APEC educationstrategy[EB/OL]. [2019-1-20]. https：//mddb. apec. org/Documents/2017/SOM/CSOM/17_csom_023. pdf.

[193] Badran A，Baydoun B，Hillman J R. Major challenges facing higher education in the Arab world：Quality assurance and relevance[M]. Cham：Springer International Publishing，2019：69-70.

[194] Barnett R. Power，enlightenment and quality evaluation[J]. European Journal of Education，1994，29(2)：165-179.

[195] Beerkens M. Agencification challenges in higher education quality assurance [M]//Emanuela R，Emilia P. The transformation of university institutional and organizational boundaries. Rotterdam：Sense Publishers，2015.

[196] Beerkens M，Udam M. Stakeholders in higher education quality assurance：Richness in diversity? [J]. Higher Education Policy，2017，30(3)：341-359.

[197] Berlin Communique. Realizing the European higher education area：Preamble to communique of the conference of ministers responsible for higher education[J]. European Education，2004，36(3)：19-27.

[198] Beso A，Bollaert L，Curvale B，et al. Implementing and using quality assurance：Strategy and practice[EB/OL]. [2019-1-20].

https： //www. enqa. eu/wp-content/uploads/2nd-Forum-Implement. -Using-QA_final-1. pdf.

[199] Blackmur D. A critical analysis of the INQAAHE guidelines of good practice for higher education quality assurance agencies[J]. Higher Education，2008，56(6)：723-734.

[200] Blackmur D. Issues in higher education quality assurance[J]. Australian Journal of Public Administration，2004，63（2）：105-116.

[201] Blackmur D. Arguing with Stephanie Allais：Are national qualifications frameworks instruments of neoliberalism and social constructivism？ [J]. Quality in Higher Education，2015，21(2)：213-228.

[202] Blanco-Ramírez G. International accreditation as global position taking：An empirical exploration of U. S. accreditation in Mexico[J]. Higher Education，2015，69(3)：361-374.

[203] Bornmann L，Mittag S，Daniel H D. Quality assurance in higher education：Meta-evaluation of multi-stage evaluation procedures in Germany[J]. Higher Education，2006，52(4)：687-709.

[204] Center for American Progress. Release：With U. S. Department of Education soon to decide on embattled college accreditor，new CAP report offers strong evidence for ACICS to lose recognition[EB/OL]. (2016-06-06)[2019-08-01]. https： //www. americanprogress. org/press/release/2016/06/06/138628/release-with-u-s-department-ofeducation- soon-to-decide-on-embattled-college-accreditor- new-cap-report-offers- strong-evidence-for-acics- to-lose recognition/.

[205] Cheung P P T，Tsui C B S. Quality assurance for all[J]. Quality in Higher Education，2010，16(2)：169-171.

[206] Collins H. Social construction of reality[J]. Human Studies, 2016, 39(1): 161-165.

[207] Costes N, Crozier F, Cullen P, et al. Quality procedures in the European higher education area and beyond: Second ENQA survey[EB/OL]. [2019-02-18]. https://www. enqa. eu/publications/quality-procedures-in-the-european-higher-education-area-and-beyond-second-enqa-survey/.

[208] Council for Higher Education Accreditation (CHEA). Quality review 2007[R]. Washingtong, D. C.: CHEA, 2008.

[209] Courtois A. Higher education and brexit: Current European perspectives[R]. London: Centre for Global Higher Education, 2018: 10.

[210] Crossfield R T, Dale B G. Mapping quality assurance systems: A methodology[J]. Quality & Reliability Engineering International, 1990, 6(3): 167-178.

[211] Crozier F, et. al. Terminology of quality assurance: Towards shared European values? [EB/OL]. [2019-05-22]. https://www. enqa. eu/wpcontent/uploads/2013/06/terminology_vo1. pdf.

[212] Curaj A, Scott P, Vlasceanu L, Wilson L. European higher education at the crossroads: Between the Bologna process and national reforms[M]. Dordrecht: Springer, 2012: 267-285.

[213] Damme D V. Quality issues in the internationalization of higher education[J]. Higher Education, 2001, 41(4): 415-441.

[214] Damme D V. European approaches to quality assurance: Models, characteristics and challenges [J]. South African Journal of Higher Education, 2000(2): 88-95.

[215] De Wit H. Globalization and internationalisation of higher

education[J]. Journal of Jinan University, 2011, 8(2): 241-248.

[216] Dill D D. Quality assurance in higher education: Practices and issues[M]. Oxford: Elsevier, 2010.

[217] Dimaggio P J, Powell WW. The iron cage revisited: Institutional isomorphism and collective rationality in organizational fields[J]. American Sociological Review, 1983, 48(2): 147-160.

[218] Djelic M, Sahlin-Anderson K. Transnatinal governance: Institutional dynamics of regulation[M]. Cambridge: Cambridge University Press, 2006.

[219] Edwards F. The evidence for a risk-based approach to Australian higher education regulation and quality assurance[J]. Journal of Higher Education Policy and Management, 2012, 34 (3): 295-307.

[220] EHEA. Making the most of our potential: Consolidating the European higher education area[EB/OL]. (2012-4-27) [2019-2-23]. https://media. ehea. info/file/ENQA/69/0/ENQA _ report_EHEA_ministers_FINAL_610690. pdf.

[221] EHEA. European higher education area and Bologna process [EB/OL]. [2019-4-1]. https://www. ehea. info.

[222] Eisenstadt S N. Bureaucracy, bureaucratization, and debureaucratization[J]. Administrative Science Quarterly, 1959, 4(3): 302-320.

[223] El-Khawas E. Accountability and quality assurance: New issues for academic inquiry[M]. Netherlands: Springer, 2006.

[224] ENQA. ENQA position paper on quality assurance in the EHEA [EB/OL]. (2009-04-29) [2019-03-24]. https://media. ehea. info/file/2009_Leuven_Louvain-la-Neuve/92/7ENQA_Position_

Paper_March_2009_594927. pdf.

[225] ENQA. ENQA position paper on quality assurance in the EHEA [EB/OL]. [2019-10-27]. https：//www. enqa. eu/files/ENQA _position_paper％20％283％29. pdf.

[226] ENQA. External review of ENQA agency reviews[EB/OL]. [2019-11-02]. https：//enqa. eu/index. php/reviews/external- review-of-enqa-agency-reviews/.

[227] ENQA. Members' interactive map[EB/OL]. [2019-10-26]. https： //enqa. eu/index. php/members-area/members-interactive map/.

[228] ENQA. Quality procedures in the European higher education area and beyond——Internationalisation of quality assurance agencies——4th ENQA survey[EB/OL]. [2019-01-13]. https： //www. enqa. eu/indirme/papers-and-reports/occasional-papers/enqa _oc_22. pdf.

[229] ENQA. Standards and guidlines for quality assurance in the European higher education area [EB/OL]. [2019-10-23]. https： //www. enqa. eu/files/ESG_3edition％20(2). pdf.

[230] ENQA. Standards and guidlines for quality assurance in the European higher education area (ESG)[EB/OL]. [2019-01-13]. https：//bologna-yerevan2015. ehea. info/files/European％ 20Standards％ 20and％ 20Guidelines％ 20for％ 20Quality％ 20Assurance％20in％20the％20EHEA％202015_mc. pdf.

[231] ENQA，et al. Standards and guidlines for quality assurance in the European higher education area (ESG)[EB/OL]. [2019-02- 18]. https：//www. enqa. eu/index. php/home/esg/.

[232] European Parliament. Treaty of Amsterdam amending the treaty on European Union，the treaties establishing the European

communities and certain related acts [EB/OL]. [2019-08-18]. https：//www. europarl. europa. eu/topics/treaty/pdf/amst-en. pdf.

[233] European Parliament and Council. 98/561/EC：Council recommendation of 24 September 1998 on European cooperation in quality assurance in higher education[R]. Official Journal of the European Union，1998：56-59.

[234] European Parliament and Council. Recommendation of the European Parliament and of the Council of 15 February on further European cooperation in quality assurance in higher education (2016/143/EC)[EB/OL]. [2019-12-22]. https：//eur-lex. europa. eu/LexUriServ/LexUrisev. do? uri＝OJ：L：2006：064：0060：0062：en：pdf.

[235] Franzen L. Why do private governance organizations not converge? A political-institutional analysis of transnational labor standards regulation[J]. Governance，2011，24(2)：359-387.

[236] Gerald F，Davis J，Cobb A. Resource dependence theory：Past and future[J]. Research in the Sociology of Organizations，2010 (28)：21-42.

[237] Giddens A. The constitution of society：Outline of the theory of structuration [M]. Berkeley：University of California Press，1984.

[238] Goldstein J L，Douglas R，Tomz M. Institutions in international relations：Understanding the effectsof the GATT and the WTO on world trade[J]. International Organization，2007，61(1)：37-67.

[239] Gornitzka A. Governmental policies and organisational change in

higher education[J]. Higher Education, 1999, 38(1): 5-31.

[240] Gornitzka A. What is the use of Bologna in national reform? The case of the Norwegian quality reform in higher education[M]// Tomusk V. Creating the European area of higher education. Dordrecht: Springer, 2006: 19-42.

[241] Gornitzka A, Kyvik S, Stensaker B. Implementation analysis in higher education[M]. Netherlands: Springer, 2005.

[242] Greenwood R, Hinings C R. Understanding strategic change: The contribution of archetypes[J]. Academy of Management Journal, 2017, 36(5): 1052-1081.

[243] Haakstad J, Findlay P. Report of the panel of the review of the Finnish Higher Education Evaluation Council[EB/OL]. [2019-10-22]. https://www. finheec. fi/files/1325/KKA_0911. pdf.

[244] Hamish C. The value of student engagement for higher education quality assurance[J]. Quality in Higher Education, 2005, 11(1): 25-36.

[245] Hans H. Gerth. On Talcott Parsons' the social system[J]. International Journal of Politics Culture & Society, 1997, 10(4): 673-684.

[246] Hargadon A B, Davis G, Weick K E. Organizations in action: Social science bases of administrative[J]. Administrative Science Quarterly, 2003, 48(3): 498-509.

[247] Harris N. Combining programme and institutional aspects in QA: UK[EB/OL]. [2019-10-18]. https://www. enqa. eu/ pubs. lasso.

[248] Harvey L. International network of quality assurance agencies in higher education[J]. Quality in Higher Education, 2006, 12(3):

221-226.

[249] Harvey L, Green D. Defining quality [J]. Assessment & Evaluation in Higher Education, 1993, 18(1): 9.

[250] Harvey L, Stensaker B. Quality culture: Understandings, boundaries and linkages [J]. European Journal of Education, 2008, 43(4): 427-442.

[251] Harvey L, Williams J. Fifteen years of quality in higher education[J]. Quality in Higher Education, 2010(1): 3-36.

[252] Hasenclever A, Mayer P, Rittberger V. Interests, power, knowledge: The study of international regimes [J]. Mershon International Studies Review, 1996, 40(2): 177-228.

[253] Hinaga T. Networking of quality assurance agencies in the Asia-Pacific region and the role of Japan University Accreditation Association[J]. Quality in Higher Education, 2004, 10 (1): 37-41.

[254] Hong Kong Council for Accreditation of Academic and Vocational Qualifications. The council[EB/OL]. [2020-01-20]. https://www. hkcaavq. edu. hk/en/about-us/the-council-membership-list.

[255] Hopbach A. The European standards and guidelines and the evaluation of agencies in Germany [J]. Quality in Higher Education, 2006, 12(3): 235-242.

[256] Hopbach A. External quality assurance between European consensus and national agendas [M]//Curaj A, et al. European higher education at the crossroads: Between the Bologna process and national reforms. Dordrecht: Springer, 2012: 125.

[257] Hopbach A. Mapping the implementation and application of the

ESG[R]. Brussels: ENQA, 2011.

[258] Hopbach A. External quality assurance between European consensus and national agendas[M]//Curaj A, et al. European higher education at the crossroads: Between the Bologna process and national reforms. Dordrecht: Springer Netherlands, 2012.

[259] Hou Y A. Quality in cross-border higher education and challenges for the internationalization of national quality assurance agencies in the Asia-Pacific region: The Taiwanese experience[J]. Studies in Higher Education, 2014, 39 (1): 135-152.

[260] Hou Y C. Quality assurance at a distance: International accreditation in Taiwan higher education[J]. Higher Education, 2011, 61(2): 179-191.

[261] Hou Y C. Mutual recognition of quality assurance decisions on higher education institutions in three regions: A lesson for Asia [J]. Higher Education, 2012, 64(6): 911-926.

[262] Hou Y C, Ince M, Tsai S, et al. Quality assurance of quality assurance agencies from an Asian perspective: Regulation, autonomy and accountability[J]. Asia Pacific Education Review, 2015, 16(1): 95-106.

[263] Huisman J, Currie J. Accountability in higher education: Bridge over troubled water? [J]. Higher Education, 2004, 48 (4): 529-551.

[264] Huisman J, vander Wende M. The EU and Bologna: Are supra- and international initiatives threatening domestic agendas? [J]. European Journal of Education, 2004(3): 349-357.

[265] Huisman J, Westerheijden D F. Bologna and auality assurance:

Progress made or pulling the wrong cart? [J]. Quality in Higher Education，2010，16(1)：63-66.

[266] IIEP. External quality assurance：Options for higher education managers-Module 3：Setting up and developing the quality assurance agency：5[EB/OL]. [2019-09-22]. https：//www. iiep. unesco. org/fileadmin/user _ upload/Cap _ Dev _ Training/ Training_Materials/HigherEd/EQA_HE_3. pdf.

[267] Jarvis D S L. Regulating higher education quality assurance and neo-liberal managerialism in higher education：A critical introduction[J]. Policy & society，2014，33(3)：155-166.

[268] Johnson E P. Institutional realism：Social and political constraints on rational actors[J]. American Political Science Review，1994，88(2)：448-449.

[269] Keçetep İ，Özkan İ. Quality assurance in the European higher education area[J]. Procedia-Social and Behavioral Sciences，2014 (141)：660-664.

[270] Keeling R. The Bologna process and the Lisbon research agenda：The European Commission's expanding role in higher education discourse[J]. European Journal of Education，2006，41(2)：203-223.

[271] Kis V. Quality assurance in tertiary education：Current practices in OECD countries and a literature review on potential effects [EB/OL]. [2019-02-18]. https：//www. oecd. org/education/ skills-beyond-school/38006910. pdf.

[272] Knoke D，Powell W W，Dimaggio P J. The new institutionalism in organizational analysis[J]. The American Political Science Review，1993，87(2)：501.

[273] Kohoutek J. Deconstructing institutionalisation of the European standards for quality assurance: From instrument mixes to quality cultures and implications for international research[J]. Higher Education Quarterly, 2016, 70(3): 301-326.

[274] Kohoutek J, Westerheijden D F. Opening up the black box: Drivers and barriers in institutional implementation of the European standards and guidelines[M]//Eggins H. Drivers and barriers to achieving quality in higher education. Rotterdam: Sense Publishers, 2014: 178.

[275] Kolev S. The legacy of Max Weber and the early Austrians[J]. The Review of Austrian Economics, 2020, 33(1): 33-54.

[276] Kondra A Z, Hinings C R. Organizational diversity and change in institutional theory[J]. Organization Studies, 1998, 19(5): 743-767.

[277] Kristensen B. Has external quality assurance actually improved quality in higher education over the course of 20 years of the quality revolution? [J]. Quality in Higher Education, 2010, 16(2): 153-157.

[278] Kristensen K H, Karlsen J E. Strategies for internationalisation at technical universities in the Nordic countries[J]. Tertiary Education & Management, 2018, 24(1): 1-15.

[279] Kristoffersen D, Lindeberg T. Creating quality assurance and international transparency for quality assurance agencies: The case of mutual recognition[J]. Quality in Higher Education, 2004, 10(1): 31-36.

[280] Leisyte L, Westerheijden D F. Stakeholders and quality assurance in higher education[M]. Rotterdam: Sense Publishers,

2014.

[281] Lim D. Quality assurance in higher education: A study of developing countries [J]. Education + Training, 2001, 43 (7): 387.

[282] Lin W Q, Chang K, Gong L. The operation mechanisms of external quality assurance frameworks of foreign higher education and implications for graduate education[J]. Chinese Education & Society, 2016(49): 72-85.

[283] Maguire S, Hardy C, Lawrence T B. Institutional entrepreneurship in emerging fields: HIV/AIDS treatment advocacy in Canada[J]. Academy of Management Journal, 2017 (5): 657-679.

[284] Malcolm F. Report on the modalities of external evaluation of higher education in Europe: 1995-1997[J]. Higher Education in Europe, 1997, 22(3): 349-401.

[285] March J G, Olsen J P. The new institutionalism: Organizational factors in political life[J]. American Political Science Review, 1984(3): 734-749.

[286] Maria J R, Alberto A. Quality assurance in higher education: Contemporary debates[M]. London: Palgrave Macmillan, 2014: 135-148.

[287] Martin M, Stella A. External quality assurance in higher education: Making choices[R]. Paris: UNESCO, 2007.

[288] Maurer M. TVA and the grass roots: A study of politics and organization[J]. Journal of Politics, 1986, 48(1): 210-213.

[289] Mayhew K. UK higher education and brexit[J]. Oxford Review of Economic Policy, 2017, 33(1): 155-161.

[290] Meade P, Woodhouse D. Evaluating the effectiveness of the New Zealand academic audit unit: Review and outcomes[J]. Quality in Higher Education, 2000, 6(1): 19-29.

[291] Meyer J W, Rowen B. Institutionalized organizations: Format structure as myth and ceremony [J]. American Journal of Sociology, 1977(83): 340-363.

[292] Milner H V, Rosendorff B P. Democratic politics and international trade negotiations: Elections and divided government as constraints on trade liberalization[J]. Journal of Conflict Resolution, 1997, 41(1): 117-146.

[293] Motova G, PykkÖ R. Russian higher education and European standards of quality assurance [J]. European Journal of Education, 2012, 47(1): 25-36.

[294] Mulhem J. Current issues in higher education quality assurance: An introduction for academic library administrators [J]. Advances in Library Administration and Organization, 2002, 19 (19): 137-164.

[295] National Institution for Academic Degrees and University Evaluation (NIAD-UE). Glossary of quality assurance in Japanese higher education[R]. Tokyo: NIAD-UE, 2007.

[296] Neave G. Crossing the border: Some views, largely historical and occasionally heretical, on the sudden enthusiasm for an exceedingly ancient practice [M]//Rosa M J, Sarrico C S, Tavares O, Amaral A. Cross-border higher education and quality assurance. London: Palgrave Macmillan, 2016.

[297] Neave G. The Bologna Declaration: Some of the historic dilemmas posed by the reconstruction of the community in

Europe's systems of higher education[J]. Educational Policy, 2003, 17(1): 141-164.

[298] NOKUT. Organization chart[EB/OL]. [2019-11-03]. https://www.nokut.no/en/about-nokut/organisation-chart/.

[299] Olsen J P. The many faces of Europeanization[J]. JCMS Journal of Common Market Studies, 2002, 40(5): 921-952.

[300] Ozolinša M, Stensaker B, Gaile-Sarkane E, et al. Institutional attention to European policy agendas: Exploring the relevance of instrumental and neo-institutional explanations [J]. Tertiary Education and Management, 2018(24): 1-13.

[301] Palomares F M G. Consequences of the student participation in quality assurance [M]//Curaj A, et al. European higher education at the crossroads: Between the Bologna process and national reforms. Dordrecht: Springer Netherlands, 2012.

[302] Perellon J F. Analysing quality assurance in higher education: Proposals for a conceptual framework and methodological implications[M]//Westerheijden D F, Stensaker B, Rosa M J. Quality assurance in higher education. Dordrecht: Springer, 2007.

[303] Pfeffer J, Salancik G R. The external control of organizations: A resource dependence perspective [M]. New York: Harper & Row, 1978: 24-27.

[304] Pierre J. Local industrial partnerships: Exploring the logics of public-private partnerships[M]//Pierre J. Partnerships in urban governance. London: Palgrave Macmillan, 1998.

[305] Pierre J, Peters B G. From a club to a bureaucracy: JAA, EASA, and European aviation regulation [J]. Journal of

European Public Policy，2009，16(3)：337-355.

[306] QAA. Post-EU referendum：The UK，European higher education area and the Bologna process[EB/OL]. [2020-01-18]. https：//www. qaa. ac. uk/docs/qaa/about-us/qaa-viewpoint-posteu. pdf? sfvrsn=593ef6814.

[307] Ramirez F O，Tiplic D. In pursuit of excellence? Discursive patterns in European higher education research [J]. Higher Education，2014，67(4)：439-455.

[308] Raphael J，Reckson K. A framework for enhancing regulatory cooperation in external quality assurance in Southern Africa[J]. Quality in Higher Education，2018，24(2)：154-167.

[309] Reche M P C，Díaz I A. The formative role of instructional leadership in the European network for quality assurance in higher education (ENQA) [J]. The International Journal of Learning：Annual Review，2006，12(3)：203-212.

[310] Salmi J. Is Big Brother watching you? The evolving role of the State in regulating and conducting quality assurance[R]. Council for Higher Education Accreditation，2015.

[311] Schmidt V A. Discursive institutionalism：The explanatory power of ideas and discourse[J]. Annual Review of Political Science，2008，11(1)：303-326.

[312] Schwarz S，Wesrerheijden D F. Accrediation in the framework of evaluation activities：A comparative study in the European higher education area[M]. Dordrecht：Kluwer Academic Publishers，2004：32.

[313] Scott W R. Institutions and organizations[M]. Thousand Oaks，CA：Sage Publications Inc，1995：33.

[314] Sebkova H. Accreditation and quality assurance in Europe[J]. Higher Education in Europe, 2002, 27(3): 239-247.

[315] Seeman M. Leadership in administration: A sociological interpretation[J]. American Journal of Sociology, 1958(15): 548-549.

[316] Selznick P. Institutionalism "Old" and "New"[J]. Administrative Science Quarterly, 1996, 41(2): 270-277.

[317] Selznick P. On sustaining research agendas: Their moral and scientific basis[J]. Journal of Management, 2000, 9(3): 277-282.

[318] Seyfried M, Pohlenz P. Assessing quality assurance in higher education: Quality managers' perceptions of effectiveness[J]. European Journal of Higher Education, 2018, 8(3): 258-271.

[319] Shah M, Lewis L, Fitzgerald R. The renewal of quality assurance in Australian higher education: The challenge of balancing academic rigour, equity and quality outcomes[J]. Quality in Higher Education, 2011, 17(3): 265-278.

[320] Sinclair J M. How to use corpora in language teaching[M]. Amsterdam: Benjamins Press, 2004: 271-299.

[321] Snyder E A. The costs of organization[J]. Journal of Law Economics & Organization, 1991, 7(1): 1-25.

[322] Starostina S E, Kazachek N A. Regulatory and methodological changes in the system of higher education quality assurance[J]. Mediterranean Journal of Social Sciences, 2015, 6(4): 140-149.

[323] Stensaker B. Assessing the assessors: A comparative study[J]. Quality Assurance in Education, 1998, 6(4): 205-211.

[324] Stensaker B. External quality auditing in Sweden: Are

departments affected? [J]. Higher Education Quarterly, 2002, 53(4): 353-368.

[325] Stensaker B. European trends in quality assurance: New agendas beyond the search for convergence? [M]//Rosa M J, Amaral A. Quality assurance in higher education. London: Palgrave Macmillan, 2014: 135-148.

[326] Stensaker B. Quality as fashion: Exploring the translation of a management idea into higher education[M]//Westerheijden D F, Stensaker B, Rosa M J. Quality assurance in higher education. Dordrecht: Springer, 2007: 99-118.

[327] Stensaker B. Outcomes of quality assurance: A discussion of knowledge, methodology and validity[J]. Quality in Higher Education, 2008(1): 3-13.

[328] Stensaker B. The blurring boundaries between accreditation and audit: The case of Norway[M]. Netherlands: Springer, 2006.

[329] Stensaker B, et al. The impact of the European standards and guidelines in agency evaluations [J]. European Journal of Education, 2010, 45(4): 577-587.

[330] Stensaker B, Harvey L. Old wine in new bottles? A comparison of public and private accreditation schemes in higher education [J]. Higher Education Policy, 2006, 19(1): 65-85.

[331] Stensaker B, Langfeldt L, Harvey L, et al. An in-depth study on the impact of external quality assurance[J]. Assessment & Evaluation in Higher Education, 2011, 36(4): 465-478.

[332] Sursock A. The shift to strategic internationalisation approaches [M]. UK: Palgrave Macmillan, 2016.

[333] Szanto T R. Evaluations of the third kind: External evaluations

of external quality assurance agencies[J]. Quality in Higher Education，2005，11(3)：183-193.

[334] Tam M. Quality assurance policies in higher education in Hong Kong[J]. Journal of Higher Education Policy & Management，1999，21(2)：215-226.

[335] Tapper S B. The politics of governance in higher education：The case of quality assurance[J]. Political Studies，2000，48(1)：66-87.

[336] The Danish Evaluation Institute. Quality procedures in European higher education：An ENQA survey[EB/OL]. [2019-09-22]. https：//www. enqa. eu/wp-content/uploads/procedures1. pdf.

[337] Thompson J D，McEwen W J. Organizational goals and environment：Goal-setting as an interaction process [J]. American Sociological Review，1958，23(1)：23.

[338] Travers M. The new breaucracy：Quality assurance and its critics [M]. Bristol：The Policy Press，2007：20.

[339] Umemiya N. Regional quality assurance activity in higher education in Southeast Asia：Its characteristics and driving forces [J]. Quality in Higher Education，2008，14(3)：277-290.

[340] UNESCO. Asia-Pacific regional convention on the recognition of qualifications in higher education[EB/OL]. [2019-1-20]. https：//www. unescobkk. org/fileadmin/userupload/apeid/workshops/11th_session/.

[341] UNESCO. World declaration on higher education for the twenty-first century：Vision and action[EB/OL]. [2019-1-20]. https：//www. unesco. org/education/educprog/wche/declaration _ eng. htm.

［342］University of Oslo. Bologna beyond 2020: From structural changes to common fundamental values［EB/OL］. ［2019-12-22］. https: //www. uio. no//om/aktuelt/rektorbloggen/2019/bologna-beyond-2020-from-structural-changes-to-com. html.

［343］Vinther-Jorgensen T, Hansen S P. European standards and guidelines in a Nordic perspective: Joint nordic project 2005-2006 ［EB/OL］. ［2019-10-27］. https: //www. enqa. eu/wp-content/uploads/nordic_v02. pdf.

［344］Vroeijenstijn T. International network for quality assurance agencies in higher education: Principles of good practice for an EQA agency［J］. Quality in Higher Education, 2004, 10(1): 5-8.

［345］Vught F V A, Westerheijden D F. Towards a general model of quality assessment in higher education［J］. Higher Edcuation, 1994, 28(3): 355-371.

［346］WASC. Handbook of accreditation 2008［R］. Alameda: WASC, 2008.

［347］Westerheijden D F. Ex orientelux?: National and multiple accreditation in Europe after the fall of the wall and after Bologna ［J］. Quality in Higher Education, 2010, 7(1): 65-75.

［348］Westerheijden D F. States and Europe and quality of higher education［M］//Westerheijden D F, Stensaker B, Rosa M J. Quality assurance in higher education. Dordrecht: Springer, 2007: 73-95.

［349］Westerheijden D F. Where are the quantum jumps in quality assurance? ［J］. Higher Education, 1999, 38(2): 233-254.

［350］Westerheijden D F, Brennan J, Maassen P. Changing contexts of quality assessment: Recent trends in west European higher education[M]. Utrecht: LEMMA, 1994.

[351] Westerheijden D F, Stensaker B, Rosa M J. Quality assurance in higher education: Trends in regulation, translation and transformation[C]. Dordrecht: Springer, 2007.

[352] Woodhouse D. Quality assurance in higher education: The next 25 years[J]. Quality in Higher Education, 1998, 4(3): 257-273.

[353] Wright S S. Audit culture and anthropology: Neo-liberalism in British higher education[J]. Journal of the Royal Anthropology Institute, 1999, 5(4): 557-575.

[354] Zald M N. Power and organizations[M]. Nashville: Vanderbilt University Press, 1970.

附　　录

附录 1　加入 ENQA 的欧洲高等教育外部质量保障机构

机构全称	机构简称	成立时间（年）	加入ENQA（年）	所属国家
Quality and Qualifications Ireland	QQI	2012	2014	爱尔兰
Estonian Quality Agency for Higher and Vocational Education	EKKA	2009	2013	爱沙尼亚
Agency for Quality Assurance and Accreditation Austria	AQ	2012	2012	奥地利
National Evaluation and Accreditation Agency	NEAA	1996	2008	保加利亚
Agency for Quality Assurance in Higher Education	AEQES	2004	2011	比利时
Flemish Higher Education Council-Quality Assurance	VLUHR	2013	2013	比利时
Polish Accreditation Committee	PKA	2002	2009	波兰
The Danish Accreditation Institution	AI	2007	2010	丹麦
Central Agency for Evaluation and Accreditation	ZEvA	1995	2000	德国
Foundation for International Business Administration Accreditation	FIBAA	1994	2001	德国

续表

机构全称	机构简称	成立时间（年）	加入ENQA（年）	所属国家
Evaluation Agency of Baden-Württemberg	EVALAG	2000	2001	德国
Accreditation，Certification and Quality Assurance Institute	ACQUIN	2001	2003	德国
Accreditation Agency for Study Programmes of Engineering，Information Science，Natural Sciences and Mathematics	ASIIN	1999	2007	德国
Agency for Quality Assurance through Accreditation of Study Programmes	AQAS	2002	2008	德国
Accreditation Agency for Study Programmes in Health and Social Sciences	AHPGS	2001	2009	德国*
National Accreditation Agency of the Russian Federation	NAA	1995	2009	俄罗斯
National Centre of Public Accreditation	NCPA	2009	2014	俄罗斯
Agency for Quality Assurance in Higher Education and Career Development	AKKORK	2005	2015	俄罗斯*
High Council for the Evaluation of Research and Higher Education	HCERES	1985	2000	法国
Commission des Titres d'Ingénieur	CTI	1934	2005	法国
Agency for the Evaluation and Promotion of Quality in Ecclesiastical Faculties	AVEPRO	2007	2014	梵蒂冈
Finnish Education Evaluation Centre	FINEEC	1996	2000	芬兰
National Center for Educational Quality Enhancement	NCEQE	2006	2019	格鲁吉亚
Independent Agency for Accreditation and Rating	IAAR	2011	2016	哈萨克斯坦
Independent Agency for Quality Assurance in Education	IQAA	2008	2017	哈萨克斯坦

续表

机构全称	机构简称	成立时间（年）	加入ENQA（年）	所属国家
Accreditation Organisation of the Netherlands and Flanders	NVAO	2002	2003	荷兰
Quality Assurance Netherlands Universities	QANU	2004	2005	荷兰
Netherlands Quality Agency	NQA	2006	2018	荷兰
Agency for Science and Higher Education	ASHE	2005	2011	克罗地亚
Academic Information Centre	AIC	2015	2018	拉脱维亚
Centre for Quality Assessment in Higher Education	SKVC	1995	2012	立陶宛
Agency for Quality Assurance in Higher Education	ARACIS	2005	2009	罗马尼亚
Norwegian Agency for Quality Assurance in Education	NOKUT	1998	2000	挪威
Agency for Evaluation and Accreditation of Higher Education	A3ES	2007	2014	葡萄牙
Swiss Agency of Accreditation and Quality Assurance	AAQ	2001	2006	瑞士
National Entity for Accreditation and Quality Assurance	NEAQA	2006	2013	塞尔维亚*
Cyprus Agency of Quality Assurance and Accreditation in Higher Education	CYQAA	2015	2019	塞浦路斯
Slovenian Quality Assurance Agency for Higher Education	SQAA	2010	2015	斯洛文尼亚
Catalan University Quality Assurance Agency	AQU	1996	2000	西班牙
Andalusian Agency of Knowledge，Department of Evaluation and Accreditation	AAC	1998	2000	西班牙
National Agency for Quality Assessment and Accreditation of Spain	ANECA	2002	2003	西班牙

续表

机构全称	机构简称	成立时间（年）	加入ENQA（年）	所属国家
Agency for Quality Assurance in the Galician University System	ACSUG	2001	2009	西班牙
Quality Assurance Agency for the University System in Castilla y León	ACSUCYL	2001	2010	西班牙
Agency for the Quality of the Basque University System	UNIBASQ	2004	2014	西班牙
Madrimasd Knowledge Foundation	FMID	2013	2015	西班牙
Aragon Agency for Quality Assessment and Accreditation	ACPUA	—	2016	西班牙
Hellenic Quality Assurance and Accreditation Agency	HQA	2005	2015	希腊
Hungarian Accreditation Committee	HAC	1993	2002	匈牙利
National Centre for Professional Education Quality Assurance Foundation	ANQA	2008	2017	亚美尼亚
National Agency for the Evaluation of Universities and Research Institutes	ANVUR	2006	2019	意大利
Quality Assurance Agency for Higher Education	QAA	1997	2000	英国
Royal College of Veterinary Surgeons	RCVS	1844	2008	英国
British Accreditation Council	BAC	1984	2015	英国

标*表示当前正在接受评估。

附录 2　接受 ENQA 第一轮评估的欧洲高等教育外部质量保障机构

评估时间(年)	机构
2005	ZEvA
2006	FIBAA、ACQUIN、ASIIN
2007	AQAS、AQU、ANECA
2008	NEAA、PKA、NAA、NVAO、NOKUT、HAC、QAA
2009	EVALAG、AHPGS、CTI、ARACIS、ACSUG
2010	AI、HCERES、QANU
2011	AEQES、ASHE
2012	SKVC
2013	EKKA
2014	QQI、AQ、AVEPRO、A3ES、AAC、UNIBASQ
2015	VLUHR、NCPA、AKKORK、SQAA、ACSUCYL、FMID、HQA、BAC
2016	IAAR、AAQ、ACPUA
2017	FINEEC、IQAA、ANQA
2018	NQA、AIC、RCVS
2019	NCEQE、CYQAA、ANVUR

附录 3　接受 ENQA 第二轮评估的欧洲高等教育外部质量保障机构

评估时间（年）	机构
2011	ASIIN
2012	ZEvA、FIBAA、ACQUIN、NVAO、AQU、ANECA
2013	ARACIS、NOKUT、QAA
2014	NEAA、PKA、EVALAG、AHPGS、CTI、ACSUG
2015	NAA、HAC
2016	AI、QANU
2017	AEQES、AQAS、HCERES、ASHE、SKVC
2018	EKKA
2019	QQI、AQ、VLUHR、NCPA、AKKORK、A3ES、SQAA、AAC、UNIBASQ

附录 4 接受 ENQA 第三轮评估的欧洲高等教育外部质量保障机构

评估时间(年)	机构
2016	ZEvA、ASIIN
2017	FIBAA、ACQUIN、NAA、NVAO、AQU、ANECA
2018	NEAA、PKA、ARACIS、NOKUT、HAC、QAA
2019	EVALAG、AHPGS、CTI、QANU、ACSUG

附录5 第一轮 ESG 2005 标准下欧洲高等教育外部质量保障机构的评估结果

机构	ESG 3.1	ESG 3.2	ESG 3.3	ESG 3.4	ESG 3.5	ESG 3.6	ESG 3.7	ESG 3.8
ANECA	S	F	S	P	F	P	F	S
NVAO	F	F	F	F	F	F	F	S
HAC	S	F	F	P	F	S	F	F
NAA	S	F	F	F	F	P	S	F
NEAA	S	F	F	S	S	S	S	S
NOKUT	F	F	F	F	F	F	S	F
PKA	S	F	F	F	S	F	F	P
ARACIS	F	F	S	S	F	S	S	F
EVALAG	F	F	F	P	F	F	F	S
AEQES	F	F	F	P	F	S	S	F
ASHE	F	F	S	F	F	F	F	F
SKVC	S	F	F	F	F	F	S	S
EKKA	F	F	F	F	F	F	F	F
A3ES	F	F	F	F	F	F	F	F
AQ	S	F	S	F	S	F	F	S
AVEPRO	F	F	F	S	F	F	F	S
QQI	S	F	F	S	F	F	S	P
HQA	S	F	F	S	F	F	S	P
SQAA	S	F	F	P	S	F	F	F
AI	S	F	F	F	F	F	S	F
QAA	F	F	F	F	F	S	S	F
ZEvA	F	P	F	F	F	F	F	F
AQU	S	F	S	S	S	S	S	F
AHPGS	P	F	F	F	F	P	P	P
ACSUG	S	F	F	F	S	P	S	S

机构	ESG 3.1	ESG 3.2	ESG 3.3	ESG 3.4	ESG 3.5	ESG 3.6	ESG 3.7	ESG 3.8
CTI	F	F	S	F	F	F	F	F
QANU	F	F	F	F	P	S	S	S
AAC	S	F	F	F	F	F	F	P
ACSUCYL	S	F	F	F	F	F	S	F
AKKORK	S	F	S	F	F	F	S	S
UNIBASQ	S	F	F	S	F	F	S	F
BAC	F	F	F	S	F	F	S	P
FMID	S	F	F	S	F	S	S	F
NCPA	S	F	F	F	F	F	F	F
VLUHR	S	F	F	S	F	S	F	F

注:"F"表示完全符合,"S"表示大部分符合,"P"表示部分符合,"N"表示完全不符合,下同。

附录6 第一轮 ESG 2015 标准下欧洲高等教育外部 质量保障机构的评估结果

机构	ESG 3.1	ESG 3.2	ESG 3.3	ESG 3.4	ESG 3.5	ESG 3.6	ESG 3.7
AAQ	S	F	S	S	S	S	F
ANQA	S	F	S	S	S	F	F
FINEEC	S	F	F	P	F	F	F
AIC	S	F	S	S	F	F	F
RCVS	S	F	F	P	F	S	F
ANVUR	S	F	S	S	S	S	F
CYQAA	S	F	S	N	F	S	F
NCEQE	S	F	P	S	F	F	F
ACPUA	S	F	F	S	S	S	F
IAAR	S	F	F	S	F	S	F
IQAA	S	F	F	P	F	S	F
NQA	P	F	S	P	S	S	F

附录7　第二轮 ESG 2005 标准下欧洲高等教育外部质量保障机构的评估结果

机构	ESG 3.1	ESG 3.2	ESG 3.3	ESG 3.4	ESG 3.5	ESG 3.6	ESG 3.7	ESG 3.8
ANECA	S	F	F	F	S	S	P	S
NVAO	S	F	F	F	F	F	F	F
ARACIS	F	F	F	F	F	F	F	F
NOKUT	S	F	F	F	F	F	S	F
PKA	S	F	F	F	S	F	F	S
EVALAG	S	F	F	F	F	F	F	S
NAA	S	F	F	S	F	P	P	S
NEAA	S	F	F	P	S	S	S	S
HAC	F	S	F	P	F	P	S	F
ACQUIN	S	F	F	F	S	F	P	P
ASIIN	F	F	F	F	F	F	F	F
AQU	F	F	F	F	F	S	F	F
FIBAA	S	F	F	F	F	F	F	F
ZEvA	S	F	F	S	F	S	P	F
QAA	F	F	F	F	F	F	F	F
ACSUG	S	F	F	S	S	S	S	S
AHPGS	S	F	F	F	F	F	F	F
CTI	F	F	F	F	F	F	S	F

附录 8 第二轮 ESG 2015 标准下欧洲高等教育外部质量保障机构的评估结果

机构	ESG 3.1	ESG 3.2	ESG 3.3	ESG 3.4	ESG 3.5	ESG 3.6	ESG 3.7
AEQES	F	F	F	F	F	F	F
ASHE	F	F	F	F	F	F	F
SKVC	F	F	F	S	S	F	F
EKKA	F	F	F	S	F	F	F
SQAA	S	F	S	P	S	P	F
A3ES	F	F	F	F	F	F	F
AQ	F	F	F	S	F	S	F
QQI	F	F	F	F	S	F	F
AI	P	F	F	F	F	S	F
HCERES	F	F	F	S	F	S	F
QANU	P	F	S	P	S	S	F
AQAS	S	F	F	P	F	S	F
AAC	P	F	F	S	S	S	F
AKKORK	P	F	S	P	S	P	F
NCPA	S	F	S	S	F	S	F
UNIBASQ	S	F	F	S	S	F	F
VLUHR	S	F	F	P	S	F	F

附录 9 第三轮 ESG 2015 标准下欧洲高等教育外部质量保障机构的评估结果

机构	ESG 3.1	ESG 3.2	ESG 3.3	ESG 3.4	ESG 3.5	ESG 3.6	ESG 3.7
ANECA	F	F	F	S	F	F	F
NVAO	S	F	F	S	F	S	F
ARACIS	P	F	F	F	S	S	F
HAC	F	F	F	S	F	S	F
NEAA	S	F	F	F	S	F	F
NOKUT	F	F	F	S	F	F	F
PKA	F	F	F	S	S	S	F
EVALAG	S	F	F	F	F	F	F
ACQUIN	S	F	F	P	P	S	F
ASIIN	S	F	S	P	S	P	F
ZEvA	S	F	F	F	F	P	F
AQU	S	F	S	S	S	F	F
FIBAA	S	F	S	S	S	S	F
QAA	F	F	F	F	F	F	F
ACSUG	F	F	F	P	S	S	F
AHPGS	S	F	F	N	F	S	F
CTI	F	F	F	F	F	F	F
QANU	S	F	S	F	S	S	F

致　　谢

2015年，我有幸成为武汉大学教育科学研究院的一名博士研究生。然而，这种幸运让跨学科考进来的我诚惶诚恐，我该如何面对读博带来的诸多挑战？与非跨专业考入的同学们相比，我应该在哪些方面"充电"？我对博士生涯应该有什么样的期待？这些最初的反思使得焦虑、不安、紧张、迷茫等一系列情绪在某一段时期内几乎时刻伴随着我。

然而此刻，听着窗外淅淅沥沥的雨声，我的内心却是平静又感动的。"做三四月的事，八九月自有答案。"无疑，那些让我诚惶诚恐地反思所带来的情绪已经随着读博的进展而逐渐被消化、解决、纠偏或者改变。我深知自己不是真正意义上的独行者，近5年来，有太多人在我跌跌撞撞的路上不停地鼓励我、信任我、帮助我、提醒我，让我能够一点一滴、孜孜不倦地克服彷徨和困苦，丰富精神世界。

幸得恩师邱均平先生的栽培与厚望，"勤奋、创新、团结、进取"的师训正是先生自己的写照，我与师门的每一位弟子一样，深受先生的影响。进入师门后，先生便对我提出了严格的要求，一方面列出经典书单让我及时充电，学习教育经济与管理以及信息计量学等知识，为后来从事实质上的科学研究打下基础；另一方面给我提供参与或组织中国科学评价研究中心发起的大学评价、研究生评价、世界大学评价以及高考分数线等项目的机会，这些实践从科研和组织两个方面锻炼了我。在生活上，师母颜金莲女士给予我的关怀常常温暖我的内心，有时翻看师母发来的信息倍感鼓舞。在博士论文的选题过程中，先生与师母极有耐心地指导我,为我提供启发与写作建议。在反复修改和论证的过程中,他们都给予了我极大的鼓励,让我能够坚持并顺利完成初稿。我仍记得,2019 年 9 月在南昌参加第三届全国"双一流"建设与评价论坛时,作为论坛的执行主席,先生在百忙之中问起我论文数据的收集与处理情况,并与我讨论论文的进展。倘若没有这些讨论与沟通,我很有可能会深深陷入大量的文献与数据之中而找不到方向。

读博期间,我受惠于武汉大学教育科学研究院多位老师的指导、关心和帮助。程斯辉教授讲授的《教育管理学前沿研究》、李保强教授讲授的《学校管理理论研究》、蒲蕊教授讲授的《教育行政专题研究》、黄明东教授讲授的《教育法制建设问题研究》以及王永海教授讲授的《教育经济学前沿研究》,都是教育经济与管理专业的经典课程。以上几位老师的课,让我逐渐克服了跨学科给自己带来的不自信,并对教育经济与管理产生了更深刻的认识和兴趣。彭宇文教授、刘亚敏教授、冯惠敏教授和杜学元教授虽未担任过我的专业课老师,但他们在我的博士论文开题和预答辩过程中给予了详细、中肯和宝贵的指导意见。感谢预答辩中每一位专家给予我提出的修改建议,特别感谢彭宇文教授、李保强教授和蒲蕊教授在预答辩之后给予我的多次耐心与用心指导! 同时,还感谢李湘东副书记、苏凡英老师、夏克辉老师、高添璧老师和喻梦婷老师在科研管理和后勤服务方面为我的学习与生活提供的诸多便利。

感谢 5 年间陪伴过我的同门、同学、教育科学研究院的前辈、师弟师妹们以及挚友们,特别感谢欧玉芳、魏绪秋、董克、文玲、宋博、召君、刘宁、瓜瓜、亭燕、熊淦、江迟、陶夏、晓泓、程哲、徐纯正、天骄、索姆亚(Saumya)、法丽达(Farida)、老敏和大铭等对我学习和生活上的帮助,正因为他们参与了我的博士生活,才让我这 5 年时光丰富多彩。在此,我还要感谢 APQN 主席张建新女士、湖南师范大学万丹教授、大连理工大学李伦教授、清华大学教育研究院王传毅副教授、陕西科技大学武建鑫副教授、江苏师范大学苗连琦副教授、福建省教育评估研究中心谷俊松老师和北京外国语大学徐秀玲博士在我撰写博士论文期间给我提供的支持与帮助。

感谢国家留学基金委资助我在挪威奥斯陆大学进行联合培养。其间,我亦得到了无法详细记载的支持与帮助。感谢外导斯登萨克教授对我的培养。依然记得当我在迷茫并承受巨大压力的情况下斯登萨克教授对我说的话,"不要着急,做学术如果是一辈子的事,那么一年真是太短了"! 当我说我不够聪明学东西很慢的时候,斯登萨克教授告诉我,"做学术可以让你变得聪明,而且,它需要的是毅力。你有毅力!"同时,我也有幸得到彼得·马塞森(Peter Maassen)教授的指导,马塞森教授让我参加他的课程,并鼓励我向国际硕士研究生介绍中国的"双一流"建设政策。此外,我在联合培养期间获得了许多老师、同事以及可亲可爱的同胞们的帮助与支持,因为他们,我的"心酸"留学生活被注入了活力与感动。特别是刘凤淑教授,让我常常能够吃到暖心又美味的饺子,并且亲自体验种菜以及丰收的喜悦。感谢中国驻挪威大使馆教育处宗钢老师与夫人王小姝女士对我的指导与关怀,也感谢在担任奥斯陆地区公派留学生班长期间,每一位老师和同学对我工作的支持。

感谢3位匿名外审专家在论文评审中所付出的时间和精力,感谢你们对我论文的认可和鼓励。虽然我们未曾谋面,但透过你们反馈的意见以及给出的成绩,我们已经进行了充分的交流和互动。

最后,感谢我的家人。质拙通玄,累近致远。吾将继续以此自勉!

董西露

2020年5月长沙